AF356946

Histoire
de
ROBERT SURCOUF
CAPITAINE DE CORSAIRE
d'après des documents authentiques

HISTOIRE DE ROBERT SURCOUF

Premier tirage : Mai 1925.

CH. CUNAT

ANCIEN OFFICIER DE MARINE

HISTOIRE

DE

ROBERT SURCOUF

CAPITAINE DE CORSAIRE

d'après des documents authentiques

ÉDITION REVUE ET ANNOTÉE PAR JACQUES SURCOUF

AVEC HUIT ILLUSTRATIONS HORS TEXTE

PAYOT, PARIS

106, BOULEVARD ST-GERMAIN

1925

Tous droits réservés pour tous pays

TABLE DES MATIÈRES

CHAPITRE PREMIER

SITUATION DU PAYS MALOUIN AU MOMENT DE L'ENFANCE DE ROBERT SURCOUF

En 1758, le duc de Penthièvre, gouverneur de la Bretagne et Grand Amiral, présentait au Roi la plainte des Malouins. Ceux-ci, riches autrefois, avaient pu donner à Louis XIV, en 1709, la somme de 3o millions. En 1718, ils prêtèrent à la royauté 22 millions d'argent en barres au remboursement de 33 livres le marc pour retirer les anciennes pièces de la circulation. Mais la guerre avec les Anglais frappait cruellement notre marine et nos colonies, l'heure des désastres était venue. Saint-Malo « la bien gardée » était pourtant demeurée inexpugnable, les efforts ennemis sans cesse renouvelés étaient vains.

La protection de la Vierge miraculeuse des Remparts, le courage calme des Malouins, leur intrépidité dans la défense trucidaient les Anglais.

Le commerce avait souffert, les Britanniques avaient brûlé plus de quatre-vingts bâtiments, dont vingt frégates corsaires. En 1756, avant toute déclaration de guerre, les vaisseaux anglais attaquèrent par surprise les navires français de guerre et de commerce où qu'ils fussent.

Trois cents tombèrent ainsi sous cette attaque brusquée et vingt mille marins furent faits prisonniers et conduits dans les pontons.

La misère des pontons fut atroce, Garneray la décrivit. L'étude historique que nous entreprenons dans cet ouvrage ne nous permet pas de nous arrêter aux détails de cette ignominie. Un peu plus tard, les Malouins, malgré leurs pertes d'hommes et de matériel, reprirent le dessus, si bien qu'en 1797, si les Anglais avaient capturé 375 navires français, nous leur en avions enlevé 2 266.

Au moment de la naissance de Robert Surcouf, le 12 décembre 1773, les temps étaient encore durs et ses parents durent quitter Saint-Malo pour aller habiter, par économie, leur terre de la Drouainière en Terlabouët près de Cancale.

Robert vivait donc avec ses parents dans cette terre de Cancale, montueuse, rocheuse, plantée de pommiers, riche de ses moissons et baignée par la mer.

La famille Surcouf se composait alors des parents et de cinq enfants.

Dès son enfance, Robert annonçait un caractère ferme et résolu qui présageait les qualités d'une âme puissamment trempée. Les jeux de son âge n'étaient qu'une rixe continuelle qui se terminait toujours par un pugilat. D'une constitution très robuste, de même que Bertrand Duguesclin : « Nourry ieune enfant en la maison de son père : ayant esté dès sa première enfance, le plus mauvais garçon qu'on eust sçeu dire, tousiours battant ou battu de quelqu'vn, tousiours déchiré, querelleux et reuesche. Il assemblait les garçons de son âge, par la paroisse, dressait petites batailles, et les faisait combattre les vns contre les autres, tousiours le premier à se bien frotter, dont le père et la mère, auaient tous les iours tant de plaintes qu'ils en estaient en grande peine. » (J'emprunte les expressions de messire Bertrand d'Argentré, historien de notre chère Bretagne.) Cependant, comme Robert excellait dans ces sortes de luttes, il était rare que les gamins de son parti n'obtinssent l'avantage. Si, d'aventure, l'inconstante fortune trahissait sa cause, le petit panier au bras, en faisant l'école buissonnière, il rentrait chez lui morose mais non découragé, hochant la tête et rêvant à l'occasion de reprendre une revanche qui ne tardait pas à se présenter.

Ces dispositions d'hostilité permanente parmi les enfants, provenaient aussi du caractère belliqueux inhérent aux descendants des anciens Curiosolites [1].

C'était à l'école élémentaire de Cancale que Robert se rendait avec les enfants des quartiers environnants qui y étaient admis. Après la classe, on décidait la bataille et bientôt la guerre éclatait entre eux.

Ce genre d'existence, qui plaisait fort à Surcouf, ne laissait pas d'offrir de grands inconvénients : outre les risques que présentaient pour la vie de l'enfant de pareilles muti-

---

1. Ceux-ci étaient les habitants de la côte nord de l'Armorique au temps de Jules César, depuis Dol jusqu'à Tréguier. Aleth (depuis Saint-Servan) et Corseul étaient les villes les plus importantes de ces peuples guerriers.

« Il se trouve, relate d'Argentré, une ville nommée *Alettrum dispositione viri spectabilis ducis tractus Armoricani*, faisant ce lieu partie du terroir des peuples qu'ils appelaient *Diablintres, Diablinlos* ou *Diabolitas* selon César, Pline et Strabon, qui comprenait tout le pays de Saint-Malo et Dol, qui estait anciennement du diocèse de Saint-Malo, jusqu'à la venue de saint Samson : et de vray il y a encore quelques terres près Dol qui s'appellent des *Diablères*, et des familles qui s'appellent le Diablet. »

neries, sa toilette portait souvent les marques dispendieuses des horions qui venaient attester de la chaleur de ces fréquentes collisions.

Un jour de congé, ses parents, qui avaient épuisé tous les moyens de correction, se décidèrent à le vêtir d'habits confectionnés d'une étoffe commune et d'un tissu épais; outre cela, ces habits étaient de diverses couleurs disposées comme celles des robes de bedeaux. C'était tout à la fois, croyaient-ils, une punition et un moyen de retenir au logis l'écolier dont l'amour-propre se trouverait blessé de ce costume grossier et ridicule. Vain espoir : le jeune Robert, affublé de la sorte, passa la matinée avec une apparente soumission, et se tint à l'écart, affectant un maintien humble et réservé, ce qui fit penser à ses parents que leur fils était repentant, mais, dans ce calme simulé, le prisonnier songeait aux moyens de se soustraire à la peine qui lui était infligée. Son plan arrêté, il se rend furtivement au sommet d'une petite colline dont la pente était très rapide, et d'où il se laisse glisser sur le dos, jambe de-ci, jambe de-là, répétant cette gymnastique, jusqu'à ce que ses hardes en lambeaux devinssent hors d'état d'être portées et rappelassent, au moyen de ces montagnes russes, la toilette pittoresque du lutrin vivant.

Sa famille, qui l'aimait bien tendrement, malgré son caractère turbulent et son humeur querelleuse, redoutant, dans sa sollicitude, les suites de ces combats fréquents, se décida à regret de l'éloigner du toit paternel, dès l'âge de dix ans.

Robert fut donc envoyé dans un collège près de Dinan, dirigé par un prêtre, où l'on avait établi un enseignement sévère. Là, on espérait inspirer à l'élève du goût pour l'état ecclésiastique, pour lequel penchait sa mère qui désirait ardemment le lui voir embrasser, ou, par une obéissance passive, parvenir à modérer la volonté de fer qui se développait chez lui. L'étudiant se fatigua bientôt des règles de discipline observées dans un établissement qui contrastait si évidemment avec ses goût d'indépendance. Le caractère altier de l'élève était sans cesse aux prises avec le pouvoir absolu du maître; s'il était le dernier de sa classe par son peu d'application dans ses études, il était le premier par sa malice et son espièglerie.

Cet état d'insubordination régnait depuis longtemps entre l'écolier et le régent, lorsqu'un jour celui-ci, voulant le châtier de la peine disciplinaire fort en usage en ces temps-là. se saisit de l'enfant pour mettre par la force son projet à exécution. Le jeune Robert opposa une vive résistance à la violence que l'on exerçait à son égard, et, sentant qu'il allait succomber, ayant été terrassé aux pieds de son professeur, il se cramponna à ses jambes, et, dans les convulsions d'une haine furieuse, le mordit si fortement que son adversaire lâcha prise, abandonnant le jeune garçon, afin d'aller chercher aide et assistance. L'âme fière de Robert ne peut supporter l'affront d'une telle correction; il profite de l'ébahissement qu'il avait causé dans sa classe, s'élance dans le jardin par une fenêtre, en franchit les murs, et s'enfuit à l'aventure à travers les champs qui environnaient le collège, sans chapeau ni souliers; pour l'instant il lui suffisait d'avoir recouvré sa liberté, et de s'être soustrait à un châtiment injuste et humiliant.

Cependant la terre était couverte de neige, un froid intense régnait dans l'atmosphère, et le jour finissait. Toutes ces fâcheuses circonstances n'ébranlèrent point sa détermination, il continua sa route sans guide, pour rejoindre la maison paternelle dont il était éloigné de plus de sept lieues.

Le chemin était scabreux au milieu des ténèbres d'une nuit de décembre; la température engourdissant bientôt ses membres, épuisé de fatigue et de besoin, il tomba et perdit tout sentiment. Il était dans cet état, lorsque des marchands poissonniers, qui revenaient de la ville vendre leur marée, lui donnèrent des secours et le ramenèrent chez ses parents dans la plus pitoyable situation; il fallut les soins les plus empressés et sa vigoureuse constitution pour qu'il pût résister à une fièvre inflammatoire, qui faillit causer sa mort.

Quoi qu'il en soit, ce dernier trait décida sa famille à lui permettre de s'embarquer, ainsi qu'il le postulait. En attendant une occasion favorable, on l'apercevait, actif et entreprenant, passer des journées entières dans les bateaux de la Houlle, luttant avec les pêcheurs contre le vent et les flots, et goûtant d'indicibles récréations là où des marins plus expérimentés trouvaient des dangers. Une vocation impérieuse l'entraînait vers l'élément sur lequel, plus tard, il se distinguera.

CHAPITRE II

PREMIERS VOYAGES

Aussitôt que Robert eut atteint sa treizième année, pour satisfaire son impatience ses parents lui permirent de prendre la mer à bord du brick le *Héron* qui faisait les voyages de Cadix et ne devait point quitter les mers d'Europe. C'est ainsi que Robert débuta dans l'art difficile du marin.

Cette navigation circonscrite du cabotage, de cap en cap, de port en port, parmi les rochers, cessa bientôt de suffire à la nature aventureuse de Surcouf : elle demandait un théâtre plus vaste. L'océan Indien et ses plages éloignées plaisaient à son imagination ardente, il semblait avoir le pressentiment de l'avenir qui allait se dérouler devant lui, et illustrer sa carrière nouvelle.

Le 3 mars 1789, juste un siècle à dater de la première campagne de Duguay-Trouin, Robert Surcouf, ayant l'âge de son fameux parent, quinze ans et demi, s'embarqua, aussi comme volontaire, sur le navire l'*Aurore*, de sept cents tonneaux, armé à Saint-Malo, destiné pour les Indes, sous le commandement du capitaine Tardivet. Ce bâtiment, après une relâche de quelques jours à Cadix, atteignit l'Ile-de-France vers la fin de juin. Durant sa traversée, l'*Aurore*

avait éprouvé un de ces rudes orages si communs aux parages du Cap de Bonne-Espérance. Les vagues monstrueuses
du banc des Aiguilles fouettaient contre le bord du vaisseau
qu'elles couvraient sans interruption de leurs sommets écumeux, tandis que le vent furieux du O.-N.-O. l'inclinait dé-
mesurément et arrachait de leurs vergues les voiles ferlées.
Le jeune volontaire déploya une aptitude et une énergie
remarquables qui lui méritèrent les éloges de son capitaine
et des officiers. Après s'être réespalmée, l'*Aurore* laissant les
corps-morts de la rade du Port-Louis, sous les brises carabi-
nées du mois d'août, s'éleva au N. pour couper l'équateur
et trouver au delà la mousson du S.-O. qui régnait encore.
Alors, prenant sa course au N.-E., le capitaine Tardivet mit
le cap entre la petite île Malique et l'Attoll N. des Maldives.
C'est là que se perdit, en 1602, le *Corbin* de Saint-Malo, sous
les ordres de François Grout du Clos-Neuf [1].

1. MM. Michel Frotet, sieur de la Bardelière (l'un des Malouins
qui, pendant la Ligue, le 15 mars 1590, sauva la ville, en escaladant le
château) et Grout, malgré la mauvaise issue de leur expédition aux
Indes orientales, entreprise le 18 mai 1601, ne perdirent rien de la
gloire qu'ils avaient précédemment acquise tant sur mer que sur terre.
Les deux vaisseaux qu'ils montaient, le *Croissant* de quatre cents
tonneaux, et le *Corbin* de deux cents, avaient été équipés par une
compagnie formée à Saint-Malo, Laval et Vitré, *pour aller puiser à la
source*, et partager les richesses de cette vaste contrée avec les autres
Européens qui la regardaient en quelque sorte comme leur proie.
La Fortune ne protégeait pas ces deux navires. Dès le 21, trois
jours après leur sortie, ayant rencontré neuf gros bâtiments hollandais,
nommés *hourques*, ceux-ci les saluèrent d'un coup de canon chacun;
mais le malheur voulut que le vice-amiral ayant tiré à balle, et percé
les voiles du *Corbin*, La Bardelière, qui commandait en chef les deux
Français, crut la guerre annoncée par cette insulte. Il se hâta sans
éclaircissements de riposter lui-même deux coups à boulet; l'agresseur
étant resté muet, l'offensé fondit sur l'amiral et le fit amener. Il
résulta de leur conférence que le canonnier hollandais était ivre
lorsqu'il avait chargé la pièce. On offrit ou de le livrer, ou de le faire

Dans le lointain d'un horizon brumeux, les terres S. de la presqu'île indienne que couronne et termine le cap Comorin, vinrent s'offrir aux regards de l'équipage attentif aux incidents qui précèdent et accompagnent toujours l'atterrage. Par une nouvelle route donnée, les montagnes asiatiques disparurent bientôt : il devint nécessaire d'accoster l'île de Ceylan pour la contourner et gagner la rade de Pondichéry, but du voyage. Robert s'était lié d'amitié avec M. de Saint-Pol, quatrième officier du bâtiment; né sur la côte de Coromandel, cet officier, excellent pratique des mers d'Asie, se complaisait pendant leur longue navigation à enseigner à son jeune ami l'importance des contrées qu'on

pendre sur-le-champ à la grande vergue. Mais La Bardelière, satisfait de cette réparation, demanda la grâce du coupable et l'on se sépara bons amis.

Le 3o août, l'expédition prit terre à l'île d'Annabon, dahs le golfe de Guinée, sur la foi des Portugais qui en étaient maîtres : on ne tarda pas à se repentir de cette aveugle confiance qui coûta la vie au lieutenant du *Corbin*, et la liberté à plusieurs matelots qu'on ne put racheter qu'à prix d'argent. Quarante et une personnes des deux équipages, après cette lâche trahison, périrent de la fièvre chaude et du scorbut, et, pour surcroît de misères, le *Corbin* fit, au commencement de 16o2, un triste naufrage sur les Maldives. Le capitaine, conduit avec quelques-uns des siens à Malé, capitale de tout l'Archipel, fut bien accueilli du roi : mais y étant mort six semaines après, ses compagnons d'infortune se virent bientôt réduits à une détresse extrême. De quarante qui étaient échappés à leurs infortunes, il n'en resta plus, en peu de temps, que la moitié, dont les uns se sauvèrent dans une barque, au bout de trois mois et demi, et arrivèrent à Ceylan ; les autres, ayant été enlevés par des pirates, furent conduits captifs à la côte Malabar, d'où les trois derniers se rendirent, en février 16o8, à Goa, et de là en France au commencement de février après dix ans d'absence. Quant au vaisseau le *Croissant*, il poursuivit sa route vers l'Inde, où il essuya lui-même toutes sortes de traverses : et pour comble d'adversité, lors de son retour, en 16o3, il coula à fond vers l'île de Terceire, la plus considérable des Açores, à la vue de trois navires hollandais, qui eurent la douce satisfaction d'en sauver l'équipage.

parcourait, les produits des pays que l'on côtoyait, les ressources qu'offrait chacun des ports qu'on dépassait, les vents qui régnaient à chaque époque régulière de l'année, le départ et l'arrivée des vaisseaux. Surcouf, docile à la voix de l'enseignement, avide de s'instruire retenait fidèlement, avec la perspicacité qui lui était propre, les explications dont il devait profiter plus tard.

L'*Aurore* arrivée à la hauteur de Providien, l'attention du volontaire se porta bientôt vers le rivage; le petit îlot qui borde la côte est moins remarquable à cause de sa ressemblance parfaite à une énorme voile latine, appareillée au moyen d'une gigantesque antenne, que par la victoire remportée dans ses eaux le 12 avril 1782, par le Bailli de Suffren sur l'amiral E. Hugues : « Je profitai de la beauté du paysage pour élever l'ardeur guerrière du marin adolescent en lui racontant ce combat dont je fus acteur et témoin », disait, vingt ans après, M. de Saint-Pol [1].

La côte de Ceylan prenant plus à l'O., Tardivet serrait la terre dans la crainte de dépaler et d'être jeté par les cou-

1. Voici le récit de ce glorieux fait d'armes :

« (12 avril 1782.) Après un engagement acharné de cinq heures, dans lequel onze vaisseaux français avaient combattu un nombre égal de vaisseaux anglais, mais supérieurs par leurs dimensions et le calibre de leurs canons, leurs bâtiments pliaient devant les nôtres victorieux. Le *Montmouth* démâté de son grand mât et de celui d'artimon, amené et laissé comme gage de nos succès, devait être amariné par l'*Artésien*, qui en avait reçu l'ordre, lorsqu'un orage monstrueux du nord vint fondre sur les deux escadres désemparées et y porter le désordre et la confusion; forcé fut à chaque vaisseau assailli par ce nouvel adversaire de suspendre son feu pour résister au péril, étant brutalement poussé contre un rivage peu connu.

« L'obscurité d'une nuit affreuse, la violence des grains se succédant sans interruption, la situation des deux escadres affalées sur une côte encore mal explorée, dont le fond était inégal, la fatigue des équipages, le dégréement des vaisseaux manœuvrant très difficilement, tout ce

BAIE DE SAINT-MALO

rants sous le vent de la rade de Pondichéry, terme de l'expédition. On passa de nuit devant le vaste port de Trinquemalay, où les armes françaises furent deux fois victorieuses :
le 3o août 1782 les forts se rendirent, et le 3 septembre les
vaisseaux anglais cédèrent pour la quatrième fois le champ
de bataille à l'escadre que commandait Suffren.

concours de circonstances pouvait occasionner des désastres irrépa-
rables. Enfin une petite brise de terre, s'élevant des vallées formées
par les divers groupes de montagnes espacées dans cette partie de l'île,
dissipa l'orage ; elle apportait avec elle les parfums que répandent les
forêts de canelliers sauvages des terres environnantes, et permit à nos
bâtiments dispersés de prendre, en se ralliant, l'ordre de marche
signalé. Au jour l'amiral leur fit jeter l'ancre en vue du mouillage
occupé par les vaisseaux anglais, qu'on relevait au N. O. 1/4 N., afin
qu'ils pussent réparer plus aisément leurs avaries. Aussitôt que l'escadre
fut espalmée, elle mit sous voiles, gouvernant au large pour se former
et vint se présenter sous différents ordres de bataille aux Anglais
embossés, leur offrant le combat en les prolongeant dans différents
bords ; rien n'était plus imposant que le spectacle des nôtres conviant
l'amiral anglais à se mesurer en rase campagne. Le pavillon français
qui, depuis nombre d'années, n'avait paru dans ces mers que pour y
éprouver des désastres flottait ici avec dignité.

« Un Malouin tint une conduite qui fut admirée de toute l'armée ;
c'était M. Sebire de Beauchêne, officier à bord de la *Fine*, de trente-six
canons. Cette frégate avait reçu l'ordre, à la fin de l'action, de prendre
à la remorque le vaisseau le *Héros*. Mais l'obscurité lui fit manquer
son opération, car elle se trouva abordée par l'*Isis*, vaisseau anglais de
cinquante canons qui manœuvrait isolément pour se soustraire à
l'orage. Il fallut en quelque sorte un coup du ciel pour sauver la
frégate et dégager deux navires liés et garrottés aussi étroitement. En
effet, un grain violent trouvant les voiles de ces bâtiments orientées
en sens contraire, son impulsion les fit abattre à bord opposé.

« Le capitaine de Salvert, s'attendant à une invasion à laquelle il ne
pouvait s'opposer, s'était jeté dans un canot et invitait M. Sebire de
Beauchêne à le suivre, pour attendre au large le dénouement de cette
scène, et se sauver au besoin à bord du général. Mais le brave Malouin
s'y refusa, décidé à ne point abandonner la frégate et les matelots qui
avaient besoin d'être dirigés. Il resta donc pour partager leur sort. Ce
dévouement le maintint à la hauteur de la réputation qu'il avait
acquise précédemment à bord de la *Belle-Poule*, dans son mémorable
engagement contre l'*Aréthuse* le 17 juin 1778. »

La brise soufflait bon frais du S.-O. et l'*Aurore*, après avoir traversé le détroit de Palk, atteignit le surlendemain matin la plage noyée des deux pagodes de Calymère, par dix brasses d'un sable vaseux. Alors Négapatnam et ses édifices que dominent les couleurs hollandaises se dessinèrent dans le N.-O.; sa rade avait été témoin du succès de notre armée navale, contre celle de l'amiral Edouard Hughes, Nagore et sa mosquée où brillent les trois croissants musulmans, Karical et son drapeau blanc, Trinquebar avec sa jolie forteresse rouge surmontée de l'étendard royal de même couleur, écartelé d'une croix blanche, s'offrirent tour à tour aux regards de l'équipage malouin.

Dans la nuit, comme on se supposait près de Goudelour, l'ancre fut jetée par neuf brasses sur un fond de sable fin, et l'équipage put goûter un repos salutaire, en attendant avec le jour le retour de la brise de terre qu'il amène après lui. Pendant que les matelots fatigués se livraient au sommeil, M. de Saint-Pol entretint encore Surcouf du combat glorieux pour nos armes livré, six ans auparavant, dans les eaux du mouillage de l'*Aurore*[1].

1. Les Français, aux ordres du vieux lieutenant général Bussy, toujours brave, mais usé et au-dessous de son poste de gouverneur, renfermés dans Goudelour et manquant de tout, allaient succomber sous les forces réunies de l'armée anglaise commandée par sir James Stuard et d'une escadre de dix-huit vaisseaux de guerre sous le pavillon de l'amiral Edouard Hughes. Les vedettes qui, chaque jour, avaient les yeux fixés à l'horizon, annoncèrent enfin des voiles; au silence morne qui régnait succéda le cri de joie qui retentit dans la place assiégée : *Voilà le Commandeur*. L'espoir renaît sur le visage des chefs consternés en songeant à l'avenir qui se présente devant eux.

Les quinze vaisseaux français, malgré leur infériorité en nombre et en dimensions, s'avançaient en ordre régulier et offraient un aspect majestueux : l'issue de la lutte devait décider dans cette partie du monde du sort de deux puissances rivales.

Au lever du soleil, le capitaine Tardivet remit sous voiles et se dirigea vers Pondichéry, qu'il relevait dans le nord, à quatre lieues de distance. Le 8 septembre, à neuf heures, se trouvant sur la rade de ce comptoir français, ayant son pavillon déployé sur la poupe, il mouilla par huit brasses d'eau : l'*Aurore* avait atteint le but de son voyage.

Marin actif, son capitaine embarqua les troupes qu'il était venu chercher, et fit voile immédiatement pour l'Ile de France, où il parvint le 20 octobre. Aussitôt qu'il eut débarqué ses soldats passagers, il leva l'ancre pour Mozambique, principal établissement des Portugais à la côte Est de l'Afri-

L'ennemi ne crut pas à propos d'attendre nos vaisseaux au mouillage, il appareilla et prit le large : l'armée assiégée vit ainsi les Anglais lever le blocus par mer, avec l'espérance qu'ils ne le reprendraient plus, tant était grande la confiance qu'elle avait dans le Bailli.

A la nuit, les vaisseaux français mouillèrent sur la rade de Goudelour ; en forçant son adversaire à lui céder la place, Suffren acquit un premier avantage, celui de pouvoir renforcer ses équipages affaiblis par des détachements retirés des troupes.

Le 20 juin 1783, au point du jour, l'escadre appareilla, et, forçant de voiles, se dirigea vers l'ennemi qui parut vouloir encore éluder l'engagement, mais la fougue de Suffren ne lui laissa pas le choix du moment. A une heure après midi, la distance des armées était telle, que l'amiral Hughes ne put éviter la bataille, à moins de s'abandonner à une fuite honteuse, puisque la supériorité du nombre lui assurait l'avantage sur notre escadre.

La ligne anglaise se forma dans l'ordre renversé en prenant la bordée du large. Si la précision de la manœuvre des Français ne fut pas aussi parfaite qu'on pouvait le désirer, on y apercevait du moins bonne volonté et désir de bien faire. Chacun se rappelait les paroles de leur chef dans le dernier conseil de guerre tenu à Trinquemalay, à bord du *Héros* : « L'état critique, Messieurs, où se trouvent les affaires du roi, exige que nous travaillions de concert. Loin de nous toute mésintelligence capable de nuire au bien de la chose ; montrons que l'honneur d'être Français vaut bien l'avantage dont se prévaut l'ennemi. L'armée sous les murs de Goudelour (elle n'était pas encore renfermée dans la place) est perdue, si nous n'allons à son secours. La gloire de la sauver nous est peut-être réservée ; nous

que; là, il devait prendre quatre cents nègres et les porter aux Antilles. Un an à peine était écoulé depuis le départ de Saint-Malo, et déjà l'*Aurore* avait quitté la rade portugaise, s'élevant au sud pour remonter ce canal, si redouté des navigateurs pour ses tempêtes, lorsque tout à coup un des furieux ouragans des mois de l'hivernage fondit sur elle le 18 février, et la brisa contre le rivage africain. Epouvantable catastrophe dans laquelle périrent tous les noirs enchaînés de l'entrepont; l'équipage français, les négresses et les enfants laissés en liberté sur le pont seuls se sauvèrent.

Surcouf, luttant de dévouement avec les plus valeureux des

devons du moins le tenter. Vous connaissez, Messieurs, les nouveaux ordres du roi, croyez qu'il ne faut pas moins que cela pour m'empêcher de partager vos périls. » Le *Flamand*, lourd vaisseau de soixante canons, difficile à évoluer, se trouvait au vent de la ligne qui était déjà en panne. M. de Salvert, son commandant, prit le parti d'arriver vent arrière, pour se ménager, en revenant au vent, la facilité de reprendre son poste. Cette manœuvre le portant presque dans la ligne ennemie au moment du combat, en fut le signal : une pluie de fer qui tomba à bord du *Flamand*, foudroyé par deux vaisseaux anglais, fit un ravage affreux et enleva son capitaine. M. Jacques Trublet de la Villejégu de Saint-Malo, officier de manœuvre, se distingua dans cette circonstance difficile, et maintint le *Flamand* avec gloire dans l'endroit où il s'était placé. Du reste, tous les vaisseaux combattirent le plus grand effort de l'ennemi. Le bailli de Suffren passé à bord de la *Cléopâtre*, veillant à tout, parcourait la ligne avec sa frégate, tenant constamment à tête de mât l'ordre d'approcher les bâtiments anglais à portée de pistolet ; mais à l'honneur de tous, il n'eut pas l'occasion de stimuler individuellement le courage des braves marins par un signal particulier.

A voir l'ardeur dont nos équipages étaient animés, la manœuvre de l'ennemi qui pliait sans cesse, on peut assurer, sans présomption, que deux heures encore de jour, et la victoire était complète. C'est à peine si la nuit sépara les deux escadres. La nôtre portait toujours sur les Anglais en retraite, malgré le signal de ralliement qui avait été arboré au soleil couchant. On ne savait comment arracher nos canonniers des batteries pour se porter à la manœuvre : ils épiaient la lueur des feux qu'ils apercevaient à bord des vaisseaux ennemis afin de matelots, essaya en vain de porter secours aux noirs qu'on abandonnait forcément à la furie d'une mer implacable. Le navire creva contre les écueils qui s'étendaient au large du rivage, et l'eau, entrant de toutes parts, étouffa les malheureux esclaves qui ne pouvaient fuir, parce qu'on n'avait pas eu le temps de briser leurs entraves assez promptement.

La tempête s'étant apaisée le lendemain matin, les Français s'occupèrent aussitôt de sauver les débris de leur bâtiment. Toutefois, ce ne fut que quinze jours après l'événement affreux qui les avait assaillis qu'ils parvinrent à débarrasser la carcasse de l'*Aurore*, encombrée de cadavres

diriger leurs pièces. Les frégates françaises parcoururent notre colonne, en avertissant de se tenir prêts à recommencer le lendemain. Les équipages, épuisés de fatigue, en branlebas de combat depuis six jours, travaillèrent nonobstant avec zèle à se réparer, bien persuadés que l'engagement recommencerait dès le point du jour.

M. de Suffren fit mouiller la flotte pour ne pas s'écarter de Goudelour et en interdire l'approche aux Anglais : à l'aube du jour, une corvette signala l'ennemi au large, l'amiral français l'attendit vainement : la bataille de la veille avait ôté à sir Edouard Hughes l'envie de s'approcher.

Le 22, au crépuscule du matin, on aperçut les Anglais faisant route au N. N. O. et sans ordre dans leur marche. Le Commandeur hissa aussitôt le signal d'appareiller, de former la ligne et d'arriver sur l'ennemi. Chacun témoigna la meilleure volonté dans l'exécution, mais l'amiral Hughes prit chasse, et la supériorité de vitesse de ses vaisseaux doublés en cuivre ne permit pas au Bailli de l'atteindre : en conséquence l'escadre de la France revint mouiller sur la rade de Goudelour, dans l'ancrage des vaisseaux fuyards. Lorsque le Commandeur descendit sur le rivage, il fut enlevé en triomphe par les soldats de la garnison qui voulurent porter eux-mêmes son palanquin, témoignant ainsi leur reconnaissance. Déposé sur la place d'armes, où M. de Bussy l'attendait à la tête de son état-major : *Voilà votre sauveur*, dit ce général en prenant le Bailli par la main, et en le présentant à tous les officiers de l'armée.

Peu de jours après, la paix vint consoler l'humanité et fixer à jamais, sur la tête de l'amiral français, les lauriers dont l'avait couronné la victoire.

réduits à l'état de putréfaction. Pour avoir les effets de l'équipage, on était obligé de faire descendre chaque homme à son tour dans la sainte-barbe et le faux-pont, une manœuvre passée sous les bras et un mouchoir trempé de vinaigre fixé sur la bouche : malgré cette précaution, le matelot était souvent remonté sans connaissance et presque asphyxié. Robert se fit encore remarquer par son zèle intrépide dans ces actes d'abnégation; aussi le capitaine Tardivet l'éleva au grade d'officier, et le prit en cette qualité à bord de la palme portugaise le *Saint-Antoine*, qu'il avait affrétée pour revenir à l'Isle de France avec une partie de l'équipage.

Les contrariétés qui avaient commencé au naufrage de l'*Aurore* persévérèrent pendant le voyage du *Saint-Antoine*; mais le jeune lieutenant de Tardivet restait toujours au-dessus des événements désastreux qui continuèrent à bord du bateau portugais. L'équipage, réduit à la dernière extrémité, manquant d'eau et de pain, força le capitaine à laisser arriver vers la côte de Sumatra, d'où il se rendit à Poulo-Pinang; il y avait trois mois qu'ils battaient la mer dans le plus complet dénuement. Le gouverneur anglais de cet établissement récemment formé accueillit les Français avec une grande humanité et leur fournit tous les secours que réclamait leur triste position. Dans leur détresse, les officiers et les matelots de l'*Aurore* prirent passage à bord du *Chartres*, capitaine Béquet, vaisseau de commerce de leur nation, qui se rendait à Pondichéry, où ils abordèrent le 21 octobre. Enfin, de ce comptoir français, ils regagnèrent l'Isle de France, le 10 décembre, sur le *Saï-gou*, capitaine Le Cor, de Saint-Malo.

A peine Robert est-il débarqué, qu'il accepte une place d'officier sur le *Courrier-d'Afrique*, capitaine Garnier. Ce navire mit à la voile le 24 décembre 1790, et revint au Port-Louis le 25 avril suivant, ayant effectué heureusement son voyage à Mozambique.

Tardivet armait alors le brick la *Revanche*; il s'attacha Surcouf comme lieutenant, car il avait reconnu en lui les qualités solides qui distinguent l'officier de mérite. Il appareilla le 25 mai 1791 afin d'explorer les côtes de Madagascar. Dans cette rude navigation, Surcouf, quoique adolescent, acquérait les connaissances de sa dure profession, et laissait percer dans toutes les occasions qui se présentaient le génie dont il était doué.

Rentré à l'Isle-de-France, Robert quitta Tardivet et le second capitaine Saint-Pol, qui, l'un et l'autre, lui portaient le plus vif intérêt. Le désir de revoir sa patrie se faisait vivement sentir chez le jeune officier du commerce, et le décida à prendre une place de timonier, à la haute paie de 36, sur la flûte du roi la *Bienvenue*, capitaine Baumont, qui armait pour la France. Ce bâtiment fut désarmé le 3 janvier 1792 à Lorient, où il était arrivé après un prompt et heureux voyage; cédant aux exigences de ses vieux parents, qui le chérissaient au-dessus de leurs autres enfants, Robert vint dans leurs pénates jouir d'un repos bien doux après une longue et pénible absence.

Au bout de six mois de ce pèlerinage filial, son penchant aventureux se réveillant en lui, il accepta avec empressement l'emploi de lieutenant à bord du *Navigateur*, qui chargeait pour l'Isle-de-France, sous le commandement de M. E. Lejoliff, jeune et habile capitaine de la place de Saint-Malo.

La veille du départ, Surcouf fit ses adieux à sa famille et se rendit à bord du navire y attendre l'instant de l'appareillage. Le 27 août 1792, le *Navigateur* voguait vers la colonie française, qu'il atteignit après une laborieuse traversée, remplie d'incidents, de dangers réels ou d'alarmes, et pendant laquelle le lieutenant Robert resta à la hauteur du poste qui lui était confié.

Arrivé à l'Isle-de-France, le *Navigateur* fit deux voyages consécutifs à Mozambique; il allait entreprendre le troisième, lorsque l'annonce de la guerre contre l'Angleterre parvint aux îles et porta les consignataires à désarmer leur bâtiment jusqu'à contre-ordre.

Surcouf, libéré de ses engagements envers son capitaine, son compatriote et son ami, passa officier sur un autre navire du pays, en destination pour la côte d'Afrique. Ni les hostilités survenues parmi les gouvernements, ni l'affreux climat des contrées qu'il parcourait, ne mirent d'obstacle à l'ardeur qu'il déploya dans ces expéditions lointaines, qui se terminèrent toujours avantageusement. Ces courses étaient, il est vrai, stériles en faits d'armes maritimes, mais là où la gloire paraissait se tenir éloignée de l'officier, l'expérience lui apprenait son métier, et un esprit vif et réfléchi comme celui de Surcouf ne manquait pas de mettre à profit les leçons que lui donnaient les événements multipliés que rencontre le marin sur l'Océan. Le second capitaine de ce dernier bâtiment, Portugais de naissance, avait conçu contre Surcouf une haine si prononcée, qu'elle se dévoilait fréquemment dans les plus simples relations et faillit compromettre la vie du jeune officier. Un jour de calme plat, excédés par la chaleur d'un soleil ardent de la

zone torride, les hommes de l'équipage obtinrent la permission de se baigner près du navire : ils remontaient sur le
pont, lorsque Surcouf s'élança à son tour dans la mer; mais
à peine y fut-il, que, saisi par l'action de l'eau, ses forces lui
manquèrent tout à coup, et il se vit couler à fond sans pouvoir faire aucun mouvement pour s'en empêcher. Les matelots, qui fort heureusement s'aperçurent que leur lieutenant
se noyait, se précipitèrent et parvinrent à le ramener à bord,
où on l'étendit sur une cage à poule, ne donnant aucun
signe de vie. Surcouf, dont les facultés physiques seules se
trouvaient anéanties, entendait ce qu'on disait à son sujet
sans pouvoir indiquer d'aucune manière qu'il existait encore
et donner un démenti au second qui le certifiait mort
asphyxié, afin de le jeter à l'eau et s'en débarrasser : l'occasion se présentait trop belle au Portugais pour qu'il la laissât
s'échapper; aussi se mit-il en devoir d'accomplir son projet
homicide. Saisissant le corps du lieutenant, il le posait sur
la lisse pour le débarquer, lorsque celui-ci, sortant de son
état d'atonie, indique par un faible remuement de lèvres
qu'il respire encore : on s'élance sur lui et on le retient au
moment où, poussé par le perfide second, il quittait le bord.
Robert, replacé sur la cage à poule, revint peu après à la
vie, et deux heures après il avait repris son quart, toutefois,
se promettant bien de se tenir en garde contre la conduite
hostile du Portugais.

Le navire atteignit Mozambique, lieu de sa destination,
où il chargea une cargaison d'esclaves, puis on appareilla
pour le port d'armement. Pendant le court séjour qu'on fit
sur la rade malsaine de la colonie portugaise, le second
gagna les maladies du pays avec une telle intensité, qu'il ne

put faire aucun service à bord. Surcouf, infatigable, le remplaça dans ses fonctions d'une manière remarquable qui lui valut les éloges du capitaine.

Le bâtiment était revenu à l'Isle-de-France, et Robert en faisait le désarmement, lorsqu'il reçut un message de son ancien second mourant, qui le priait avec instance de venir le voir, ayant quelque chose d'important à lui communiquer avant d'expirer. Surcouf, payé pour se méfier du Portugais, prit ses précautions : il s'arma de deux pistolets de poche et se rendit au domicile du moribond. « Que je suis content de vous voir », murmura celui-ci à demi couché sur un canapé; puis, ayant fait signe au domestique de se retirer, il ajouta : « Je voulais vous parler à cœur ouvert avant de passer dans l'autre monde, pour alléger ma conscience de tout le mal que je vous ai fait ou désiré durant mes voyages. » Pendant qu'il parlait, Surcouf, toujours sur ses gardes, le voyait faire des contorsions qui tendaient à se rapprocher d'un coussin vers lequel il allongeait le bras. Se doutant de quelque action perfide de la part de cet enragé, Robert saisit une de ses armes, et le tenant en joue, se porte rapidement au coussin derrière lequel il trouve deux pistolets préparés pour le tuer. Surcouf s'en empara, et sortit en dédaignant l'homme qui avait voulu attenter si lâchement à sa vie. Le lendemain, il apprit que le misérable avait rendu le dernier soupir, torturé par le désespoir d'avoir manqué son coup.

Ces voyages cessèrent forcément avec le blocus resserré des îles, et son navire désarma. Ne voulant point rester inactif à terre, Surcouf se fit embarquer dans le grade d'enseigne de vaisseau, commissionné par le gouverneur, à bord d'une des corvettes de guerre de la colonie.

Après l'horrible coup de hache qui frappa à mort l'infortuné Louis XVI et brisa la royauté française, les états monarchiques, poussés par l'Angleterre, se coalisèrent contre nous, et leurs escadres réunies fondirent sur nos vaisseaux. La situation des îles de France et Bourbon devint extrêmement précaire, par les effets simultanés d'une guerre à outrance et d'une révolution qui se reflétait sur leurs rivages avec des teintes de sang.

A la vue de nos colonies d'Amérique bouleversées, conséquence de la liberté des noirs proclamée par la Convention, les colons des deux îles s'affermirent dans la résolution de résister au gouvernement de la mère patrie, sans cependant cesser d'être Français. Aussi, en dépit de l'érection de quelques clubs révolutionnaires, où se discutaient les motions du jour, on ne vit aucune victime traînée à l'échafaud; la raideur et la sagesse déployées par les hommes de bien qui s'étaient mis à la tête des masses surent les contenir et même les diriger.

Le vertueux Malartic, nommé gouverneur de nos possessions d'Afrique par Louis XVI, conserva ce poste important, auquel la volonté générale du pays le maintenait, bien qu'il eût été menacé d'une destitution par l'autorité métropolitaine : en cela, il se rendit aux vœux et prières des habitants dont il était adoré.

Chaque île était gouvernée par une assemblée coloniale qui revisait les lois importées de France et n'en autorisait l'exécution qu'après examen; encore leurs décrets n'avaient-ils force de loi qu'après avoir reçu la sanction du Gouverneur, ayant les attributions du pouvoir exécutif. La forme de cette administration ne cessa qu'au moment où Bonaparte, premier consul, prit les rênes de l'Etat.

Cette situation apparente de rébellion envers le gouvernement de la France dura huit années, pendant lesquelles les colons se virent réduits à redouter également la mère patrie qui les menaçait de sa vengeance et les ennemis de cette mère patrie qui voulaient les subjuguer. Il leur fallut des prodiges d'héroïsme pour repousser les Anglais, faire respecter le nouveau pavillon français, et se suffire à eux-mêmes. Au milieu de l'abandon général, ils montrèrent une résolution sage et ferme qui, s'étayant sur l'honneur national et la conscience publique, peut enfanter des prodiges.

La position favorable des îles de France et Bourbon entre l'Europe et l'Asie, source inépuisable des richesses commerciales dont l'Angleterre regorgeait, permit aux corsaires français, appuyés de quelques frégates que la république entretenait dans ces colonies, de jeter la terreur parmi le commerce britannique indien. Les pertes incessantes qu'il éprouva, alarmèrent tellement les riches négociants nababs anglais de tous les ports, que sir John Gore, gouverneur général de Calcutta, crut devoir détruire ces républicains audacieux en les écrasant dans leurs retraites.

A la fin de 1794, la compagnie anglaise, voyant l'état d'abandon de nos colonies, prépara, dans ses présidences asiatiques, une expédition importante, ayant mission de s'emparer de vive force de l'Isle-de-France, ou de la réduire par la famine au joug britannique. La vieille et aristocratique Albion devait pour sa part, fournir de ses arsenaux et de ses chantiers, son contingent de forces navales et de troupes de débarquement : Rodrigue fut, par sa position rapprochée et son port spacieux, fixée comme point de rendez-vous aux divisions européennes et indiennes.

Pendant qu'on poussait activement les préparatifs de cette campagne, le commodore sir Samuel Osborn, commandant la division d'avant-garde, se dirigeait de Madras avec les vaisseaux le *Centurion* [1] et le *Diomède*, vers la colonie française; le premier portait son guidon, le second était aux ordres du capitaine Smith. La présence de cette station dont on connaissait le but par les journaux trouvés à bord de navires capturés, frappa de consternation l'île entière, où les subsistances devenaient de plus en plus rares. Les caboteurs qui l'approvisionnaient, dépourvus de convoyeurs, allaient être interceptés ou arrêtés, les corsaires et leurs prises capturés; on appréhendait ainsi le coup fatal que devaient porter à la colonie les pertes de ces divers bâtiments : de là, cris de misère et menaces de ruine.

Dans ce moment de calamité publique, les autorités, les officiers de la marine et les principaux habitants se réunirent en conseil, pour délibérer touchant les moyens de prévenir ces malheurs.

Au milieu d'une vague incertitude, le commandant Jean-Marie Renaud, nouveau Decius, se dévouant aux dieux infernaux pour sauver la patrie en danger, ouvrit l'avis d'atta-

---

1. Ce vaisseau, refondu en totalité, était celui que monta le fameux amiral Georges Anson, lors de son voyage autour du monde. Le *Centurion* avait combattu et pris le riche gallion espagnol *Nostra-Signora-de-Cabadonga*, commandé par don Jéronimo de Montéro : le lord anglais rapporta dans sa patrie 400 000 livres sterling en or et argent monnoyés ou en lingots. En 1804, à la vue de la division Linois, il s'échoua sous les batteries protectrices de Visigapatnam, et put échapper, par cette manœuvre habilement exécutée, à une reddition inévitable.

quer l'ennemi; ne pouvant le vaincre, il fallait, exprima-t-
il énergiquement, le mettre hors d'état de tenir la mer. La
tentative était dangereuse, puisque la division française
n'était composée que de deux frégates et d'un brick, et que
l'on devait combattre deux vaisseaux, l'un de 60 et l'autre
de 54 canons, parfaitement équipés et accastillés, ayant un
supplément d'équipage et d'état-major; mais avec des
hommes intrépides et déterminés, elle était possible, et cette
offre d'un généreux dévouement fut acceptée. L'empereur
Napoléon, juste appréciateur du courage français, disait toujours en semblable occurrence : « Rayez le mot *impossible*
de notre langue! »

Le lendemain, 19 octobre, à six heures et demie du matin,
Renaud fait appeler en conseil les capitaines de la division,
pour arrêter l'ordre du combat. La *Cybèle*, frégate de 18,
que commande Pierre Julien Tréhouard [1], et le petit brick
de l'Etat le *Coureur*, sous les ordres de Garaud, attaqueront
le *Centurion*; la *Prudente*, frégate de 12, au grand mât de
laquelle flotte le guidon de Renaud, secondée du corsaire le
Jean-Bart, capitaine Loiseau, combattront le *Diomède* : les
dispositions prises, chaque chef retourne à son bord attendre
le moment de l'appareillage.

Cependant l'élan de patriotisme qui anime nos marins se
communique aux colons et aux officiers du commerce dont
plusieurs accoururent comme volontaires renforcer nos
équipages affaiblis. Une poignée de cinquante soldats du
101ᵉ régiment de ligne fut disséminée parmi l'escadrille où

---

1. Fils de Julien-Pierre Tréhouard, de Saint-Malo, né à l'Ile-de-
France le 25 septembre 1759, et mort à Toulon le 9 mai 1804, chef de
di‹ision, commandant le vaisseau le *Neptune*.

les lieutenants de vaisseaux Legrand et Willaumez, nobles
débris des états-majors de d'Entrecasteaux à la recherche
de La Pérouse, sollicitent un emploi temporaire; le premier
s'embarque sur la *Cybèle*, le second commande la batterie
de la *Prudence*.

A quatre heures et demie, ils appareillent du port, salués
par les acclamations de la foule pressée sur les quais et les
montagnes qui dominent la ville. A l'aide d'une jolie brise
d'E.-S.-E., ils gouvernent tribord amures pour doubler l'Ile-
Ronde sous les amures opposées et rejoindre les Anglais,
que les vigies du Piton signalaient à toute vue dans l'E.,
louvoyant à petites voiles sur la route fréquentée par les
navires d'Europe et de l'Inde. Le corsaire le *Sans-Culotte* suit
en amateur officieux la division, mais ne portant pas la
voile, il tomba sous le vent; le lendemain il était hors de
vue.

Au jour, nos bâtiments qui s'étaient suffisamment élevés
au N.-E., virèrent de bord et passèrent à dix heures du
matin entre l'Ile-Ronde et l'Ile-Plate, courant des bordées
pour gagner au vent de la colonie. Les journées des 20 et
21 octobre furent employées à la recherche des ennemis.
Le 22 (1er brumaire an III) à onze heures du matin, nos
navires relevant à dix lieues dans l'O.-N.-O. le morne des
Bambous, aperçurent les Anglais à l'E.-N.-E., gouvernant
vent arrière sur eux, car une brise modérée soufflait de
l'Est. Renaud, aussitôt, fait le signal de branle-bas de combat
et se dirige sur les vaisseaux pour leur épargner une partie
du chemin : ceux-ci battaient la flamme et le pavillon de
Saint-Georges, qu'ils assurèrent chacun d'un coup de canon.
Etonnés de la témérité des frégates, ne soupçonnant pas la

cause de leur héroïque dévouement, ils se préparèrent à les faire repentir de ce qu'ils qualifiaient de folle agression.

A trois heures et demie, la *Prudente*, à portée de fusil sous le vent par le travers du *Diomède*, et la *Cybèle* dans la hanche de babord du *Centurion*, hissèrent le pavillon national et ouvrirent leur feu d'aussi près qu'elles purent ranger les vaisseaux anglais, qui étaient revenus sur tribord et couraient parallèlement à nos frégates dont ils redoutaient l'abordage.

Après une heure et demie d'une lutte acharnée, dans laquelle la valeur et l'habileté suppléèrent au nombre et à la force, la *Prudente*, incapable de résister plus longtemps aux bordées de gros calibre qui tonnaient sur elle, força de voiles, déchirée par les boulets, pour se retirer momentanément d'un combat si disproportionné, et en même temps hissa le signal de retraite. Renaud venait d'être blessé; à ses côtés, il avait vu périr, dès la première volée, son capitaine de pavillon, Flouet, marin distingué; la tête du brave Hochard est écrasée par un boulet; Salambier, officier de manœuvre, est emporté au moment où, serrant la main de son commandant, il lui disait : *Courage, mon ami, ça va bien ainsi.* Alors, surmontant ses souffrances, le chef resta sur le pont pour ne s'occuper que du salut de sa division, son exemple est suivi; Sixte-Brunet, matelot, occupé de refouler la charge de son canon, a le poignet droit emporté; sans faire paraître le moindre signe d'altération, il achève avec son autre main de charger sa pièce.

La *Cybèle* ne peut obéir à l'ordre donné par la *Prudente* : le calme survenu, ses vergues brisées, ses voiles en lambeaux, ses manœuvres hachées, ne lui laissent d'autre salut que les chances d'un combat désastreux, qu'elle accepte résolument. Désormais elle se livre aux prises avec le *Centurion* qui redouble d'efforts pour anéantir la frégate, soutenue faiblement de l'artillerie du petit brick le *Coureur*, que sa coque rase a soustrait à l'action des projectiles ennemis. Garaud se couvre de gloire, en harcelant le *Centurion* et son audace est d'autant plus grande qu'une seule bordée pourrait l'abîmer sous les flots.

La *Cybèle*, accablée, se défend avec le courage du désespoir. La mort du second capitaine Lehyr exalte la bravoure de l'équipage. Blessé grièvement sur le gaillard d'avant, par un biscayen qui lui enlève le talon, cet officier refusa de se laisser porter au poste du chirurgien pour se faire panser : « *J'ai juré de mourir à ma place,* dit-il à ceux qui le pressaient de descendre, *et j'y mourrai.* » Il y resta, mais peu d'instants après, un boulet lancé du *Centurion* vint accomplir sa funeste et sublime prophétie en lui coupant les reins : « Courage, mes amis, vengez-nous », s'écria-t-il, puis il rendit le dernier soupir. A sa mort un cri de vengeance qui retentit de l'avant à l'arrière ranime le feu d'une manière inexprimable.

Dans cette exaltation patriotique, le *Centurion* perd deux de ses mâts; à la suite d'une auloffée qu'il n'a pu maîtriser un boulet brise la mèche du gouvernail et en paralyse l'action; alors, allant en dérive et de plus faisant eau de toutes parts, il se voit forcé de quitter sa situation périlleuse. Par sa fuite, la *Cybèle* effectue son mouvement de retraite vers la *Prudente*, qui, séparée, avait viré sur elle, à l'aide d'une faible brise pour revenir au feu la secourir, car le *Diomède*.

quoique criblé lui-même, était venu ajouter ses bordées à celles du *Centurion*; mais il abandonna le champ de bataille afin de rejoindre son matelot, qui lui faisait signal de détresse et de ralliement. La *Cybèle* ayant trois pieds et demi d'eau dans la cale, le premier plan de ses poudres mouillé, s'occupe de ses pompes, et reçoit la remorque que lui porte la *Prudente*.

Le lendemain, 23 octobre 1794, la station anglaise avait quitté les abords de nos îles pour n'y plus reparaître; les frégates, précédées du *Coureur* et suivies du *Jean-Bart*, entraient triomphantes au port, saluées par les acclamations qui, trois jours auparavant, avaient accompagné leur départ. Le blocus levé, la colonie était sauvée!... Le retour inopiné des deux vaisseaux dans l'Inde, leur état de délabrement et plus encore le courage audacieux déployé par nos marins, fit naître parmi les chefs anglais un sentiment d'incertitude sur le succès d'une attaque contre de tels adversaires; dès lors, les préparatifs furent suspendus et l'expédition avorta.

La *Cybèle* avait eu dans ce combat quatre-vingt-quatre hommes tués ou blessés, la *Prudente* avait perdu quarante-trois combattants, le *Coureur* sept et le *Jean-Bart* deux, par un boulet ricochant au loin. Une souscription ouverte spontanément par les habitants monta à la somme de 265 000 livres tournois, pour secourir les familles des marins, des gardes nationaux et des soldats qui avaient succombé dans cette glorieuse action. Les blessés répétaient sans cesse, au milieu des incisions les plus déchirantes pratiquées par les hommes de l'art : « Guérissez-nous, pour que nous retournions à l'ennemi. »

Le général Malartic, en vertu des pouvoirs qui lui avaient

été délégués, nomma les lieutenants de vaisseau Tréhouard
et Garaud au grade de capitaines de vaisseaux comme récompense de leur valeur et de la belle conduite qu'ils avaient
tenue dans le combat du 22 octobre. Quant au commandant
Renaud, il n'était pas au pouvoir du gouverneur de l'élever
au grade que lui déférait l'opinion publique et que lui promettait sa vaillance et sa sagesse, car le conseil colonial
disait de lui qu'il n'avait pu mieux faire et que s'il eût ris-
qué plus il compromettait sa division. Plusieurs promotions
eurent lieu parmi les états-majors et les équipages pour prix
des services rendus à la patrie.

Enfin, le lieutenant de vaisseau Willaumez eut le commandement de la corvette le *Léger* pour venir en France
annoncer notre triomphe et la situation de la colonie.

Peu de temps avant cette époque, la Convention nationale
(16 pluviôse an 2), ayant déclaré l'esclavage des nègres
aboli, l'assemblée coloniale repoussa de ce décret ce qui con-
cernait la liberté immédiate des esclaves, mais défendit de
faire la traite. Cet ordre, qui portait un coup mortel à l'agriculture des îles avait été donné dans nos deux colonies.
N'osant s'y soustraire ouvertement, les planteurs favorisèrent
en secret le petit nombre des marins entreprenants qui
osaient s'exposer pour le braver, afin de sauver leur pays
d'une décadence manifeste. Surcouf, dont la hardiesse s'était
décelée en mainte occasion, atteignait ses vingt ans; il
accepta le commandement du brick la *Créole* qu'on lui offrit
pour aller chercher des noirs à Madagascar et à la côte
d'Afrique. Cette navigation hasardeuse souriait à sa témérité. Il fit plusieurs voyages successifs qui furent couronnés
d'un succès inespéré, dû à l'intelligence de celui qui les diri-

geait. Mais ayant éveillé l'attention des employés de l'administration, qui, devant les exaltés sans-culottes, tenait à paraître obéissante aux exigences du gouvernement révolutionnaire, on prit des mesures pour saisir Robert en contravention, à sa prochaine arrivée, et des ordres sévères furent donnés à Bourbon dans le même but. Le capitaine du *Créole* était dans l'une des rades de Madagascar, quand il reçut avis par ses commettants des dispositions faites contre lui, il n'en continua pas moins à embarquer les esclaves qu'il avait traités, et les débarqua effrontément, de nuit, à la *Grande Chaloupe*, rade à trois lieues de Saint-Denis, capitale de Bourbon. Son débarquement terminé, il alla se présenter, à la pointe du jour, devant la baie de Saint-Paul, où il jeta l'ancre immédiatement.

Vers huit heures du matin, ses gens étaient occupés à faire disparaître les dernières traces du séjour des nègres à bord, afin de tromper la vigilance des délégués du pouvoir sur la nature du chargement, lorsque trois commissaires du comité colonial accostèrent à l'improviste le *Créole* et dans leur perquisition se convainquirent que le brick avait été employé à faire la traite. D'après cette infraction à la nouvelle loi, ils dressèrent leur procès-verbal, et enjoignirent au capitaine de les accompagner au comité, sitôt qu'ils auraient achevé leur travail. Tout autre que Surcouf eût pu être intimidé des menaces de ces négrophiles, improvisés sous le régime sanguinaire de 93, mais ils avaient affaire à forte partie, la fermeté du jeune capitaine de vingt et un ans ne fit pas défaut dans ce moment critique, puisqu'il y allait de la confiscation immanquable du navire et de sa liberté individuelle.

« Je suis à votre disposition, citoyens, leur répondit-il avec assurance et une feinte courtoisie, toutefois, après le déjeuner sans façon que le cuisinier va dresser et que vous voudrez bien, j'espère, me faire le plaisir de partager. » Les commissaires, gens assez gourmands, acceptent l'invitation, et continuent de rédiger leur rapport de visite. Surcouf se rend sur le gaillard d'avant, entretient à voix basse son second et le maître de manœuvre auxquels il explique en peu de mots ses projets, et pour n'éveiller aucun soupçon, il s'empresse de rejoindre les membres du comité qui finissaient leur rédaction.

On sert le déjeuner, le vin de Bordeaux remplit les verres des rigides républicains qui oublient, autour d'une table bien garnie, la mission dont ils se sont chargés. Le second du *Créole* avait, par précaution, renvoyé à terre leur grande pirogue, restée le long des flancs du bâtiment, à les attendre; le patron, informé que le canot serait à la disposition des convives pour les ramener à Saint-Paul, s'empressa de retourner au rivage. Aussitôt après son départ, le câble est filé silencieusement par le bout et le *Créole*, couvert de voiles, s'éloigne rapidement du fond de la baie, glissant sur une mer unie qu'abritent les hautes terres environnantes.

Nonobstant, en gagnant le large, le tangage devint plus vif; un vent frais du S.-E. soulevait les flots à l'ouvert de la côte aride du cap La Haussaye et faisait incliner le navire dont le sillage avait augmenté considérablement. Les commissaires concevant alors quelques soupçons, montèrent sur le pont, et virent avec effroi la position difficile où ils se trouvaient avec un homme de la trempe de Robert Surcouf, car sa réputation s'établissait chaque jour au milieu des événements multipliés de sa navigation chanceuse.

Les commissaires firent des représentations et allèrent même jusqu'à menacer de la juridiction du Comité colonial; alors, prenant un air résolu, il leur répondit que, puisqu'il en était ainsi, il les conduirait d'abord à la côte d'Afrique, au milieu de leurs frères et amis les nègres; puis, en fronçant le sourcil, il leur intima l'ordre de descendre dans l'entrepont, ce qu'ils firent en protestant contre la violence qu'on exerçait à leur égard.

Aussitôt que la nuit fut venue, Surcouf qui n'avait d'autres desseins que d'intimider ses hôtes et de les amener à composition, fit manœuvrer pour se rapprocher de la terre qu'on avait perdue de vue. Le temps qui fut très mauvais, pendant la nuit, occasionna de violents roulis, et MM. les commissaires souffrirent beaucoup du mal de mer. Le capitaine leur fit donner tous les soins que leur état réclamait, mais sans paraître s'apitoyer sur leurs souffrances.

Les victimes de l'embargo, se fatiguant bientôt de leur détention dont ils ignoraient la durée, se décidèrent à entrer en pourparlers avec Surcouf, qui paraissait hésiter à recevoir leur proposition : enfin on composa; ils donnèrent leur parole, qu'une fois à terre, ils emploieraient leur crédit pour étouffer toute suite qu'on pourrait donner à l'affaire et qu'au préalable il serait dressé une nouvelle pièce de procédure, constatant qu'ils n'avaient rien vu à bord qui indiquât un bâtiment ayant porté des noirs; qu'en outre ils certifieraient qu'un raz-de-marée avait seul éloigné le navire de son ancrage et contraint son capitaine à faire route vers l'Ile-de-

France, où il mouilla en effet huit jours après la capitulation acceptée par les commissaires de Bourbon.

Malgré toutes ces mesures parlementaires, il eût couru de grands dangers sans la bienveillance que lui témoignèrent plusieurs membres du comité colonial de l'île, notamment MM. Rouillard, Fropier et Vieillard, tous trois hommes respectables, qui avaient une influence méritée dans les transactions du pays.

CHAPITRE III

CROISIÈRE DE L' « ÉMILIE »
BATIMENT ARMÉ EN GUERRE (1795-1796)

Surcouf abandonna bientôt ses voyages de Madagascar et de la côte d'Afrique.

Le succès des corsaires et la tradition de sa famille le grisaient du désir de les surpasser. Il accepta le commandement du corsaire le *Modeste*, du faible port de 180 tonneaux, monté par trente hommes d'équipage et armé de quatre canons de six.

Le *Modeste* fut le plus petit des trois paquebots expédiés de France avant la guerre. Ce joli navire, fin voilier, fut désarmé et vendu au commerce qui l'arma en course à la reprise des hostilités contre l'Angleterre. Successivement commandé par les capitaines Guirouère, de Nantes, Le Vaillant, de Bordeaux, Surcouf, de Saint-Malo et J. Dutertre, de Lorient après plusieurs croisières heureuses sous ces braves marins, il succomba à la fin de sa dernière campagne, dans une rencontre avec un bâtiment de guerre, sur les brasses du Bengale.

Le *Modeste*, sous le commandement de Le Vaillant, combattit le vaisseau de la compagnie hollandaise le *Hootluyce*; l'équipage, conduit par le second capitaine Drieux, de Saint-Malo, enleva à l'abordage ce vaisseau qui fut repris peu de temps après par deux bâtiments de guerre hollandais.

Les armateurs du *Modeste*, qu'on renomma l'*Emilie*, n'obtinrent pas une *lettre de marque*, c'est-à-dire la reconnaissance officielle du titre de corsaire que désirait Surcouf.

Malgré cela, il partit avec des ordres précis pour aller chercher une cargaison de tortues. (Ces tortues ont disparu depuis cette époque; les énormes chéloniens des Seychelles sont devenus presque introuvables. Le Muséum de Paris possède vivants les presque derniers spécimens connus.)

Les instructions données au capitaine Surcouf par ses armateurs furent les suivantes :

« Il est ordonné au citoyen Robert Surcouf, commandant notre vaisseau l'*Emilie*, de faire route par la voie la plus courte pour les îles Seychelles, d'acheter pour notre compte une cargaison de tortues. Si par hasard les habitants n'en avaient pas en parc, ledit Surcouf *achètera des denrées*, comme mahys, coton, etc., et ira lui-même sur les îles voisines en chercher une cargaison.

« Nous lui recommandons de se méfier des croiseurs qui pourraient être au sud de l'Ile de France, lors de son retour et d'atterrir au sud de l'Ile.

« Fait double au port N. O., Ile de France, le 16 Fructidor an III (2 septembre 1795). *Signé*, Levaillant, R. Surcouf. »

En conséquence, le 3 septembre 1795, l'*Emilie* munie d'un *congé de navigation*, enregistré le 2 au bureau des classes, signé par le ministre et le gouverneur, quitte les eaux paisibles du Port-Louis pour sa destination en faisant escale à

Saint-Denis où elle mouille le lendemain à six heures du soir, poussée par une faible brise du S.-E. qui agite à peine les flots. Le 6, à midi, Surcouf ayant terminé ses affaires, s'embarque et appareille pour les Seychelles; au quart du jour suivant, plusieurs citoyens vont le trouver sur le gaillard d'arrière et lui exposent les motifs de leur évasion de Bourbon sans passeports : il les réprimande et leur fait donner des vivres. Cependant l'*Emilie* voguait toujours vers l'île Mahé. A la rapidité du sillage que lui a imprimé son jeune capitaine, au moyen de ses nombreuses voiles, on eût dit que ce trois-mâts si coquet, malgré le buste symbolique de *Modeste*, conservé sur ses herpes de l'éperon, avait le pressentiment de son avenir et volait à l'accomplir. Ainsi couvert de toiles, sous une fraîche brise d'E.-S.-E., il s'élance sur les flots qu'il fend sans effort, et atteint le 15 septembre, le douzième jour de son départ du Port-Louis, la rade abritée de l'*Ile-Sainte-Anne*, où il laisse tomber l'ancre.

Il y avait quelques jours que l'*Emilie* reposait, retenue par son câble, dans une mer calme et oubliée des orages; déjà quelques tonneaux de vivres et de denrées indigènes avaient été embarqués; plusieurs marins dispersés sur les îles de l'archipel étaient venus demander passage au capitaine Surcouf, pour retourner avec lui à l'Ile-de-France, lorsqu'au milieu d'une profonde sécurité, le 7 octobre 1795, à trois heures et demie, on découvrit tout à coup dans le S.-E. 1/4 S., deux gros vaisseaux anglais que la direction de leur route amenait au mouillage occupé.

La fuite seule pouvait offrir au trois-mâts français une voie de salut; Surcouf coupe son câble et se dirige en toute hâte au N.-E., passe près de l'Ile-aux-Mamelles, gouverne entre les brisants du Cayman et ceux des Cheminées, atteint le chenal étroit formé par *Praslin* et la *Digue*, en évitant adroitement les récifs des *Ave-Maria* qu'il laisse à babord, manœuvre hardie qui lui permit, à la faveur de l'obscurité d'une nuit sans lune, d'échapper à la chasse que lui avaient appuyée les vaisseaux anglais, durant l'après-midi, sous une brise molle qui leur donnait un avantage marqué.

Le voilà donc traversant les écueils d'un archipel encore mal connu et qui a dévoré tant de navires! Mais Surcouf a confiance en lui-même. N'a-t-il pas affronté mille fois les rochers à fleur d'eau des côtes d'Afrique et de Madagascar, ainsi que les ouragans de nos mers tropicales? L'*Emilie* fuit avec vitesse, les amures à tribord, ses mâts ploient sous les voiles dont ils sont surchargés et que gonfle une belle brise de S.-E., balancée par le renflement des vagues qui déferlent contre son élégante carène; elle ressemble à l'un de ces oiseaux pétrels, suivant dans son vol rapide le mouvement des flots qu'effleurent légèrement ses ailes. Elle laisse au loin derrière elle une ligne lumineuse tracée par son sillage profond, sur une mer phosphorescente.

Si on eût interrogé le capitaine Surcouf touchant sa nouvelle destination, il vous eût répondu : « Je vais à la côte de l'Est[1]. » En effet, au point du jour, ayant réuni en conseil ses officiers et ses matelots, il fut arrêté d'un commun accord, après une courte délibération, que l'on irait dans le port de Merguy prendre une cargaison de riz, pour la porter à l'Ile-de-France, dépourvue de subsistance; en conséquence, pour se mettre mieux en état de défense, Surcouf

1. Nom que les marins des îles de France et de Bourbon donnent aux côtes de Sumatra, d'Ava, Pégou et Merguy.

fait monter quelques canons qui lui servaient de lest, le renfort d'équipage qu'il a pris aux Seychelles lui permettant au besoin d'attaquer un navire anglais.

Nous figurons ici le procès-verbal du changement de route qui fut établi à bord, car il contient les noms de l'équipage de l'*Emilie*. Beaucoup de ces noms sont encore représentés en Bretagne.

PROCÈS-VERBAL DE CHANGEMENT DE ROUTE

Extrait des minutes du greffe du tribunal de commerce
de terre et de mer de l'Ile-de-France

« L'an quatrième de la république française une et indivisible, le quinze du mois de vendémiaire, nous soussignés capitaine, état-major, officiers mariniers et autres, composant l'équipage du navire l'*Emilie*; certifions qu'étant avec ledit navire en rade de l'île Sainte-Anne, îles Seychelles, à faire une cargaison de bois de construction, tortues de terre et autres articles propres à l'approvisionnement de l'Ile-de-France; ledit jour nous aurions aperçu deux navires; que n'en espérant pas de l'Ile-de-France, nous les aurions cru suspects et avons appareillé de suite en prenant le bord du nord sous toutes voiles; qu'à trois heures et demie, ils nous auraient appuyé la chasse, ce qui nous aurait confirmé qu'ils étaient ennemis, et pour les dérouter nous aurions laissé arriver pour passer entre l'île aux Mamelles et les dangers de l'île Trompeuse, ayant pour lors petit temps et apparence d'être gagné par l'un d'eux, qui à six heures était à deux lieues de nous; tenu le plus près sous toutes voiles; à huit la brise a fraîchi, les feux de terre nous restant au S.-O., forcé de voiles toute la nuit; et au jour ne voyant plus de navires et nous trouvant dans l'impossibilité de retourner à Seychelles faire notre cargaison, vu que ces navires paraissaient y aller; nous avons d'un commun accord convenu d'aller à la Côte de l'Est, pour faire une cargaison de riz et autres objets pour mettre l'armement à couvert, et en même temps de nous défendre contre les navires ennemis si nous en rencontrions sur notre route, étant armés de quelques canons.

« En foi de quoi avons signé pour servir et valoir ce que de raison. Fait à bord dudit ci-dessus, le quinzième vendémiaire, quatrième année de la république française une et indivisible, ainsi signé : R. Surcouf, H. Hamon, Bourgoin, J. Croizé, J.-B. Hubert, Petit Sibron, Bouton, M. Vincent, Verchin, Balu, Partie, Pierre Legagneur, O.-H. Moizan, Ri, Lapanouze, Teycheney, Pierre Chouze, Pierre Lafitte, Toubé, Pierre Bernard, Noël Duchesne, Corouze; ensuite sont les croix de François Joyeuse, Joseph Barère, Barthélemi Causade, Louis Torson, Alexis Lasaque, Mathieu Pouaire, Alexis Lelue et François Brutor qui ne savent signer.

Collationné par moi greffier en chef du tribunal de commerce de terre et de mer de l'Ile-de-France, soussigné sur l'original demeuré au greffe.

Port nord-ouest, Ile-de-France, le six thermidor an quatrième de la république française une et indivisible.

MARLET.

« Nous Antoine-Bonaventure-Martin Saint-Geniez, président du tribunal de commerce de terre et de mer à l'Ile-de-France, certifions à tous qu'il appartiendra, que ledit Marlet qui a signé la présente expédition, est tel qu'il se qualifie, que foi doit être ajoutée à sa signature tant en jugement que hors; certifions aussi que le papier timbré ny le contrôle à tels actes ne sont pas en usage en cette colonie. En foy de quoy avons signé les présentes, et à icelle fait apposer le sceau du tribunal.

Donné au port nord-ouest, Ile-de-France, le seize thermidor an quatrième de la république française une et indivisible.

MARTIN SAINT-GENIEZ. »

Indépendamment de ces trente hommes figurant au rôle d'équipage, il y avait à bord de l'*Emilie* les marins accourus des îles environnantes pour retourner à l'Ile-de-France et encore les hommes embarqués à Saint-Denis à l'insu de Surcouf.

Les Anglais établissant leurs croiseurs aux îles Seychelles, il était imprudent d'y revenir; conséquemment Surcouf se décida, ainsi que nous l'avons observé, à se présenter vers la partie de l'Inde indépendante, où il espérait traiter facilement avec les naturels, une cargaison de grains pour remplacer celle qu'il n'avait pu embarquer à Sainte-Anne.

L'*Emilie* voguant le long de l'équateur, s'élevait à l'est, favorisée par les courants et par les vents de N.-O. qui règnent dans cette région, à l'époque de l'année où l'on se trouvait; car Surcouf désirait atteindre la rade de Talandènc sur la côte S.-E. de Poulo-Nias, où il espérait trouver du riz et refaire son eau qu'il n'avait pu compléter par la chasse que lui appuyèrent les vaisseaux anglais. Les naturels descendent armés sur la plage pour le repousser avec son monde : moyennant deux mouchoirs donnés au rajah, on le laissa prendre l'eau; mais pour du riz il n'en trouva pas. De Poulo-Nias, Surcouf gouverne sur la baie d'Achem, afin d'y faire escale. Il était même à peu de distance de la capitale malaise, lorsqu'à l'approche de la nuit d'un des premiers jours de décembre, il aperçut un bandeau de gros nuages s'élevant de l'horizon et que précédait une brise lourde du N.-N.-E. Le navire, arrêté subitement dans sa marche, fut mis à la cape sous la misaine et le foc d'artimon, afin de supporter la bourrasque prévue, en perdant le moins de chemin possible. Les vagues grossissaient et enlevaient l'*Emilie* comme une mouette à leurs sommets écumeux, d'où elles la plongeaient dans les gouffres qu'elles formaient entre elles. Message précurseur de la mousson nouvelle, la tourmente qui l'annonçait augmentait de plus en plus et par ses efforts convulsifs, menaçait de briser la coque frêle de l'ancien paquebot. Tout à coup, Surcouf se décide à fuir devant la tempête contre laquelle il ne peut lutter en restant à la cape. Durant le court intervalle d'une embellie, l'artimon est halé bas et la barre est portée au vent; mais le trois-mâts arrivant lentement sous l'action de sa misaine, reçoit par la hanche un coup de mer qui l'enveloppe dans son monstrueux renflement; vienne un autre coup l'assaillir et c'en est fait de l'*Emilie* abîmée sous les eaux.

Surcouf et ses compagnons résistent avec habileté aux éléments irrités, et leur bâtiment malgré les outrages de la mer, ayant pris son aire, poussé par l'ouragan, évite la fureur des flots.

Le 8 décembre, la tempête s'apaise avec le retour de la

lumière; l'*Emilie* désemparée, dépallée à l'O., ne peut gagner le port où elle se rendait; les vents et les courants s'y opposent : son capitaine, désappointé, met le cap au N.-N.-E., élonge sous le vent les îles Nicobar et les Andaman, approche la pointe Négrailles et parvient sur les brasses du Pégou, manquant de tout. Là, il aperçoit un navire anglais gouvernant sur lui; arrivé à portée, celui-ci tire un coup de canon de semonce pour contraindre l'*Emilie* à arborer ses couleurs; Surcouf ayant alors à défendre son pavillon, riposte de trois pièces et l'ennemi amène; c'était le *Pingouin*, chargé de bois; il le confie au lieutenant Péru, après avoir pris à bord quelques provisions : ensuite il l'expédie à l'Ile-de-France et l'*Emilie* prend sa route vers les brasses du Bengale; de là, il espère encore atteindre les côtes d'Arackan et d'Ava. La fortune que Surcouf avait sans doute rêvée, la gloire qu'il avait pressentie s'évanouissaient devant l'insuccès de son long et pénible voyage. Un matin, le 19 janvier 1796, agité par l'inquiète impatience d'un repos fastidieux, il songeait avec une profonde douleur à retourner à l'Ile-de-France, sans avoir utilisé son armement, quand, à la pointe du jour, l'homme de bossoir crie : « Navire! » cri imposant qui retentit à bord de l'*Emilie*. Surcouf s'élance sur le pont, semblable à l'aigle quittant son aire et dirigeant son regard perçant dans l'espace, lorsqu'il cherche sa proie; tous les marins accoururent près de leur chef. L'*Emilie* était au milieu de trois voiles anglaises courant au S., sous une bonne brise de N.-E.; l'une d'elles était un brick-pilote guidant les deux autres au large des bancs dangereux qui se trouvent à l'embouchure du Gange.

Ces bâtiments sortant du Bengale étaient évidemment

LE CARTIER ABORDE LE TRITON

chargés de riz, et lorsque Surcouf avait quitté l'Ile-de-France elle était menacée de la plus affreuse disette.

L'*Emilie*, il est vrai, bâtiment de commerce, n'est armée que de quelques canons destinés à sa défense; mais la colonie en pénurie exigeait impérieusement que Surcouf amarinât ces prises, puisque son acte de navigation l'autorisait à combattre, pour défendre son pavillon; à la vue des navires aux couleurs de la Grande-Bretagne, ne consultant que son courage, il ne balance point entre la crainte des dangers et le désir de secourir promptement ses concitoyens de l'Ile-de-France. A ces sentiments généreux, il faut ajouter qu'il est du droit de la guerre d'affaiblir son ennemi autant qu'il se peut, en le troublant dans son commerce et s'emparant de ses propriétés : de là, l'origine de la course. La spontanéité du dévouement égale l'ardeur qui l'anime; arborant à la vergue du pic les trois couleurs républicaines, il court à l'encontre de ses adversaires, et débute dès ce moment par l'attaque et la prise des deux bâtiments anglais et du brick-pilote à une incroyable série d'exploits.

Les navires capturés étaient le *Russel* et le *Sambollasse* chargés en plein de riz; ils furent commandés par MM. H. Eriaud et *** qui les conduisirent à l'Ile-de-France. Le brick-pilote se nommait le *Cartier*.

Le capitaine malouin change de navire, ayant remarqué que le brick-pilote marchait mieux que l'*Emilie* qui avait perdu ses qualités de coureur, par suite de son long séjour à la mer. Le *Cartier* reçoit donc avec les vingt-trois Français restant de l'équipage après les prises pourvues, quatre canons de l'*Emilie*; et Surcouf, avec sa prise ainsi armée ,se décide à louvoyer quelques jours encore à l'entrée du grand fleuve.

L'*Emilie*, message de fortune, est dirigée, sous le commandement du second capitaine Croizet, vers l'Ile-de-France, pour annoncer les prémices de la campagne avantageuse qu'elle a improvisée.

Le 28 janvier vers le soir, non loin de la Pointe-aux-Palmiers, Surcouf aperçoit un grand trois-mâts qu'il juge appartenir au commerce; sans s'inquiéter de sa force, il l'accoste au milieu des ténèbres, l'aborde et l'enlève : c'était la *Diana*, sortant de Calcutta avec six mille balles de riz. Dès lors, le sort en est jeté; il préludait, par cette manœuvre hardie, à une des actions les plus éclatantes de nos guerres maritimes.

Surcouf, à bord du *Cartier*, accompagné de sa prise, faisait route depuis quelques heures pour la colonie française; poussés par la mousson du N.-E., les deux bâtiments s'éloignaient rapidement des brasses. Une légère vapeur qui s'était répandue sur les eaux du golfe durant la nuit se dissipait lentement aux premiers rayons d'un soleil tropical, lorsque l'homme en observation au mât du petit hunier, cria : navire!... Robert, impatient de nouveaux succès, doué de cette intrépidité qui fait dédaigner le péril, laisse porter vers la voile en vue, qu'on relevait dans le S.-S.-O. C'était le *Triton*, beau vaisseau de la compagnie anglaise, dont la longue et noire carène n'avait pour tout ornement qu'une ceinture jaune, marquetée comme les cases d'un damier par les sombres embrasures des sabords d'une batterie basse de vingt-six pièces de 12. Cet accastillage sévère reflétait avec lui un luxe guerrier qui en rendait l'aspect terrible et menaçant. Quelques canons sur les gaillards et cent cinquante hommes d'équipage complétaient son armement de défense.

Il courait sous toutes voiles, tribord amures, vers la côte amie d'Orissa, où ses vigies, attentives, cherchaient la fameuse pagode de Jagrenat, dont on était peu éloigné.

Entraîné par l'ardeur qui le domine, Surcouf gouverne à lui couper le chemin; mais voyant le peu de gens qui restait à bord du *Cartier*, il mit en travers pour attendre la *Diana*, de laquelle il envoya retirer quelques hommes, qui élevèrent le nombre des combattants à dix-neuf, lui et le chirurgien compris. Aussitôt le renfort embarqué, il oriente et fait servir sur le navire en vue; s'apercevant que ce navire marchait mieux que le *Cartier*, il joint la ruse à la valeur : déguisant sa nationalité, il hisse à son mât de misaine le yacht anglais, signal des bricks-pilotes. A la vue du pavillon des trois royaumes-unis, le *Triton*, dans la sécurité de sa force imposante, met en travers et permet ainsi de l'atteindre; les deux navires s'approchent donc. A trois milles de distance, Surcouf, d'un coup d'œil rapide, distingue la formidable batterie ennemie; et reconnaît aussi que les canons étaient à la serre [1] : il aperçoit en même temps beaucoup de monde, car un nombreux équipage couvrant le pont du vaisseau, paraissait saluer l'approche du Gange, terme de son long voyage. Surcouf espère que ces hommes sont pour la plupart des Lascars, et alors il continue sa route, sans ralentir l'aire du *Cartier*; arrivé à portée de canon, il reconnaît son erreur; tous les marins du *Triton* sont européens!

La perte des Français paraissait donc inévitable! Que vont devenir ces dix-neuf braves? recevront-ils les fers qui les attendent, ou périront-ils dans les cachots ou sous le nombre de leurs ennemis? L'indécision est de courte durée. Leur au

1. Disposés pour un service immédiat.

dace augmente avec l'imminence du danger, et leur gloire grandit auprès des difficultés qu'ils vont surmonter. Une âme ordinaire eût certainement cherché à se dérober par une prompte soumission au péril augmentant au fur et à mesure que le *Cartier* approche son redoutable adversaire; mais Surcouf, dans cette position critique, conserve le sang-froid et le calme qui répandent autour de lui une audacieuse confiance. Par la supériorité de marche de l'anglais, il n'était plus temps de fuir; il fallait se rendre prisonnier ou faire le sacrifice de sa vie : l'option était décisive. Dans cette alternative forcée, de prendre ou d'être pris, Surcouf en appelle à son équipage, qu'il voit animé d'une résolution héroïque et qui se révèle depuis le capitaine jusqu'au dernier de ses hommes. A la vue des Anglais, au souvenir de la patrie, ils aiment mieux mourir que de se déshonorer par une reddition sans combat. « *Vaincre ou périr* », prononcent par acclamation les dix-huit héros du *Cartier*. « *Eh bien! que ce vaisseau devienne notre tombeau ou le berceau de notre gloire* », reprend leur chef, et les navires s'accostent toujours...

Surcouf, dont une résolution subite a illuminé l'esprit, resté maître de lui, ordonne aux siens de se cacher, et demeure sur le pont avec un officier, le maître et un matelot, seules personnes qu'il juge nécessaires pour la manœuvre qu'il médite; quelques Indiens, gens inoffensifs qu'il avait extraits de ses prises, se trouvaient sur le tillac du *Cartier* et complétaient sa ressemblance avec un pilote du Gange. Arrivé à demi-portée de pistolet dans la hanche du vent du trois-mâts, les couleurs britanniques qui flottaient à la corne du brick sont promptement remplacées par l'étendard national, assuré de deux coups de canon tirés contre les matelots groupés sur le pont du vaisseau ennemi. A ce signal inattendu d'un duel à mort, les Anglais, comme toute foule saisie d'une terreur panique, abandonnent les gaillards et se rendent pour la plupart avec précipitation dans leur batterie. Surcouf aussitôt met la barre au vent, aborde le *Triton*, et profite habilement du désordre qui régnait à son bord pour jeter six Français dans les haubans d'artimon, d'où ils escaladent la dunette, soutenus par la fusillade de leurs compagnons. Le *Cartier*, continuant son évolution, était venu élonger bord à bord son puissant antagoniste, qui le domine comme un vaste bastion. Debout sur le bossoir, une drisse de bonnette à la main, l'intrépide maître d'équipage s'élance dans les grands porte-haubans du vaisseau, et liant avec son filin les deux navires l'un à l'autre, supplée aux grapins d'abordage qui manquaient. Cette opération hardie terminée, Surcouf, à la tête de ses valeureux marins, franchit la haute muraille du *Triton*, fait feu de sa main sur le capitaine anglais, qui, armé, sortait de sa dunette, refoule dans l'intérieur du vaisseau tout ce qui résiste et se rend maître du pont. Quelques Anglais, armés de pinces et d'anspects, essayent de combattre, mais les Français les chassent à coups de sabre des postes qu'ils veulent défendre, et les précipitent dans les écoutilles dont ils s'emparent.

En vain l'équipage ennemi se débat, traqué par cette poignée de braves; en vain deux coups de canon sont tirés sur le *Cartier*; les boulets passent au-dessus et ne frappent que l'air. Au milieu des dangers qui environnent les Français, rien n'échappe à la perspicacité du jeune chef; pour couronner par la victoire son audacieuse entreprise, il fait poser

les caillebotis sur l'écoutille de l'avant et couper par le charpentier, aidé de deux hommes qu'il désigne, les rabans de
mantelets des sabords; diminuant le nombre des issues, au
moyen desquelles les matelots ennemis peuvent venir, en
passant au dehors, surprendre les dix-sept assaillants, il les
emprisonne de cette sorte dans la batterie du *Triton*. Surcouf, en faisant couper les rabans des sabords, fut couché en
joue par la fenêtre d'une des bouteilles; privé dans cet instant du secours de son fusil, il fit le geste, pour déranger le
coup qu'on lui destinait, de lancer son sabre à la tête de son
adversaire, quand, à son grand étonnement, l'amorce brûla
sans que l'arme fît explosion, et, comme l'Anglais réamor-
çait, il le vit tomber mortellement blessé.

Cependant la lutte continuait avec acharnement, malgré
les pertes éprouvées par l'ennemi dans l'ardeur du premier
choc, où le capitaine Burnyeat et le lieutenant Picket avaient
été tués. Surcouf se prodigue partout; il place à propos dans
les points à défendre les seize valeureux marins qui le secondent [1]; l'officier Félix Verchin se fit remarquer entre tous
par son audace, qui étonne ses plus intrépides compagnons.
Quelques Anglais des plus dévoués au salut de leur bâtiment succombent dans le conflit qui se prolonge : entre
autres un gabier de la hune de misaine, que Surcouf, très
adroit chasseur, ajusta et abattit lui-même d'un coup de
fusil, parce qu'il excitait ses compatriotes, en les informant
du petit nombre d'adversaires contre lesquels ils avaient à

---

1. Deux Français seulement restèrent à bord du *Cartier*. L'un d'eux,
M. Hamon, de Saint-Malo, chirurgien; l'autre, le cuisinier. Après avoir
fait passer des armes à leurs compatriotes, ils firent le coup de fusil
avec les Anglais qui tentaient de lever les sabords.

combattre. Les Anglais, rugissant d'être bloqués, disposent une pièce de la batterie et la pointent de manière à faire sauter le tillac du gaillard d'arrière, et, avec lui, les Français qui l'avaient conquis. Surcouf s'en aperçoit, fait aussitôt lever entièrement le grand panneau, et au moyen d'une fusillade bien servie, empêche les canonniers du *Triton* de donner suite à leur projet infernal. Enfin, le lion britannique, terrassé, voit s'évaporer, comme une chimère, son arrogante devise, *Dieu et mon droit*; car le *Cartier* l'avait pulvérisée, *honni soit qui mal y pense*. Le sauve-qui-peut qui avait précipité au premier moment les marins du *Triton* dans la batterie et le faux-pont, s'empare derechef du boatswain [1] et d'une vingtaine de matelots; bientôt cette frayeur se communique au reste de l'équipage, qui implore grâce et merci. A ce signe de soumission, Surcouf ordonne de suite : *bas le feu*. Sur ces entrefaites, un Anglais, plus rassuré que les autres, monte sur le pont et prévient qu'ils sont tous rendus.

Après trois quarts d'heure d'engagement, le pavillon britannique s'abaisse de la vergue du pic du vaisseau, pour faire place au jeune drapeau tricolore qui se déploie avec une élégante majesté sur la poupe de sa glorieuse conquête [2].

1. Maître d'équipage.

2. Le *Triton* fut le premier navire anglais capturé sur les brasses du Bengale; avant Surcouf, aucun de nos croiseurs n'y était venu porter la guerre : les détroits, la mer Rouge et le golfe Persique, étaient les seuls points de stations fréquentés.

Voici, au reste, un éloge qu'on ne pourra jamais suspecter, c'est un hommage dans la bouche même des ennemis que Robert Surcouf combattait. Nous traduisons divers passages du *Courrier de Madras*, journal officiel :

« Le *Modeste* (ancien nom de l'*Émilie*) est commandé par un jeune homme nommé Surcouf qui traite ses prisonniers avec politesse et

La victoire avait été achetée au prix du sang ; il eût été impossible qu'il en fût autrement, mais l'attaque fut si prompte et si impétueuse, que les Français n'eurent qu'un seul homme tué et un autre blessé.

Embarrassé de ses nombreux prisonniers, Surcouf les fait passer à bord du *Cartier*, auquel il ordonne de pousser au large et laisse les vaincus sous la garde de trois hommes, jusqu'à l'arrivée dans son sillage de la *Diana*, son autre capture de la nuit précédente. Un nouveau transbordement s'opéra ; tous les Anglais du *Triton*, à l'exception de quelques-uns qu'on dut garder pour constater la prise, se rendirent à bord de la *Diana*, que Surcouf avait rançonnée, pour 30 000 roupies sicca. Il mit de la générosité et une recherche de bonnes manières dans ses rapports avec les captifs, auxquels il eut soin de rendre tout ce qui leur appartenait particulièrement ; les dames passagères furent l'objet d'une attention de bienveillance spéciale. Après avoir obtenu des Anglais l'engagement d'honneur de ne pas servir contre

beaucoup d'humanité (greatest humanity). Il leur a rendu leurs propriétés, argenterie et autres choses de valeur à pouvoir être emportées. Son équipage est tenu dans la plus stricte discipline. » (9 février 1796.)

« Le capitaine du *Cartier* traite ses prisonniers avec les attentions les plus prévenantes (the most human attention and politness) et nous sommes informés qu'il leur rend toutes leurs propriétés particulières. » (10 février 1796.)

Extrait d'une lettre de Ganjam du 2 février, où aborda la *Diana*, le lendemain de sa relaxation.

« Les Français se sont comportés avec une exquise politesse (with great politness) avec madame Wade et mademoiselle Caruthers, passagères à bord. Les officiers et passagers ont eu la permission de transborder sur la *Diana* tout ce qu'ils pouvaient emporter en sacs et paquets de leurs effets.

« Les officiers, équipage et passagers sont arrivés ainsi que six blessés. »

la France et ses alliés, jusqu'à ce qu'ils eussent été légalement échangés, la *Diana* remise à son capitaine M. Tapson,
reçut la permission de faire voile pour sa destination première.

Surcouf forme promptement un équipage au *Cartier*, et
lui donne rendez-vous à l'Ile-de-France. Profitant ensuite
des vents de N.-E. qui régnaient dans le golfe, il s'éloigne
avec le *Triton* du champ de bataille que vient d'illustrer son
bouillant courage, et, à l'aide de la marche supérieure de sa
prise, il franchit rapidement l'espace qui le sépare de la colonie française, d'où il jette l'ancre le 10 mars 1796. Les
colons accoururent en foule sur les quais admirer l'homme
extraordinaire qui avait osé, à vingt-deux ans, une conquête
si périlleuse (extraordinary capture). (*Courrier de Madras*,
16 février 1796.)

Le capitaine malouin entra ainsi dans la carrière des combats. S'inscrire en débutant par une action aussi éclatante
dans les fastes de notre marine, c'était une promesse à sa
patrie et un engagement envers la postérité d'augmenter de
zèle.

Mais à peine est-il arrivé à l'Ile-de-France, où il ramène
l'abondance avec son escadrille de quatre prises chargées de
riz qui le précèdent et le suivent, ainsi que le cortège d'une
marche triomphale, que le gouvernement de ce pays, sous
le prétexte spécieux que l'*Emilie* n'était munie à son départ
que d'un simple *congé de navigation*, confisque à son profit, avec la plus noire ingratitude, tous les navires capturés
par Surcouf, même le *Triton*, superbe trophée dû à sa
valeur.

Beaucoup de personnes trouveront monotone ou superflue

la discussion qu'on va entamer; cependant nous la jugeons indispensable à cause des relations incohérentes et absurdes faites sur la campagne d'un jeune héros que l'antiquité eût salué de cette solennelle harangue : *Que la voix du peuple soit la loi suprême.*

Voici en quels termes, MM. Malroux et Levaillant, armateurs de l'*Emilie*, s'adressèrent au gouverneur Malartic et à l'intendant Du Puy. (11 mars 1796, vieux style.)

« Citoyens,

« La colonie était au moment *d'une disette*, lorsque l'arrivée de plusieurs *prises chargées de vivres* et qui en ont annoncé d'autres, nous *ont sauvé d'une famine* prochaine. Les prises ont été faites par le navire l'*Emilie* parti de ce port avec une *simple commission en marchandises.*

« L'on rapporte que le navire ayant été détourné de son expédition par la rencontre de deux vaisseaux ennemis de forces supérieures, c'est en fuyant au-devant de ceux-là, qu'il en a rencontré d'autres de moindre force, qui sont ceux qu'il a pris et amenés, ou que l'on attend. A cet heureux événement, la colonie doit pour ainsi dire son salut.

« C'est avec la plus vive douleur que l'on vient d'apprendre, qu'au lieu des sentiments de reconnaissance que devaient exciter la conduite et les succès du navire l'*Emilie*, il était menacé au contraire de confiscation (peine toujours odieuse), et privé du fruit de ses prises, parce qu'il n'était pas pourvu *d'une commission en course.*

« Il est possible que telle soit la rigueur actuelle des lois, qui dans cette partie ont essuyé sous nos yeux tant de variations et qui pourront bien en essuyer encore. Mais quoi qu'il en soit, nous venons réclamer, sinon une dérogation à la loi, qui ne peut être détruite que par un nouveau résultat du pouvoir qui l'a formée, au moins un acte de générosité digne de la république française et de ses administrateurs.

« Nous avons dans l'ancien régime une multitude d'exemples que des vaisseaux de commerce ayant eu assez de bravoure et de bonheur pour s'emparer de vaisseaux ennemis, on a bien rendu hommage à la loi en les attribuant à l'amiral, mais en même temps on a récompensé le courage et l'amiral s'en est dépouillé en faveur des capteurs. Pourquoi la République serait-elle moins généreuse envers le patriotisme? Nous n'oserions le croire, et nous sollicitons de vous, citoyens, la même faveur pour le navire l'*Emilie*. Nous espérons que la colonie n'aura pas la douleur de voir qu'on ait puni et ruiné dans son sein *ceux qui l'ont sauvée de la détresse.* »

Cette juste réclamation de MM. Levaillant et Malroux, le croira-t-on, resta sans effet. Ils allèrent encore plus loin dans leur désintéressement, pour rentrer au moins dans leurs frais d'armement et répartir quelques légères gratifications à des hommes qui les avaient méritées à si juste titre, ils déclarèrent solennellement, dans une nouvelle pétition (23 ventôse an IV), qu'ils faisaient l'abandon à la république et aux besoins de la colonie, de tous les grains nourriciers chargés sur leurs prises, regardant dans les circonstances, comme indigne de leurs sentiments, de vendre à leurs concitoyens le pain et les secours qu'ils n'avaient conquis que pour eux. Ils sollicitèrent seulement qu'on leur accordât les navires et les objets hors des premières nécessités; ils furent encore refusés... En vain montrèrent-ils à leurs juges l'arrêté du 18 avril 1794, extrait des archives coloniales de l'Ile-de-France, qui aurait dû avoir force de loi dans le pays, car il n'avait été ni abrogé ni rapporté; il n'y avait pas même été dérogé par une simple coutume.

L'assemblée coloniale arrête que : « Tous Français ou *autres, qui viendront se ranger sous l'arbre de la liberté, et qui enlèveront des propriétés ennemies de quelque nature et de quelque manière que ce soit, jouiront en totalité du fruit de leur capture.* »

Signé MAGON, président,

CHAUVET, secrétaire.

Suit la sanction du gouverneur général.

C'était trancher le nœud de la question d'une manière nette et précise. Là devait se fermer cette arène de rigueurs qui dérogèrent en déplorables sophismes. Les armateurs de l'*Emilie* citaient les prises la *Cérès,* la *Grâce,* la *Cité de Gênes,* faites *sans commission,* par des hommes qui n'avaient même pas d'expédition de *congé de commerce.* Mais rien ne fit changer la résolution du tribunal de commerce dans ses sentences des 7 et 21 germinal de l'an IV (27 mars et 10 avril 1796), le même tribunal, en sa chambre des audiences, tenant lieu de chambre des prises, par un second jugement intervenu le 9 floréal (28 avril), qui en rendant dans ses considérants un hommage de respect à la loi, ne peut cependant s'empêcher d'en désapprouver la sévérité. « Considérant que la bravoure des capteurs ne peut être balancée avec la rigueur de la loi dont le tribunal ne peut faire que l'application, » confisque au profit de la république, le *Pingouin*, le *Russel*, le *Sambollasse* et le *Triton*, ensemble ce qui en dépend et leur entier chargement; et sur l'appel, les juges, par arrêt du 5 fructidor de la même année, confirmèrent la sentence de la première juridiction prononçant comme justice consulaire.

Surcouf, ainsi dépouillé du prix de ses actions d'éclat, se décide à venir en France pour réclamer contre l'acte injuste dont il était victime.

Les colons des deux îles, indignés, blâmèrent publiquement la mesure de confiscation de l'autorité locale, à la suite du prononcé des décisions rendues. Ils disaient hautement qu'on avait immolé la grandeur d'âme, la justice et les droits les plus sacrés, à l'illusion d'une loi dont les magistrats eux-mêmes, en l'appliquant, avaient condamné la rigueur. L'assemblée coloniale, partageant la même opinion, dans sa *séance extraordinaire* du 2 fructidor an IV, après avoir entendu le rapport de son commissaire, arrêta d'acclamation :

« Qu'elle invite les administrateurs à rendre compte au ministre des preuves de l'*éclatante bravoure du citoyen Surcouf et des généreux procédés qu'il a eus à l'égard des prisonniers faits sur le navire le Triton.* »

Tel est donc en faveur de Surcouf, l'empire de la vérité et du droit, que de toute part on leur rend hommage, lors même qu'on semble les méconnaître.

L'ordonnateur général Du Puy, sous la date du 8 thermidor an IV, écrivait au ministre de la marine avant le vote de l'assemblée coloniale.

« La dernière de ces prises est celle du *Triton aussi célèbre que profitable au trésor public.*

« Vous aurez sans doute su que les dix-neuf Français commandés par Surcouf, dans un brick-pilote du Gange, qu'ils venaient de prendre, ont osé attaquer un vaisseau de la compagnie anglaise de mille tonneaux, portant du douze, et cent cinquante Européens. Ils sont parvenus à s'en rendre maîtres par une admirable réunion de courage et de présence d'esprit.

« Il n'a manqué à cette victoire que d'avoir été légalement remportée.

« Les tribunaux laissant à la métropole le soin de récompenser la valeur ont déclaré la prise confisquée au profit de la république, comme vous le verrez par la copie du jugement.

« Les capteurs ont cru que je pourrais provisoirement exercer envers eux une portion de la bienfaisance nationale; mais obligé de ne pas excéder ma procuration, je me suis borné à leur offrir quelques facilités pour aller eux-mêmes solliciter en France un nouveau jugement. »

En conséquence, Surcouf, muni des pouvoirs de ses armateurs, se démet du commandement du corsaire le *Jean-Bart* qu'il venait d'accepter, s'embarque aux frais de l'Etat, passager sur un bâtiment de transport génois, en compagnie du capitaine Villaret-Joyeuse, et aborde heureusement à Cadix dans le mois de décembre 1796. Arrivé à Paris où la renommée avait déjà publié ses exploits, il s'adresse d'une part au tribunal de cassation qui admit son mémoire, d'autre part aux différents pouvoirs qui gouvernaient la France, et revendique l'équité et la bienfaisance nationale, contre l'usurpation et la dureté de la nation elle-même.

Sa réclamation accueillie par le Directoire, devient, le 30 floréal, l'objet d'un message au conseil des Cinq-Cents.

Le conseil des Cinq-Cents, après avoir entendu le rapport de la commission chargée d'examiner le message du directoire exécutif du 30 floréal :

« Considérant que l'équipage du navire l'*Emilie* s'est mis en mer avec un congé de navigation revêtu de toutes les formes légales;

« Considérant que la gloire de la nation demande du corps législatif qu'il s'empresse de reconnaître autant qu'il est en lui, l'acte d'héroïsme et de courage de l'équipage de l'*Emilie* et du capitaine Surcouf qui ont soutenu la gloire du nom français dans les mers de l'Inde; que la justice nationale ne peut pas permettre que de braves marins soient privés plus longtemps du prix de leur bravoure;

« Déclare qu'il y a urgence. »

Et après avoir déclaré l'urgence prend la résolution suivante :

« ARTICLE PREMIER. — Les prises faites dans les mers de l'Inde par l'équipage du navire l'*Emilie* et adjugées à la république par le jugement rendu à l'Ile-de-France les 9 floréal et 5 fructidor, seront, à titre de récompense, restituées aux armateurs et équipage.

« ART. 2. — Le montant de ces prises ayant été affecté au service de la colonie, soit en produit, soit en nature, le prix en sera remis aux armateurs, suivant procès-verbal de la vente qui en a été faite par le juge de paix, dûment légalisé, lequel sera annexé à la présente résolution.

« ART. 3. — Il sera mis à ce sujet un fonds spécial à la disposition du ministre de la Marine et des Colonies, pour remplacer les sommes qui ont été versées dans la caisse de la colonie, provenant des produits desdites prises.

« ART. 4. — Les armateurs demeurent au surplus chargés de procéder à la liquidation générale desdites prises et à leur répartition entre eux et l'équipage, conformément aux lois relatives à la course et d'acquitter tous les frais et droits dont elles sont susceptibles.

« ART. 5. — La présente résolution sera imprimée.

« Signé : J. V. DUMOLARD, président; BAILLY, VALENTIN, DUPLANTIER, secrétaires. »

Après une seconde lecture, le conseil des Anciens *approuve* la résolution ci-dessus, le 17 fructidor an V de la République française.

Signé MARBOT, président; CHASSIRON, LIBOREL, LE BRETON, secrétaires.

En conséquence de ce décret du 17 fructidor, Surcouf est constitué créancier de la nation par un acte de munificence qui, aux yeux des plus rigides jurisconsultes, a créé son droit incontestable. La main généreuse de la patrie, en lui offrant le prix des dépouilles ennemies comme une couronne civique, a réparé avec une vive sollicitude les pertes et les retards éprouvés : sa créance a un caractère tellement privilégié que les législateurs se sont réservé de voter une somme consacrée à l'acquitter. L'article 3 dit : « qu'il sera mis un fonds spécial à la disposition du ministre de la Marine pour remplacer les sommes provenant des prises et qui avaient été versées dans la caisse de la Colonie. »

Le Directoire exécutif, ayant demandé par un message, « *qu'on lui assignât l'argent nécessaire pour acquitter cette dette sacrée* », la pénurie des caisses du Trésor engage le citoyen Monnot, au nom de la commission des finances, à conclure à ce que la créance du capitaine Surcouf soit jetée dans l'arriéré et fait passer à l'ordre du jour sur l'objet du message.

Mais avant la lecture du procès-verbal de la séance où cet ordre du jour a été adopté, on en demande le rapport.

« La créance est sacrée par sa nature, s'écrie l'orateur; elle est purement nationale.

« Sa date n'existe que du 17 fructidor, jour du décret.

« Jusque-là, il n'y avait qu'une réclamation et pas de droits acquis.

« C'est le 17 fructidor seulement que le capitaine Surcouf est devenu créancier de la nation, et il ne l'est devenu que par un acte de munificence qui a créé son droit.

« Cette créance a un caractère tellement privilégié, que les législateurs se sont réservé de faire un fonds spécial pour la solder.

« C'est ce décret qu'il faut exécuter aujourd'hui.

« Un décret d'ordre général ne peut frapper un objet qui est réglé par une loi particulière.

« On n'oubliera pas non plus qu'il s'agit, dans cette affaire, de l'acte le plus éclatant de notre guerre maritime et que le nom seul de Surcouf sera la terreur des Anglais. »

Le capitaine de l'*Emilie* s'était en même temps adressé à la commission des finances. Il la prévient qu'il abandonne au

Trésor les deux tiers de sa créance; celui qui a honoré le nom français à un si haut point, ne veut pas paraître un citoyen avide aux yeux des députés de la France.

A ce premier sacrifice, Surcouf en ajoute un second, les facilités de liquidation, genre d'acquittement toujours scabreux, à cause des délais. « Si l'état du Trésor national, avait il écrit, ne permet pas de s'acquitter en numéraire, que le Directoire, soit autorisé, par le Corps législatif, à me donner des valeurs équivalentes. » Ces valeurs dans ses mains peu accoutumées aux moyens d'industrie de la capitale, ne pouvaient avoir le mérite d'un payement réel. Mais qu'importe? Surcouf, en soulageant le Trésor public, aura surmonté de misérables chicanes, des contestations sophistiques dont la bureaucratie méticuleuse eût rougi, et cette satisfaction sera précieuse pour lui. Il confie l'avenir à sa destinée.

La vente de ses prises s'élevait à la somme de 1 700 000 livres tournois, d'après la réduction de la piastre en monnaie réelle. La liquidation faite par le ministre de la Marine ne présentait qu'un résultat de 660 000 livres; parce qu'ayant trouvé de l'incertitude et de la vacillation relativement à la valeur de la piastre, au moment de la vente des prises, dans son arbitraire, il avait tranché la difficulté, n'ayant pas voulu adopter les certificats ou espèce de parère qui la portaient à un plus haut prix, encore bien qu'ils fussent émanés des officiers comptables de la marine.

Surcouf consentit au chiffre réduit de 660 000 livres; un si noble abandon fut accueilli par nos législateurs comme il le méritait, et sa créance fut enfin fixée à cette somme, au lieu de 1 700 000 livres, montant exact du produit de ses prises à l'Ile-de-France.

CHAPITRE IV

CROISIÈRE DU CORSAIRE LA « CLARISSE »

Le capitaine Surcouf, ennuyé de sa résidence à Paris, où il était resté quatorze mortels mois, abreuvé de dégoûts par l'inextricable bureaucratie, si étrangère à ses mœurs et à sa franchise bretonne, ne voulut pas retarder davantage ses préparatifs d'adieux à la capitale. Il visita les personnes bienveillantes qui l'avaient étayé de leur crédit, et ses dernières heures furent employées au conseil de la fortune de ses intéressés, à son avocat Pérignon. Il consacra ses témoignages de gratitude envers cet ami dans une lettre à ses armateurs, du 18 pluviôse an VI, en faisant une abnégation entière de ses soins et agissements et en gardant un silence absolu sur l'impression profonde qu'il avait produite sur les hommes du pouvoir.

« J'ai rempli avec soin, écrivait-il, la tâche que je m'étais imposée; au bout de quatorze mois de séjour ici, j'ai pris le parti d'aller commander un corsaire à Nantes et j'ai laissé nos affaires dans les mains de mon avocat. Il est inutile de vous raconter les inquiétudes et les soins que m'a causés cette malheureuse affaire, qui aurait mille fois échoué sans les soins, le talent et l'exactitude du citoyen Pérignon. Il suffit de vous dire que c'est à lui que vous devez votre réussite; d'après cela, soyez grands et généreux pour ce que vous lui devez; donnez-lui plus que sa modestie n'exigera pour ses peines et soins. Il ne s'est pas passé un seul jour qu'il n'y ait employé deux heures de son temps, qui lui étaient bien précieuses par l'immense quantité d'affaires dont il est chargé; je vous le recommande particulièrement et vous conseille de vous entendre avec Augustin Monneron, qui connaît parfaitement l'affaire, pour savoir comment reconnaître les services qu'il vous a rendus; il n'a encore rien reçu, etc. »

« Je vous salue sincèrement, et suis votre ami. »

Las de cette inaction prolongée, loin de son élément adoptif, chagrin de la rupture d'une union à laquelle il avait aspiré [1]; il accepta avec empressement dans le courant de février 1798, le commandement du corsaire fin voilier la *Clarisse*, que lui offrit M. Cossin, négociant de Nantes. Doué de cette intrépidité d'âme qui fait dédaigner le péril, il avait besoin de revoir l'Océan et de braver ses dangers. Aussi hâta-t-il de tout son pouvoir l'instant du départ.

Malgré cette impatience, l'armateur, faute d'être suffisamment couvert de ses dépenses, traîna l'armement en longueur [1], et le corsaire ne fut paré que dans le courant de l'été, époque des longs jours fort chanceux en temps de

1. Robert Surcouf, pendant les courtes apparitions qu'il fit dans sa ville natale, avait demandé la main de Mlle Marie Blaize. Quoique accepté par les grands-parents, le mariage projeté fut rompu par la volonté des jeunes gens, sans condition, ni aucune de ces mille et une historiettes débitées à cette occasion.

2. « Cossin, n'étant pas couvert de ses dépenses, n'a pas pressé l'armement. Je n'espère pas moins que nous partirons dans une quinzaine. Je vous embrasse de tout mon cœur. » (Lettre de Surcouf à Pérignon.) Nantes le 20 messidor an VI (8 juillet 1798).

guerre. Le capitaine de la *Clarisse* avait appelé près de lui un de ses frères aînés, Nicolas Surcouf, auquel il confia le poste important de second; appréciateur du mérite de cet officier endurci aux fatigues, il s'en rapportait souvent aux conseils de son expérience et de son affection.

Un des derniers jours de juillet, le corsaire était parfaitement installé; quatre canons de douze, dix de huit et cent quarante hommes d'élite malouins et nantais, composaient son équipement de guerre. La brise seule qui soufflait de l'O. retenait ce joli trois-mâts sur la rade de Paimbœuf. Le vent ayant passé au N.-E., bon frais, Surcouf fit déraper l'ancre au moment favorable de la marée, pour arriver de nuit sur l'espace occupé par la croisière anglaise et passer au milieu sans être vu. Aucune voile étrangère ne fut signalée par les vigies attentives, ce qui permit à la *Clarisse* de continuer sa route pour l'Ile-de-France, sa destination. En s'avançant avec vitesse vers la zone torride, les gabiers annoncèrent plusieurs fois des navires, mais sans les poursuivre et sans en être chassé; Surcouf s'empressa d'atteindre l'équateur qu'il coupa vingt et quelques jours après sa sortie de la Loire.

Le corsaire était entré dans l'hémisphère sud, et la veille, son équipage avait fêté le passage baptismal de la ligne. Une jolie brise de S.-S.-E. qui remplaçait les calmes et les orages du nord, faisait moutonner les vagues légères de la surface de l'eau, et aidait à s'avancer rapidement vers le sud. A midi, l'homme en observation sur la vergue du petit hunier, cria *navire!* Par sa route, la *Clarisse* portait sur la voile en vue, gouvernant au nord; courant ainsi à contre-bord, on put bientôt distinguer, des ponts du corsaire, un superbe trois-mâts ayant une batterie couverte où vingt-deux sabords accusaient autant de bouches à feu : quatre canons sur son gaillard d'arrière complétaient son redoutable armement. Confiant en sa force matérielle, l'Anglais poursuit sa route et approche dédaigneusement la *Clarisse* qui laisse arriver en dépendant sur lui. L'ennemi accostant avait rentré ses bonnettes, cargué ses basses voiles, et fait une forte auloffée en assurant ses couleurs d'un coup de canon à boulet. Surcouf déploie le pavillon national à la vergue du pic, l'affirme par la décharge d'une pièce de l'avant dont le projectile atteint son antagoniste et devient le signal du duel sanglant qui va avoir lieu.

Préparés au combat, les deux rivaux courent à l'encontre sous la voilure la plus propre aux évolutions qu'ils méditent, et échangent leurs bordées; à peine dépassé, Surcouf vire de bord et revient tribord amures attaquer son adversaire en se maintenant habilement, par sa hanche, du vent. Son cœur éprouvait alors de sombres jouissances à la vue des ravages que son artillerie occasionnait au bâtiment de la Grande-Bretagne et il enthousiasmait de son espoir l'équipage français.

Dans cette favorable position, le combat continue avec acharnement; néanmoins, Surcouf est vivement impressionné par la mort d'un homme qu'il vient de *déplanter* lui-même. Un jeune Anglais chargeait en dehors du bâtiment une de ses longues pièces de douze, sur laquelle il s'était mis à califourchon. Le Malouin l'ayant manqué du premier coup, l'intrépide chargeur, qui a entendu siffler la balle, lui fait un geste de défi, il croyait avoir le temps de rentrer à l'abri, avant que le Français eût pu recharger son arme, ignorant que celui qu'il narguait eût un fusil à deux coups. Atteint du

plomb fatal, il tombe à plat ventre sur la volée qu'il embrasse
de ses bras affaiblis, tourne sous la pièce, par l'agitation du
navires; ses jambes se décroisent, mais par la contraction
de ses mains, il reste encore suspendu. Alors, tournant vers
le capitaine de la *Clarisse*, ses yeux mourants [1], ombragés de
sa belle chevelure blonde, il tombe et disparaît sous la vague
qui s'est ouverte et refermée. Les formes rases de la *Clarisse*
lui épargnent une partie des boulets anglais, tandis que la
longue carène de son adversaire est percée à jour par les
coups multipliés des pièces bien servies du corsaire. Surcouf,
voyant que, dans le capitaine ennemi, il a un rude adversaire, cherche à s'en débarrasser d'un coup de fusil ; son coup
lâché, ne le voyant plus, il croit s'en être délivré, lorsqu'il
entrevoit par l'embrasure d'un sabord, le canon d'une cara-
bine dirigé contre lui : « Je suis perdu », pensa-t-il, et au
même instant, une balle vint, en passant, lui cingler le nez,
mais si douloureusement, qu'il tombe sur le pont, privé de
sentiment. Sa chute ne fut qu'un éclair, puisque à l'approche
des secours qu'on se pressait de lui porter, le croyant mortellement blessé, il s'est replacé sur ses genoux et sur ses poi-
gnets, méditant une prompte vengeance. Il pense que son
rival l'ayant vu renversé ne se garera plus, et qu'il pourra, à
son tour, facilement l'atteindre. Il avait prévu juste, car à
peine est-il debout, qu'il l'aperçoit donnant des ordres de son
banc de quart. Ressaisissant Foudroyant [2] qui avait trahi son
adresse une première fois, il abat raide mort le fils de la

---

1. L'expression des traits de ce jeune homme lui avait causé une
sensation si profonde, qu'il s'en rappelait vingt-cinq ans après, avec
un vif regret.

2. Cette arme, ainsi que les pistolets du corsaire sont devenus ma
légitime propriété (J. Surcouf).

Grande-Bretagne. Le vaisseau ennemi, privé alors de son capitaine, malgré la supériorité de ses dimensions, allait céder incessamment à l'adresse et à la bravoure; déjà son feu s'était visiblement ralenti, l'éclair de ses canons brillait à de plus longs intervalles. Surcouf, qui juge le moment opportun pour l'aborder, fit promptement éventer le perroquet de fougue, tenu sur le mât, border la brigantine, et ses grappins disposés, il accostait le navire en l'élongeant de long en long, lorsque le boulet d'une pièce, tirée en désespoir de cause, brise le petit mât de hune de la *Clarisse* dont il ralentit le mouvement et embarrasse le gaillard d'avant de débris.

Le capitaine français, arrêté ainsi dans la manœuvre décisive qu'il avait commencée, ordonne de déblayer son pont encombré, et se prépare à être assailli à son tour. Mais l'Anglais, plus maltraité dans sa coque, se sauve à l'aide de ses voiles, trop heureux d'échapper à une reddition inévitable avec un si rude jouteur.

Il ne restait de cette lutte terrible que la gloire d'avoir vu fuir devant notre drapeau victorieux le yacht des trois royaumes unis. La *Clarisse* remâtée, et ses avaries réparées, reprit fièrement sa course vers les mers orageuses du cap de Bonne-Espérance : elle doublait la latitude de Rio-Janeiro, quand un brick fut aperçu au point du jour, sous l'écoute de misaine, courant aux mêmes amures. Aussitôt le sifflet aigu du maître de quart retentit par trois fois; dans le silence profond qui lui succéda, on entendit l'ordre saccadé de l'officier de quart : « *En haut le monde!* » Les dispositions de l'attaque furent immédiatement prises à bord de la *Clarisse*, qui tombait à *vue d'œil* sur le bâtiment en vue; ils n'étaient qu'à quelques encâblures lorsqu'un coup de canon du corsaire contraignit le capitaine du brick à diminuer de voiles en hissant son pavillon de nationalité. C'est un Anglais! répétèrent par acclamation les marins aux aguets; effectivement un grand pavillon rouge ondoyait à sa drisse. « *Amène pour la Clarisse* », lui intima Surcouf en lui passant au vent : l'équipage britannique reconnaissant la périlleuse inutilité d'une défense, se rend sans combattre. Ce navire, richement chargé [1], fut confié au lieutenant Dujardin, de Cancale, qui le conduisit heureusement à Bourbon, n'ayant pu donner dans aucun des ports de l'Ile-de-France, à cause de la présence d'une division anglaise devant cette île. Sa prise expédiée, Surcouf gagna les parages du cap de Bonne-Espérance, où il croisa quelques jours; mais les mauvais temps le forcèrent à continuer sa route vers la colonie française, qu'il atteignit sans encombre, le 5 décembre 1798, malgré plusieurs croiseurs ennemis qui la bloquaient étroitement.

En 1799, la *Clarisse* réarmée et parfaitement équipée, laissa les corps-morts de la rade du port N.-O.; le cap au N., poussé par une brise ronde d'E.-S.-E. elle fend les flots de sa guibre élancée, s'avançant avec vitesse vers un horizon sans limites. L'Ile-de-France disparut dans un lointain qu'assombrissait de plus en plus la chute d'un beau jour, sous le ciel des tropiques. A cette époque de l'année où le soleil se trouve au zénith, on éprouve de fréquentes variétés dans la direction des vents généraux [1], qui occasionnent les ouragans dévastateurs de ces contrées méridionales. L'irrégularité de la

---

1. Il fut vendu à Bourbon et produisit 400 000 francs aux capteurs.
2. Vents réguliers du sud-est qui règnent dans tout l'hémisphère sud, depuis les parallèles des 2 et 4 degrés jusqu'aux 26 et 28e inclusivement.

brise força le corsaire à passer près de l'Ile de Sable, sur laquelle se perdit de nuit, en 1767, la flûte l'*Utile* qui en ignorait la position exacte. Les vigies du corsaire l'ayant signalée sous le vent, un sentiment d'humanité, plus que de curiosité, porta Surcouf à s'approcher encore de cet écueil dangereux, sur lequel les lames déferlaient d'une manière effrayante. Ce fut un moment bien solennel que celui où les regards se fixèrent dans leur inquiète interrogation vers cette plage déserte, mais couverte de vestiges. On remarqua seulement sur le point culminant, près de divers débris, un long mâtereau penché sous les efforts du vent, au haut duquel battaient, usés par le temps, des lambeaux d'un pavillon d'assistance : pénible et touchante indication qu'avaient laissée de nouveaux infortunés, pour annoncer l'écueil et avertir qu'ils avaient passé là, victimes d'une affreuse catastrophe [1].

Après cette généreuse exploration, Surcouf put diriger son

1. En 1767, l'*Utile* revenant de Madagascar avec quatre-vingts esclaves qu'elle portait à l'Ile-de-France, découvrit de nuit cet écueil en s'y perdant. L'équipage européen abandonna les noirs et parvint dans les canots de la flûte, à regagner Madagascar, où il fut décimé par les fièvres putrides de la côte.

Aussitôt que ce naufrage fut connu à l'Ile-de-France, le gouverneur envoya la corvette la *Diligente* au secours des malheureux abandonnés. Après bien des recherches, le capitaine Tromelin finit par découvrir le navire sur lequel il ne restait plus que quelques femmes tellement abruties par la misère et les privations qu'on ne put rien savoir de ce qui s'était passé sur ce théâtre de désolation.

Depuis, plusieurs navires ont eu le sort de l'*Utile*, quoique la position de cette île de sable soit bien déterminée et parfaitement connue des navigateurs; mais les naufragés ont presque toujours essayé de se sauver dans les embarcations ou sur des radeaux. Cependant plusieurs ont été secourus par des bâtiments de guerre expédiés de temps en temps pour visiter ce banc dangereux dont la longueur du nord au sud est de plus d'un mille.

En 1817, un navire caboteur de Maurice (Ile-de-France), venant de Madagascar, eut connaissance de cet écueil et de cinq naufragés qui

corsaire sur Agaléga, il traversa le banc sous-marin de Saya-de-Malha, pour gagner la région des vents d'O. qui ré
gnaient au sud de l'équateur; avec leur secours, il devait atteindre facilement la côte S.-O. de Sumatra qu'il se propo-sait de visiter avant de se rendre sur les brasses du Bengale. Des renseignements obtenus à l'Ile-de-France le portaient à reconnaître quelques ports de cette grande île malaise.

De violents orages vinrent bientôt indiquer l'approche des terres de l'archipel qu'il devait traverser. Laissant à babord l'Ile-aux-Cochons, dont les habitants passent pour être inhos-pitaliers, et Poulo-Nias à tribord, le corsaire aborde la pointe nord de Poulo-Baniac, de là, élongeant la côte de Sumatra, il arrive devant le port et la petite ville de Sousou, dépendants du royaume d'Achem, où deux forts vaisseaux marchands anglais, bien armés, embarquaient les cargaisons de poivre qu'ils avaient traitées avec les naturels.

Malgré les dimensions colossales du plus grand des bâti-ments et les vingt pièces qui garnissaient ses sabords, Sur-couf n'hésite pas un instant dans ses dispositions d'attaque, et il porte sur celui-là même qui semble offrir plus de résis-tance; bien parée pour le combat, la *Clarisse* vient avec au-dace sous le feu des vaisseaux, prendre son mouillage dans

lui firent des signaux de détresse. Le capitaine Piot se contenta, en doublant l'écueil, de jeter quelques provisions à la mer, que les courants et la brise portèrent heureusement à leur destination. Sur la déposition de ce capitaine, le gouvernement anglais expédia un brick de guerre recueillir ces infortunés. M. Bethuel, de Saint-Servan, offi-cier marin, qui avait précédemment abordé sur cette sinistre plage, invité par l'autorité, s'embarqua comme *pratique* pour cette philan-thropique expédition. On sauva après bien des efforts les cinq malheu-reux abandonnés; mais la corvette perdit pendant l'opération, au milieu des brisants, un canot et deux matelots.

la hanche de tribord du plus gros et par le travers du second. Aussitôt cette habile manœuvre exécutée, le corsaire riposte : un conflit animé s'engage et continue entre les trois adversaires. La détonation incessante des bouches à feu que répercutent les échos de la rive malaise ressemble à un long coup de tonnerre qui attire au sommet des collines environnantes les Indiens étonnés de la hardiesse des Français.

Surcouf, impatienté de voir l'action se prolonger sans offrir aucune chance prononcée de succès, ordonne à son frère de partir à la tête d'une escouade de quarante hommes désignés pour l'abordage avec les embarcations, et, profitant du brouillard de fumée qui dérobe les combattants les uns aux autres, d'escalader le grand navire par le bord opposé à celui où il se battait. Nicolas Surcouf obéit, aborde le trois-mâts et l'enlève : son feu éteint et son pavillon descendu attestent la victoire des Français. Au signe de soumission, le second bâtiment coupe ses câbles et se laissant aller en dérive, pour s'éloigner des coups que le corsaire dirigeait alors sur lui seul, espère pouvoir se jeter à la côte et se soustraire ainsi à une capture inévitable. Mais Robert a deviné son intention; les embarcations de la *Clarisse*, rappelées à temps, le poursuivent, le rejoignent et s'en emparent. Les voiles de la prise larguées pour hâter son naufrage, réorientées par ceux qui l'ont abordée, servent à la ramener près du corsaire, où elle jette son ancre de veille.

Ce brillant fait d'armes, dans lequel notre pavillon avait triomphé sur un ennemi supérieur en forces, ajoutait à la réputation de Surcouf et lui donnait, en y associant son frère, un nouveau titre à la renommée.

Mais, dans ce combat inégal, l'équipage avait éprouvé des

pertes; la *Clarisse* avait beaucoup souffert dans ses œuvres mortes et dans son gréement. Surcouf n'ayant pu malheureusement crocher à l'abordage le gros trois-mâts, à cause des difficultés insurmontables que présentait son mouillage, avait dû décider le gain de l'affaire par le canon, et son artillerie était numériquement de plus de moitié inférieure à celle des Anglais. Il se résolut donc à terminer là une croisière que couronnait une action brillante, et à revenir aux îles de France et Bourbon avec ses deux prises, nouvéaux fleurons à sa réputation; il y aborda heureusement dans le courant de juin et se prépara de suite à une autre course.

Le 16 août 1799, la *Clarisse*, réespalmée, paraissait sommeiller sur les fortes amarres qui la retenaient captive à son paisible ancrage, près de la tour de Codan, lorsque Surcouf, fatigué du séjour du port, brûlant de se signaler encore, se rendit à bord, accompagné du pilote, et fit éviter son corsaire. Cette opération terminée, les vergues des huniers avec leurs voiles sur les fils-de-carets montèrent en tête des mâts; le pavillon de reconnaissance arboré à la flèche du petit perroquet fut accompagné d'un coup de canon qui devint le signal du départ, et aussitôt les marins retardataires accoururent à leurs postes.

Le lendemain, il ventait bon frais du S.-E. Pitre-Both[1] se couvrait de nuages, et des rafales, tombant lourdement de

---

1. Montagne très élevée (2 550 pieds) et remarquable par sa forme pyramidale surmontée d'une énorme boule; elle correspond à une baie dans laquelle les Hollandais enterrèrent leur amiral Pitre-Both. Ces premiers habitants de l'île, en mémoire du chef qu'ils avaient perdu donnèrent son nom à la montagne et désignèrent le lieu de la sépulture par celui de Baie-du-Tombeau. Lorsque les nuages couvrent le sommet de Pitre-Both, on dit vulgairement qu'il fume sa pipe; c'est toujours le signe certain d'une grande brise.

la cîme des montagnes au lever du soleil, annoncèrent pour
la journée une brise carabinée; la *Clarisse*, sortie de sa léthar-
gie, se montrait impatiente sous les grelins qui la retenaient
de l'arrière et qu'elle semblait vouloir rompre. Le retard
apporté à l'appareillage du corsaire provenait de paquets
importants que le gouverneur Malartic confiait à Surcouf
pour les remettre au général commandant Bourbon, et qui
n'étaient pas clos. Enfin, le capitaine malouin monte à bord,
un coup de sifflet de silence précéda de quelques secondes
l'ordre qu'il donna de larguer les voiles; les agiles gabiers
s'élancent aussitôt sur les vergues, les toiles des huniers tombent en se déroulant comme de vastes nappes et se trouvent
bordées immédiatement. Le pilote commande de filer les
grelins des corps morts et de suite la *Clarisse* s'avance rapidement à l'ouvert de la baie, traînant le bateau *Lamaneur* et
ceux de plusieurs colons faisant cortège à leurs amis. Parvenus en dehors des récifs, le navire prit la panne; *à terre le
monde*, commande Surcouf; *au large les canots du port*, et
les embarcations remorquées débordèrent au bruit confus
des rames, des adieux et des vœux. Surcouf, libre de sa manœuvre, donne la route à l'O. quart S.-O.; c'était celle de
Saint-Denis, capitale de la colonie voisine. Le trajet fut de
courte durée; le 18 au matin, la *Clarisse* accostait la rade et
allait y prendre son mouillage, lorsqu'elle fut assaillie par les
boulets de la batterie de la Pointe-des-Jardins. Malgré son
pavillon tricolore et celui de reconnaissance qu'elle montrait en tête des mâts, les canonniers, par une inconcevable
méprise, persistèrent à la juger corvette ennemie. Surcou
vient rapidement sur tribord, et court une bordée au large
la mer était creuse et le vent si fort qu'il ne put mettre sa

yole à l'eau pour communiquer. Cette erreur des artilleurs le força de tenir la mer jusqu'au 22, que le vent calma; alors il mouilla devant la Ravine-aux-Chèvres, et expédia au général Magallon les papiers dont il s'était chargé.

Débarrassé de sa mission et favorisé d'une révolution de vents d'ouest, Surcouf leva l'ancre, et, côtoyant l'île, parvint à la doubler par l'est. Couronné par le volcan et ses tourbillons de feu, le *pays brûlé* se déployait avec toute son horreur, montrant une lave brûlante qui coulait lentement du sommet des montagnes à leur base, dans une immense étendue.

Ce spectacle, d'une effrayante majesté, imposait un sentiment de pénible admiration aux matelots superstitieux qui le contemplaient. La nuit suivante, à plus de trente lieues en mer, le volcan s'apercevait encore comme un phare qui éclairait la marche du corsaire vers la région des vents variables, au sud du tropique du Capricorne; car son capitaine se rendait au détroit de la Sonde, où il projetait d'établir d'abord sa croisière.

La traversée n'offrit rien de remarquable jusqu'au 27 septembre, qu'on aperçut l'île de Java, qui s'étendait de l'E.-N.-E. au N.-O.; en approchant on reconnut la Pointe dite au Capucin. Le lendemain la *Clarisse* était ancrée entre l'île de Cantaye et Java, vis-à-vis d'une cascade haute et bruyante, à laquelle son capitaine se décida à renouveler l'eau consommée depuis son départ; le pays, extrêmement fourré, lui fournit également du bois de chauffage. Nuls vestiges ne témoignaient que la contrée circonvoisine fût habitée.

On finissait l'opération à laquelle Surcouf avait présidé en personne, autant pour l'accélérer que pour chasser aux alentours de l'aiguade limpide; quelques barriques seulement restaient à embarquer, et la chaloupe accostait le rivage pour les recevoir, lorsque le rajah de la contrée, à la tête d'une troupe nombreuse de Javanais armés, accourut s'interposer inopinément entre le rivage et les Français occupés à rouler les pièces à eau; les lianes grimpantes et les bois touffus de la côte avaient favorisé cette embûche en dérobant l'approche rusée des Malais aux regards des marins. Décidé à tirer vengeance des Européens, qui avaient osé débarquer à son insu sur son territoire pour y prendre du bois et de l'eau, le souverain indien, remarquable par sa haute stature et par son agilité, s'avançait, ainsi que le tigre découvrant sa proie, en faisant des bonds énormes vers le capitaine de la *Clarisse*, qu'il avait reconnu pour chef des étrangers. Dans cette circonstance périlleuse, il fallait payer d'audace pour se retirer d'une funeste surprise, ou tomber victimes sous les *christz* [1] empoisonnés des naturels. Surcouf apprécie le danger de sa position, mais il reste au-dessus de tout sentiment d'émotion; possédant tout à la fois une volonté d'airain et un caractère de prompte décision, bravant le sort fatal qui le menace, le canon de son fusil renversé, il marche hardiment la tête haute vers le rajah en lui tendant une main familière. C'était un homme vigoureux dont les membres robustes attestaient une nature brillante d'énergie; ses cheveux épars et noirs comme le jais laissaient à découvert un front large et bas; dans ses yeux rapprochés se peignait la fureur; ses lèvres minces, son nez court et aplati, son

---

1. Ou *cric*, arme des insulaires de l'Inde, sorte de poignard à lame ondulée.

RENCONTRE DE SURCOUF DANS LA BAIE DE JAVA

teint basané, couleur des retroussis de bottes de jockey, complétaient son portrait. Il s'arrête stupéfait de la démarche assurée du capitaine, et reste incertain de ce qu'il doit faire, car Surcouf, en s'avançant toujours, avait produit un sentiment d'hésitation sur les actions du javanais, auquel il lança un coup d'œil où se révélait toute la puissance de l'âme. Cependant, on pouvait lire aux regards enflammés du barbare que le ressentiment qui couvait dans son sein était prêt à éclater; ils s'approchèrent encore en exerçant l'un sur l'autre cette surveillance mutuelle d'intelligence; les matelots et les Indiens, immobiles et les yeux fixés sur leurs chefs, attendent en suspens l'issue de la rencontre. Le capitaine français, qui comprend de plus en plus sa situation critique, continue sa pantomime assurée devant l'expression de haine peinte sur les traits de son farouche adversaire. Toutefois, le regard fauve du redoutable insulaire change de direction et se fixe hébété sur un mouchoir d'un rouge écarlate que Surcouf portait autour de son cou et dont les bouts croisaient sur sa poitrine : démêlant chez son antagoniste une envie immodérée de possession, il dénoua avec calme sa cravate et en fit un hommage affecté au Malais, en la posant sur sa large épaule nue.

Le rajah, qui était sur le point de poignarder Surcouf ou de l'étreindre dans ses bras nerveux, se contint malgré lui, toujours fasciné par l'ascendant qu'avait pris son rival. Tout à coup, se tournant vers ses Javanais, et comme s'il les eût consultés, il échangea quelques paroles inintelligibles aux matelots spectateurs; ensuite, revenant brusquement vers Surcouf avec des gestes pleins de violence et en grinçant des dents, il lui fit comprendre que le pays et ses productions

étaient ses domaines; qu'il voulait bien lui laisser la vie
ainsi qu'à ses gens, mais qu'ils eussent à déguerpir de suite
avec leurs futailles, injonction que le chef indien n'eut pas
la peine de réitérer, tant les chaloupiers mirent de célérité
à quitter ce rivage barbare. Tel fut le dénouement inespéré
de cette scène sauvage palpitante d'émotion, où dans quelques minutes l'existence de plusieurs Français, si gravement
compromise, fut sauvée par la contenance fière et mesurée
de leur capitaine.

Le retour de l'embarcation à bord causa une joie bien
vive parmi les officiers et les marins qui avaient pu juger
le péril auquel avaient échappé miraculeusement leur capitaine et les gens de corvée. Surcouf, ayant fait embarquer la
drome de barriques et la chaloupe, appareilla et gouverna à
l'ouvert du détroit de la Sonde.

Le 1er octobre, un navire danois, venant des ports de la
Grande-Bretagne, fut observé donnant dans le détroit : confiant dans son pavillon de neutralité, ce trois-mâts approchait sans aucune appréhension la *Clarisse* battant ses couleurs nationales; mais lorsqu'il fut à portée de voix il lui
fut ordonné de mettre en travers pour être visité. Son manifeste accusait une cargaison anglaise; Surcouf l'arrêta et en
donna le commandement à l'un de ses premiers lieutenants,
Fonroc, qui le conduisit à l'Ile-de-France. Le lendemain un
bâtiment suédois fut également visité, mais ses connaisse-
ments réguliers attestaient que son chargement avait été pris
à Stockholm; conséquemment, la permission de continuer
son voyage lui fut octroyée.

Le 3 octobre, la *Clarisse* laisse tomber une ancre devant
Anières, comptoir hollandais, pour y déposer les marins

danois. Le débarquement terminé, elle regagne le large et rencontre l'*Uni*, corsaire que commandait le capitaine Le-même, tout à la fois l'émule et le compatriote de Surcouf. Après avoir communiqué entre eux et s'être entendus sur les points de leur station, les deux capitaines se séparèrent avec un échange de souhaits affectueux. Le lendemain, la *Carisse*, côtoyant les terres de Sumatra, découvre un bâtiment, lui appuie chasse, le rejoint, et, par un coup de canon de semonce [1], le contraint à arborer son pavillon. Le vaisseau hisse les couleurs portugaises et se dispose à les soutenir; mais la résistance fut de bien courte durée; Surcouf, ayant pu l'aborder, l'enleva sans avoir eu à regretter la perte d'aucun des siens. Sa cargaison consistait principalement en argent monnayé, pour une valeur de 116 000 piastres. Le lieutenant Dujardin, de Cancale, qui en prit le commandement, atteignit, après diverses chances de mer, la rade de l'Ile-de-France.

Bientôt après cette riche capture, le capitaine Robert leva sa croisière des détroits pour se rendre dans le golfe du Bengale, ses parages de prédilection. Aidé des vents de S. variables au S.-E., il s'éleva vers le N.-O., en se conservant au large des groupes d'îles qui bordent Sumatra dans la partie S.-O. Le 24 octobre, il releva Poulo-Brasse, sentinelle avancée de la rade d'Achem, formant l'extrémité nord de la grande île malaise. De là, prenant son point de départ à l'E. des Nicobars et des Andamans, il atteignit enfin les brasses;

1. Semoncer un bâtiment qu'on rencontre à la mer en temps de guerre, c'est exiger qu'il arbore sa couleur et même l'obliger à mettre en panne pour être visité.

ce fut le 4 novembre que la sonde lui annonça les lieux témoins de ses premiers exploits.

Le même jour, il gagna de vitesse un petit bâtiment, découvert dans l'E.-N.-E. du compas, qui arbora le pavillon rouge au coq doré, insignes de l'empereur d'Ava : ayant ses papiers en règle, Surcouf le laissa suivre sa route. Le surlendemain, les gabiers annoncèrent une voile gouvernant au N.-N.-O., aussitôt la *Clarisse* la chasse, la joint et l'amarine sans éprouver aucune résistance. C'était un trois-mâts neuf, chargé de sel, qui se rendait à Calcutta; il avait quitté Madras depuis fort peu de jours. Surcouf l'expédia, malgré son peu de valeur, vers nos colonies, pour aviser de sa croisière. Les vents faibles et variables du S.-S.-O. au O.-S.-O. permirent de rejoindre le navire birman et de lui jeter à bord les prisonniers faits la veille.

Depuis plusieurs jours le corsaire sillonnait vainement les eaux du golfe; le capitaine, voulant rectifier sa position, se rapprocha de terre, et, le 10 novembre, à huit heures du matin, il vit la côte d'Orixa. A midi sa latitude était de 19°41 N.; alors, avec des vents inconstants de la partie du Nord, il reprit la bordée du large. A trois heures, les vigies annoncèrent un navire au vent; impatient de le reconnaître avant la chute du jour, la *Clarisse* fut couverte de voiles en portant dessus, babord amures. Au coucher du soleil, quoique d'une belle apparence, il était jugé bâtiment de commerce, et Surcouf est déterminé à l'attaquer, quel que soit l'instant où il l'aura atteint. A neuf heures du soir, malgré l'obscurité d'une nuit sans lune, on distinguait parfaitement sa haute muraille. A dix heures, au signal qu'il fait de trois feux appuyés de trois coups de canon, la *Clarisse* répond au hasard par un coup seulement tiré à poudre, et continue sa chasse.

A onze heures, le trois-mâts se voyant gagné, vire de bord et arrive fièrement combattre lui-même le corsaire, espérant lui imposer par ses dimensions et le nombre de ses bouches à feu. Les deux rivaux, au milieu des ténèbres qui les environnent, passent à contre-bord à portée de pistolet, en échangeant leurs bordées; aussitôt Surcouf change d'amures, le rejoint, le combat avec impétuosité; l'Anglais se défend d'abord résolument, mais avec Surcouf la lutte ne pouvait être de longue durée. Le capitaine ennemi, désemparé, cesse son feu et hèle qu'il est amené. Ce beau navire était l'*Auspicious*, de Calcutta, armé de vingt canons et d'un fort équipage; il se rendait à Bombay avec une cargaison précieuse : le lieutenant Harel, de Saint-Malo, le commanda et le mena à bon port.

Après quelques jours de station dans les mêmes parages, le capitaine Surcouf se décide à aller à Merguy, port de la province de Tenasserim, indépendante encore du joug anglais et notre amie, pour remplacer l'eau et les vivres consommés, puis revenir promptement établir sa croisière. Le 24 novembre, il prend connaissance de la pointe de Négrailles; huit jours après, la *Clarisse* était affourchée à l'Ile du Roi, sans pilote, le plomb de sonde à la main, Surcouf avait dirigé son navire entre la grande Canastre et Tavay. Pendant sa relâche, il reçut la visite du gouverneur de Merguy, qui lui amena un *ballon* [1] richement orné. Il remet en

.1. Cette espèce de pirogue étroite, peu arrondie et très élevée aux deux extrémités, sort rarement des rivières. Les ballons de Siam et du Pégou ont jusqu'à 100 pieds de longueur et à peine 5 de largeur :

dépôt à ce chef indien les Anglais provenant de sa dernière prise, et marin trop actif pour séjourner, il fut bientôt paré à mettre en mer. Dès le 11 décembre, il quittait son paisible mouillage et retournait braver les hasards de la guerre. Le 12, l'île Cabassi restait à l'E. à quinze lieues; favorisé des vents de N.-E. qui soufflaient dans tout le golfe, il mit le cap au N.-O. pour passer au nord de Préparis, île que reconnaissent les bâtiments sortant des mers de Chine et des détroits, en se rendant au Bengale.

Le 17 du même mois, le *Malartic* [1], capitaine Jean Dutertre [2], était en vue, arrivant de l'Ile-de-France après un court trajet. Les signaux de reconnaissance échangés, les deux corsaires s'accostèrent, et les capitaines communiquèrent entre eux. Cette rencontre, célébrée à bord de la *Clarisse* par un banquet, faillit avoir les conséquences les plus graves par un malentendu de susceptibilités comiques. Au dessert, lorsqu'il sablait un verre de Champagne, le capitaine du *Malartic* fit une exclamation : « Robert, ton vin est chatoyant; c'est un nectar digne des dieux. Moi, je veux t'offrir quelques conserves de mon claret, véritable ambroisie à servir sur la table des ladies de Calcutta; pas de compliments, j'en ai ample provision, tu dîneras comme un seigneur féodal : en les prenant, je songeais à toi, gourmet. — Soit, dit le capitaine de la *Clarisse*, j'accepte volontiers, à condition qu'en retour ma gastronomie reconnais-

quatre-vingts rameurs parfaitement stylés à la voix du patron, leur communiquent une très grande impulsion.

1. Nom du gouverneur de l'Ile-de-France.

2. Un des capitaines de corsaires distingués de l'Ile-de-France : il était de Lorient et mourut lieutenant de vaisseau en 1811, après la prise de cette colonie.

sante soigne ta toilette et celle de ton équipage. J'ai capturé
les modes des fashionables de Covent-Garden, vous serez élé-
gants comme les muscadins de Paris. — Tu sais bien que
nous ne sommes pas des damoiseaux, répondit Dutertre;
d'ailleurs, quand je donne je ne vends pas; si tu t'avises de
m'envoyer tes colis, je les ..... par-dessus les bastingages. »
Surcouf sourit et fit servir le café; pendant ce temps, les
caisses de vin et de comestibles avaient été transbordées et
les ballots échangés.

On se sépara en bonne harmonie; mais en mettant le pied
sur son pont, Jean Dutertre heurte quelque chose qui le
fait trébucher; il examine, désolation! c'était un des mau-
dits ballots. Alors, rien ne put arrêter l'exaltation d'une
tête tympanisée sous les fumées du vin. « Accoste la *Clarisse* », commande-t-il au timonier; et lorsque les corsaires
furent rapprochés, il héla de tous ses poumons dans son
porte-voix : « Tiens, Robert, voilà le cas que je fais de tes
cadeaux », en les jetant par-dessus le bord. « Et voici
comme j'apprécie les tiens », s'écria Surcouf furieux, en
lançant les bouteilles en l'air. Peu de mots d'aigreur furent
prononcés, car ils se donnèrent de suite rendez-vous, pour
se couper la gorge, dans les bois-noirs du Champ-de-Mars,
à l'Ile-de-France. A l'approche de la nuit, les deux cham-
pions se séparèrent; au jour ils étaient hors de vue, cherchant chacun, d'après sa propre inspiration, fortune et re-
nom.

Surcouf visite deux navires danois; les trouvant régulièrement expédiés, il les laisse reprendre leur route à la suite
d'un dîner offert à leurs capitaines, qui burent avec enthousiasme aux succès de leur amphytrion. Ce point de croi-

sière offrant peu de chances heureuses, après quelques jours
d'une vaine attente, il prend la résolution de traverser le
golfe et de retourner à la côte d'Orixa; la mousson du N.-E.
qui s'était établie lui en facilitait la route.

Depuis peu de temps, la *Clarisse* était revenue prendre sa
croisière, sur les brasses, lorsque, le 30 décembre 1799, à six
heures du soir, aux reflets vacillants du crépuscule, on aperçut du haut des mâts un grand navire au vent [1]; Surcouf
aussitôt change d'amures et gouverne son corsaire à lui couper chemin. La nuit était close, mais l'obscurité n'avait
point fait perdre de vue le bâtiment chassé qu'on approchait
rapidement; on allait même le joindre, lorsque du gaillard
d'avant on reconnut, sous le vent, une voile courant à contre-bord, qui grossissait prodigieusement.

Bientôt, on put distinguer, à sa masse énorme, une frégate;
effectivement, c'était la *Sybille*, arrogante encore de la prise
d'une frégate française [2], conquête qu'elle dut à une surprise
et à l'ineptie du vieillard qui commandait. Surcouf abandonne le trois-mâts qu'il poursuivait et prend chasse devant
son formidable adversaire qui n'était plus qu'à deux portées

1. Ce navire était américain, monté par un nombreux équipage et
portait dix-huit canons de neuf livres de balles.

2. La frégate anglaise la *Sybille*, capitaine Cook, fut expédiée de
Calcutta avec mission expresse et un supplément d'équipage pour attaquer la frégate la *Forte*, en station sur les brasses où elle avait capturé
plusieurs bâtiments ennemis. Le commandant français, confiant en ses
forces, dédaigna tout préparatif de défense à l'approche de la *Sybille*,
qu'il prenait de nuit pour un navire du commerce; une partie de
l'équipage était même couchée. «Amène pour la *Forte* » héla le capitaine Beaulieu ; l'Anglais lui répondit par une bordée à brûle pour-
point dans laquelle l'infortuné vieillard perdit la vie. Les Français,
quoique surpris, se défendirent avec courage, mais la perte des premiers officiers entraîna sa reddition.

de canon. La résistance impossible avec une telle disproportion de forces, plaçait tout espoir de salut dans la marche du corsaire.

Malgré la fuite subite de la *Clarisse*, l'ennemi approchait toujours, et Surcouf, calculant froidement les avantages de marche qu'il peut obtenir, fait exécuter différents changements dans l'arrimage; ces essais ne répondent qu'imparfaitement à son attente. L'Anglais gagnait, il est vrai, d'une manière moins sensible du terrain, mais la *Sybille* n'est plus qu'à un mille de distance, sa haute pyramide de voiles monte toujours. Déjà, à l'œil nu, on peut distinguer la ligne blanche que forment, dans leurs ressacs, les vagues brisées et poussées par son avant. Encore quelques minutes, et c'en est fait de la *Clarisse*, de Surcouf et de sa fortune; les canonniers anglais disposaient les longs canons de chasse, leur feu allait s'ouvrir, le danger était si imminent que les vaillants hommes du corsaire avaient fait le sacrifice de leur liberté. Dans ce moment régnait sur le pont un silence profond et imposant que la voix grave du capitaine seule interrompait. Il avait voué à sa précoce expérience de vingt-cinq ans ses moyens de conservation. A son commandement, on lance à la mer huit des plus gros canons qui surchargent les hauts de la *Clarisse*, les dromes et divers objets encombrant les passe-avants. Dans le même moment, le charpentier décoinçait les mâts et enlevait les épontilles; les caliers vidaient les pièces à eau des extrémités et les gabiers larguaient les genoppes des haubans et des galhaubans. Ces diverses opérations allègent le corsaire, délient sa carène et communiquent à la mâture une flexibilité magique. Dans les tangages, les secousses sont si violentes qu'on eût dit que sa coque de frêle construction allait s'abîmer dans les flots. Ces sacrifices sont immenses, ces mesures sont extrêmes, mais il n'y avait pas à balancer pour les adopter; les malheurs d'une captivité en perspective les prescrivaient. Surcouf est là, debout, redoublant de ferveur, veillant à tout, et son génie arrêtant l'exécution de ses ordres aux limites du possible. La *Clarisse*, svelte et légère, libre de ses entraves, bondit et folâtre sur les vagues et détale avec une promptitude incroyable devant l'imposante *Sybille*. Les Anglais qui s'attendaient à voir la chasse se terminer promptement, puisque le croiseur français arrivait progressivement sous la volée de leurs canons, ne comprenaient rien à son subit éloignement. Bientôt la masse noire de la *Sybille* s'effaça dans un horizon vaporeux, et ceux qui la montaient s'imaginèrent que l'insolent corsaire, comptant sur sa marche, ne s'était laissé approcher que pour narguer leurs boulets. Au jour, malgré sa distance, la frégate n'en persévéra pas moins dans sa chasse obstinée, comptant sur les événements chanceux qui pourraient survenir. Lorsque la nuit revint, Surcouf fit fausse route, la *Sybille* disparut et le corsaire était sauvé.

Le 11 nivôse an VIII (1er janvier 1800, vieux style), au moment où les matelots qui n'avaient point oublié ce jour solennel de l'ancien calendrier monarchique saluaient leur capitaine en buvant leur double ration, la vigie aperçut un trois-mâts sous le vent et deux autres au vent qui semblaient marcher de conserve. Surcouf ayant fait sonder et obtenu trente brasses de fond opte pour la première voile signalée, sur laquelle il fait gouverner. C'était le *James*, superbe bâtiment chargé de riz, allant à Bombay, qui, reconnaissant dans la *Clarisse* un croiseur ennemi, s'empresse de changer de route, le cap au N.-O., afin de gagner les passes du fleuve où il compte se soustraire à la chasse du corsaire, mais inutilement. Surcouf tombe rapidement dans ses eaux à portée de canon; le capitaine anglais ouvre le feu de ses pièces de retraite dans l'espoir de démâter la *Clarisse* qui riposte d'un de ses canons de l'avant. L'artillerie du *James* est habilement servie, quelques-uns de ses projectiles brisent les manœuvres et déchirent les voiles du corsaire qui, ne ralentissant point sa course, atteint son travers et gouverne pour l'aborder. L'Anglais, épouvanté de la brusque manœuvre de son adversaire qu'il ne peut éviter, amène son pavillon. Le dieu Plutus du dix-neuvième siècle avait réservé des étrennes aux joyeux compagnons de la *Clarisse* qui fêtèrent copieusement la fête du vieux Janus. La prise fut amarinée et expédiée à l'Ile-de-France où elle arriva heureusement. Trois jours après, Robert visite un brick *paria* [1], chargé de riz et de quelques balles de marchandises à la destination de Madras. Le capitaine malouin se contenta de prélever vingt sacs de grains nourriciers dont il avait besoin et trois balles de toile qu'il distribua pour vêtir son équipage; les prisonniers anglais, à l'exception de quatre Malais qui sollicitèrent du service, furent embarqués à leur grande satisfaction sur le navire bengali.

Le lendemain, 4 janvier, au point du jour, les vigies signalent deux navires sous le vent, naviguant de compagnie et courant au S.-O. Malgré la perte de son artillerie,

---

1. *Paria*, caboteur des Indes orientales, bâtiment mal tenu et de pauvre apparence, équipé et monté par les naturels, ne naviguant jamais qu'avec les moussons.

Surcouf laisse arriver sans hésiter un instant sur les voiles en vue, se fiant dans sa supériorité de marche qui lui permettra d'aborder les ennemis; peu lui importe le nombre des canons qu'ils ont à lui opposer. Les bâtiments chassés, reconnaissant aux formes rases et élancées de la *Clarisse* un croiseur, se rallient et arrêtent leur système de défense. Ils arborent le pavillon de l'Union Américaine, carguent leurs basses voiles, et, beaupré sur poupe, attendent le corsaire français. Chacun présente seize caronades d'un fort calibre, servies par un personnel nombreux.

La *Clarisse*, toutes voiles dehors, accostait rapidement ces puissants athlètes; parvenu à une portée de canon dans leurs eaux, Surcouf fait rentrer ses bonnettes, et, disposé au combat, prend la même allure qu'eux en restant sous une voilure maniable. Son plan d'attaque fixé d'avance dans sa pensée, il poursuit son aire en faisant hisser les couleurs nationales assurées d'un coup de canon, et avec elles apparaît à la tête du grand mât le pavillon rouge d'abordage, cet avertissement d'un combat à outrance.

Cependant, l'équipage était considérablement affaibli; soixante hommes expédiés sur les prises, laissaient des postes dégarnis; huit pièces du plus fort calibre, jetées à la mer, montraient autant de sabords vides et réduisaient à six le chiffre des bouches à feu. Nonobstant cette infériorité matérielle, rien ne peut arrêter l'intrépide Surcouf, décidé à terminer sa croisière par une péripétie qui ajoutât encore à l'éclat de la réputation qu'il avait si justement acquise.

La mer était belle, de légères vagues moutonnaient à sa surface poussées par une brise modérée du N.-E.; la *Clarisse* courait au N.-O. dans le profond sillage que les Américains

traçaient derrière eux, elle n'était plus qu'à portée de mousquet, lorsque le vaisseau de queue, au tableau duquel on
lisait le nom de *Louisia*, ouvrit son feu sur elle. Le corsaire,
au moyen d'une preste embardée, riposte de ses trois pièces
de tribord et reprend sa course pour accoster de plus près
son adversaire : « Cargue les basses voiles et hale-bas le
grand foc », commande le capitaine malouin, afin de diminuer la vitesse de son navire, qui, doublant le couronnement
de la *Louisia*, venait l'aborder de long en long : « Masque le
perroquet de fougue », ajoute-t-il, et sa marche est réglée
sur celle de l'ennemi qui le couvre de feu et de fumée. Au
même moment, le vaisseau de tête, le *Mercury*, évoluait afin
de placer la *Clarisse* entre deux feux; tout en effectuant son
mouvement d'arrivée, ses canons de babord tonnaient contre
elle. Le capitaine de la *Louisia*, faisant assaut de ruse avec
son antagoniste, profite du nuage de fumée qui dérobe sa
manœuvre au corsaire et fait tout à coup une forte abattée
que Surcouf n'a pu apercevoir à temps, ni éviter. Le beaupré de la *Clarisse*, donnant avec force dans les haubans de
misaine de l'américain, se rompt à cinq pieds en dehors de
sa liure; les ennemis à la vue de ce désastre crient : *hurra!
hurra!* mais sous ce choc effrayant, l'aire du bâtiment de
l'Union se trouve amortie et la *Clarisse* reste accrochée par
le tronçon de son mât qui devient un pont dressé pour les
braves du corsaire. *A l'abordage*, ordonne le chef français de sa voix puissante; *à l'abordage*, répètent par acclamation les marins qui l'entourent sous les feux croisés des
deux bâtiments ennemis. Nicolas Surcouf, du gaillard
d'avant où il commande en second, s'élance à la tête, de
trente matelots des plus déterminés et une mêlée sanglante

s'engage sur le pont de la *Louisia*. Surcouf, de son banc de quart, encourage les siens; ses trois canons de babord, parfaitement servis, répondent aux bordées du second navire, tandis que ses adroits volontaires, soutenus des gabiers armés d'espingoles, entretiennent un feu de mousqueterie bien nourri que secondent merveilleusement les Français combattant corps à corps les Américains sur leur bord. Ceux-ci assaillis de tous côtés lâchent pied et implorent miséricorde en déposant leurs armes; aussitôt le feu cesse à bord de la *Louisia* dont le pavillon étoilé s'abaisse devant les couleurs républicaines.

Surcouf fait décrocher de suite les bâtiments; en poussant au large la *Clarisse*, il espère rejoindre encore le *Mercury* qui le mitraille toujours. A peine ce navire s'est-il aperçu que son compagnon était amené, qu'il évente ses huniers, amure ses basses voiles et laisse porter grand largue pour se soustraire au sort qui le menace. Le corsaire, malgré la perte de son beaupré, lui appuie chasse, mais son petit mât de hune, privé de son étai, tombe sous son phare, ralentit la rapidité de la marche et permet au fuyard de s'éloigner assez avant la nuit pour faire fausse route à la faveur des ténèbres.

Le corsaire rallia sa prise et avec les secours qu'il y puisa, il répara promptement les avaries et les pertes essuyées pendant le combat. Le lendemain matin, un brick fut aperçu au vent, la *Clarisse* le joignit; comme il était chargé de riz, cargaison sans prix, on lui permit de continuer pour sa destination, après lui avoir imposé les Américains prisonniers.

Surcouf confia à son frère son opulente et glorieuse capture. Cet officier expérimenté après avoir esquivé maintes rencontres, parvint, le 11 février 1800, au port N.-O. de l'Ile-de-France où l'avaient précédé la *Clarisse* et son vaillant capitaine.

Jean Dutertre ne tarda pas à y arriver flanqué de ses prises. Surcouf ne manqua pas d'aller le recevoir sur le quai pour lui rappeler ce dont ils étaient convenus : « Jean, lui dit-il, je viens te rappeler nos promesses. — Oh! ne t'inquiète pas, Robert, je n'ai rien oublié, lui répliqua Dutertre, je serai à ta disposition à la sortie du Gouvernement [1]. »

Sur ces entrefaites, quelqu'un de l'état-major courait avertir le gouverneur du duel projeté. Le vénérable Malartic, jaloux de conserver à la colonie deux existences si précieuses, réunit dans ses salons les combattants et, les pressant dans ses bras, les deux Bretons n'en sortirent qu'en se jurant amitié à l'épreuve.

[1]. Les capitaines, à leur arrivée, étaient obligés de se rendre directement chez le gouverneur avant de pouvoir communiquer avec les colons.

CHAPITRE V

LA « CONFIANCE »
CROISIÈRE ET RETOUR EN FRANCE

Les avaries que la *Clarisse* avait éprouvées durant sa longue et laborieuse croisière nécessitèrent un radoub complet;
Surcouf, rêvant la gloire et la fortune, ne pouvait se plier
au repos momentané auquel cette opération le contraignait.
Sur ces entrefaites, arriva de croisière le corsaire la *Confiance*, une des merveilles de l'Océan; il était venu récemment de Bordeaux, en *aventurier* [1], armé et expédié par
M. Comte, négociant très recommandable de cette place. Le
capitaine qui avait amené le corsaire à l'Ile-de-France con-

---

1. Sorte de bâtiment armé en guerre et marchandises, qui s'expose,
sans escorte, aux hasards d'un voyage de spéculation commerciale. En
1803, lors de la déclaration de guerre, la *Confiance* fut prise faisant *la
troque* à la côte d'Afrique. Afin d'esquiver le joug anglais, le second
capitaine, M. J. Mallet, de Saint-Malo, mon parent, et quelques matelots se jetèrent dans la chaloupe et parvinrent au rivage après le
départ de l'ennemi; ils se hasardèrent à traverser avec leur frêle
embarcation, l'immence océan qui sépare les deux mondes. Parvenus
à l'île de l'Ascension, dont le terrain aride et brûlé n'offrait aucune
source ni même une flaque d'eau croupissante, ils laissèrent à leur
départ pour renseignements et comme témoignage de leur relâche,
une bouteille bouchée renfermant une lettre. Ils faisaient route alors
pour un port du Brésil. On n'entendit plus jamais parler d'eux; nulle
trace de leur destin ne fut retrouvée.

sentit à débarquer par arrangement avec MM. Tabois-Dubois, consignataires, qui, désirant avoir pour le remplacer le marin le mieux fâmé de la colonie, proposèrent à Surcouf le commandement du trois-mâts bordelais. Tout en regrettant sa *Clarisse*, Robert accepta l'offre qu'on lui faisait; de trop puissants attraits se réunissaient pour l'y décider; les dimensions plus vastes de la *Confiance*, la beauté de ses formes élancées, sa réputation de marcheuse, et la préférence honorable dont il était l'objet parmi ses rivaux. Il découvrait dans ce nouveau bâtiment les moyens de soutenir sa jeune renommée d'intrépide capitaine et d'habile manœuvrier, qualités qu'il ambitionnait le plus au monde.

Le charme que ressent le marin à la vue de son navire, la tendre affection qu'il lui porte tiennent à un intérêt instinctif qui se lie à toutes les phases de sa vie : en temps de guerre surtout, le bâtiment devient pour lui la cause de sa mort ou la source de sa fortune. Surcouf s'attacha donc puissamment à son corsaire, le plus fin voilier des mers de l'Inde, pressentant peut-être qu'il allait lui mériter l'épithète de *célèbre*, qu'il reçut de ses ennemis eux-mêmes. Tel fut l'enthousiasme des matelots, que ceux qu'il refusa d'embarquer se retiraient désolés, malgré l'espérance qu'il leur laissait entrevoir, en les renvoyant, de les enrôler plus tard.

Vers la mi-avril, grâce à l'activité qu'il déploya, les travaux de réparation avaient totalement cessé à bord de la *Confiance*, qui se trouvait réespalmée avec un soin entendu. La disposition de ses cordages multipliés, la symétrie qui présidait à son dormant léger étayant sa svelte mâture, ses vergues si parallèles entre elles flattaient les yeux des marins sachant apprécier l'ordre et l'ensemble d'un bâtiment. Le corsaire était dans l'état de repos, montrant ses belles et admirables proportions; au-dessus de ses noires préceintes, apparaissait une large bordure jaune paille, marquetée par dix-huit sabords, garnis chacun d'un canon. Un immense drapeau ornait sa poupe, tandis qu'aux flèches de ses royaux se déployaient divers pavillons, parures de revue et d'inspection.

Le lendemain, Surcouf, impatient de prendre la mer, se rendit à bord pour appareiller de la Pointe aux Forges, et, conduire la *Confiance* en grande rade, au large de la dernière bouée. A ce mouillage éloigné, il comptait recevoir ses poudres, rallier son équipage et compléter ses dernières dispositions d'armement. Le pilote évite le navire; à son commandement les huniers largués par les gabiers tombent, et leurs toiles immenses se déploient aux rafales d'une brise de S.-E., descendant lourdement du sommet brisé du *pouce* qui domine les montagnes voisines; de suite les voiles s'arrondissent et communiquent leur impulsion au corsaire. D'abord il paraît se mouvoir lentement; bientôt sa carène étroite et élongée glisse sur les eaux unies de la baie; son sillage devient enfin rapide comme le vol de l'hirondelle changeant de climat.

De l'état-major, on ne voyait encore à bord que le second capitaine Drieux, officier des plus distingués; Louvel Desvaux, lieutenant de garde, et Lenouvel, chirurgien-major, tous trois de Saint-Malo et amis de Surcouf; près d'eux se trouvaient les jeunes enseignes Fournier, Roux, et Vieillard, qui transmettaient les ordres. Parmi la maistrance, on remarquait surtout maître Gilbert, ancien contremaître de frégate la *Preneuse*, fier d'avoir été placé par son capitaine à la tête du rôle d'équipage; il est au pied du grand mât, armé de son sifflet d'argent pour faire exécuter avec ensemble et précision les manœuvres prescrites. « Amène et cargue les huniers », ordonne le pilote Legoff, enfant de la Bretagne, que l'escadre victorieuse du Bailli, retournant en France, avait déposé à l'Ile-de-France. La *Confiance*, arrivée près de l'ancrage qu'elle devait occuper, la barre à babord, intima de rechef le pilote, afin de la faire tourner promptement sur son axe, ainsi qu'un habile écuyer arrête le cheval fougueux qu'il a lancé. Docile à son gouvernail, elle vint le bout au vent, le perroquet de fougue coiffé et sa brigantine bordée à plat : son aire se rompit graduellement jusqu'à ce que, restée immobile, l'ancre de bossoir fût mouillée. Elle reposait désormais à l'abri et sous la protection de la batterie de l'Isle-aux-Tonneliers, élevée par l'immortel La Bourdonnais.

Le surlendemain de son arrivée en rade, le corsaire avait achevé son installation de guerre; dès lors, l'impatience de Surcouf n'a plus de bornes. Une colonne de fumée et une forte détonation répercutée dans la ville par les échos des vallées proclament le signal du ralliement absolu. Chaque homme retardataire, averti que le moment de séparation est arrivé, s'empresse de gagner le bord. Les vergues de hune sont virées à tête de bois. Une seconde détonation succède à la première; c'est l'annonce irrévocable du départ.

A trois heures après midi, Surcouf monte sur son banc de quart, le porte-voix à la main; cent soixante Européens, vingt-cinq volontaires du bataillon de Bourbon [1] et quelques

---

1. On levait à Bourbon, pour la défense de l'Ile-de-France, un batail-

nègres domestiques forment son équipage; répartis aux divers postes qui leur ont été assignés, ils attendent l'ordre qu'il va donner. A peine a-t-il indiqué sa volonté, que le câble est viré à long-pic, et que toutes les voiles déferlées à la fois étalent leurs surfaces blanches aux folles brises ridant les eaux limpides de la baie. Le cabestan tourne toujours, l'ancre dérappée arrive à l'écubier, et la *Confiance*, livrée à elle-même, pirouette sur sa quille en abattant lentement : bientôt elle obéit à son gouvernail pour prendre son aire, le cap au O.-S.-O.

Les colons couvraient les quais, et les croisées du port étaient garnies de femmes, admirant la gentillesse du corsaire qui s'éloignait de la rade. Toute l'assemblée adressait des vœux au ciel pour le succès de ces argonautes allant à la conquête d'une autre toison d'or. Comme il traversait la baie, une brise plus ronde vint enfler l'épais tissu de ses voiles pyramidales et augmenter son sillage, malgré le convoi de bateaux qu'il traînait à la remorque; des parents et des amis, des créanciers et des curieux formaient cette escorte obligée en semblable occurrence.

Cependant, on avait doublé le Fort-Blanc et son champ de repos ; la grande rivière, cette banlieue du Port-Louis, avec ses villas et son site enchanteur, restait par le travers, lorsque Surcouf commanda impérativement : *à terre le monde!* aussitôt les canots remorqués s'emplirent et débordèrent au bruit confus des souhaits et des recommandations,

---

lon de volontaires qui fournissait en outre des détachements aux bâtiments de l'État et aux corsaires qui les sollicitaient; les parts de prises étaient recouvrées par la caisse du bataillon et augmentaient la masse du soldat.

des adieux et des embrassements, entremêlés du chant des nègres canoticrs, cadençant leurs coups d'avirons.

La *Confiance*, demeurée seule, élongeait la côte qu'elle avait à babord, dont les arbustes odoriférants la couvraient des délicieux parfums qu'ils répandaient au large. En s'avançant vers le morne Brabant, extrémité S.-O. de l'île, Pitré-Both au cône renversé se cacha derrière le Pouce, ainsi nommé par sa ressemblance avec le doigt d'un de ces géants de la fable qui voulurent escalader le ciel. Les montagnes du Corps-de-Garde, des Trois-Mamelles, du Tamarin, de la Rivière-Noire offrirent tour à tour à l'œil ravi leurs colonades gigantesques, qu'éclairait de ses derniers rayons étincelants un soleil couchant de la zone torride. Après avoir doublé le Morne, dont la masse énorme, par un jeu de la nature, représente, dans des proportions immenses, le buste de Louis XVI, Surcouf donna la route au plus près; il se dirigeait vers les vents variables au delà du tropique et désirait faire le plus de chemin possible au sud.

Le lendemain, on n'apercevait plus l'Ile-de-France, cette Cythère des Indes, comme l'appelait le grand Suffren.

La saison n'étant pas favorable pour croiser dans le golfe du Bengale, à cause des mauvais temps que ramène la mousson du S.-O., Surcouf se porta d'abord au détroit de la Sonde, où il arriva sans avoir éprouvé aucun accident remarquable. Au bout de quelques jours de croisière, il captura un bâtiment américain, qu'il expédia à l'Ile-de-France pour porter de ses nouvelles; mais, ayant su que, tout près de son point de station, à Batavia, se trouvait la frégate américaine l'*Essex*, qui devait partir avec un convoi, il jugea prudent de changer de parages et de se rendre dans une autre partie de l'Inde. Manquant d'eau, de bois et de provisions fraîches, il se décida, afin de se procurer ces objets de première nécessité, à relâcher aux îles Seychelles; de là il lui était facile de se diriger sur tel endroit des côtes de l'Asie qui lui conviendrait. En conséquence il laissa arriver grand largue, le cap à l'ouest; favorisé par les vents généraux qui soufflaient grand frais à cette époque de l'année, il atteignit en quelques jours, en se maintenant entre les septième et huitième parallèles sud, la rade Sainte-Anne, qu'il avait visitée quatre ans auparavant avec l'*Emilie*.

Vers l'époque à laquelle nous sommes parvenus (juillet) deux vaisseaux de la compagnie des Indes, venant de Londres, le *Kent* et la *Reine* (the queen), naviguant de conserve, étaient aussi en relâche à la baie de San-Salvador, sur la côte du Brésil. Le feu ayant pris pendant la nuit du 9, dans la Sainte-Barbe de la *Reine*, ce vaisseau fut dévoré par les flammes et quatre-vingts personnes y périrent; celles qui purent se sauver étaient presque entièrement nues, ayant abandonné subitement leurs lits. Les marins, soldats et passagers recueillis par le *Kent*, au nombre de 250, élevèrent de la sorte le chiffre des combattants de ce vaisseau à 437. Ce beau bâtiment du port de 1 200 tonneaux, privé de son compagnon, appareilla le 17 pour continuer seul sa route; le capitaine Rivington puisait la conscience de sa sécurité dans la force imposante de son vaisseau, ses vastes dimensions, l'échantillon de sa coque que défendait une formidable artillerie (vingt-six canons de 18 en batterie et douze pièces de 9 sur les gaillards) et dans son nombreux personnel dirigé par des officiers instruits. Cela contribuait aussi à rassurer les personnes du bord sur l'issue du voyage.

Les Anglais savaient en outre que nul bâtiment français de guerre, de taille à se mesurer avec le *Kent*, ne parcourait les mers de l'Inde; en effet, la République ne possédait plus une seule frégate au delà du cap de Bonne-Espérance. La *Vertu*, la *Seine*, la *Régénérée* et la *Cybèle* étaient retournées en Europe, de même que la corvette la *Brûle-Gueule*; là *Forte* et la *Prudente* [1] avaient été prises. La *Preneuse*, commandée par le brave Lhermite, après une campagne victorieuse, venait d'être poursuivie et incendiée par l'ennemi à la vue du Port-Nord-Ouest, sur un banc de corail où elle avait touché en cherchant à atteindre la rade. Tout concourait donc à entretenir une trompeuse quiétude à bord du vaisseau; il fallait un Surcouf pour oser la troubler.

Durant sa relâche à l'île Mahé, il survint une particularité bizarre qui a glissé inaperçue parmi celles qu'offre la carrière aventureuse de l'homme extraordinaire que nous avons entrepris de dépeindre; nous la raconterons, car, ce nous semble, elle porte avec elle un cachet d'originalité qui témoigne que le sang-froid n'abandonnait jamais Surcouf dans le danger de quelque nature qu'il fût, où sous quelque forme qu'il se présentât.

L'un des premiers jours de l'arrivée de la *Confiance*, une pirogue ayant fortuitement troublé le sommeil d'un énorme requin, avait chaviré dans le canal entre *Praslin* et la *Digue*

---

1. Cette frégate de 36, réduite à l'état de dénuement, fut vendue au commerce qui l'arma en course, sous le commandement du capitaine Emmanuel Le Joliff, de Saint-Malo, avec un équipage composé en partie de braves volontaires, jeunes gens décidés, mais sans expérience de la navigation. Rencontrée dans le canal de Mozambique par la frégate anglaise l'*Oiseau*, de 48, la *Prudente*, soutint un brillant engagement à la suite duquel elle succomba.

et ceux qui la montaient, attaqués par le monstre marin, devinrent sa proie, à l'exception du patron.

Cet événement lugubre qui, d'abord, avait vivement impressionné les marins du corsaire s'effaça bientôt parmi le tourbillon des fatigues de leurs rudes travaux; le vœu à la Madone fut oublié; embarcation et matelots reprirent avec insouciance leur course d'une île à l'autre, afin de se procurer les rafraîchissements achetés aux cases des colons.

Le départ arrêté, un habitant, ancien navigateur, ami de Surcouf, vint l'engager à dîner avec quelques officiers à l'établissement qu'il avait créé depuis quelques années dans l'ouest de l'île. On quitta le bord dans un des canots de la *Confiance* qui fit le trajet en fort peu de temps malgré la distance. La journée se passa joyeusement jusqu'au moment fixé du retour à bord; l'embarcation du corsaire partit la première, remplie à morte-charge de provisions fraîches pour la campagne qui devait se continuer; un officier et le noir domestique du capitaine avaient profité de son retour. Surcouf avait remis à ce dernier son fusil et sa carnassière qui l'accompagnaient toujours dans ses excursions. La pirogue principale de l'habitation, mise à la disposition des invités, quitta le rivage, gouvernée par l'amphitryon, faisant la conduite à trois de ses hôtes : Surcouf, le second chirurgien Millien et l'enseigne Joachim Veillard.

La pirogue doublait la pointe nord de Mahé; la brise s'affaiblissant avec la fin du jour effleurait à peine la surface de la mer; on distinguait déjà la batterie de la *Confiance* nouvellement peinte, qui reflétait les rayons du soleil couchant. Le bateau glissait à l'aide de quatre nègres vigoureux sur les eaux limpides du plateau sous-marin qui sert de base à cet archipel, patrie adoptive de requins remarquables par leur grosseur et leur voracité. Tout à coup, dans le remous de l'embarcation, apparut un de ces montres aquatiques dont la tête immense flairait de si près la chair humaine que l'habitant pilote lui asséna un furieux coup de pagaie; l'animal, dominé par son instinct vorace, loin de broncher, pressa son sillage et passa bord à bord de la pirogue qu'il surpassait en longueur : ensuite, il revint en arrière, cherchant à se retourner sur le côté, afin de saisir le bateau qui lui présentait sans doute un appât digne de sa faim gloutonne; d'un coup de queue il faillit le faire chavirer, ce qui effraya l'équipage et les passagers qui ignoraient comment finirait le tournoi engagé avec un champion aussi opiniâtre, revenant sans cesse à la charge, malgré les coups d'avirons et de pagaies dont on le gratifiait copieusement.

A une de ses effroyables évolutions, dans laquelle il présenta sa gueule béante au niveau des plats-bords de l'étroite nacelle, Surcouf lui lança à tour de bras un œuf frais qu'il prit dans une petite tente [1] de vaquois; le projectile, présent du colon, enfila le gosier du monstre comme une succulente mouillette qu'il sembla délicieusement savourer; puis il ferma ses mâchoires à triples rangées de dents, se laissa couler et disparut. Lorsque le danger eut cessé, on rit beaucoup de l'attaque et surtout de la boulette à la coque qui avait servi à rassasier le goulu, auquel on se promit de réserver une omelette pour le prochain festin. Dans ces dispositions d'une folle gaieté, on aborda le corsaire qu'on ne quitta plus jusqu'à l'appareillage.

1. Espèce de panier du tissu des nattes.

Par une pure matinée du mois d'août, la *Confiance*, nantie de tout ce qui lui était nécessaire pour une longue campagne, mit sous voiles de la rade paisible qu'elle occupait, se dirigeant au N.-N.-O., pour couper l'équateur, d'où elle gouverna sur le canal des neuf degrés, prit connaissance de la côte Malabar et établit sa croisière à l'est du Ceylan, en attendant que la mousson du S.-O. tirât à sa fin et se modérât. Dans cette courte station, elle prit trois navires marchands qui furent expédiés aux îles de France et Bourbon.

Un bâtiment de guerre anglais sorti de Trinquemalay aperçut la *Confiance* et mit le cap dessus. Favorisé par le vent de terre, il put l'approcher de bien près, avant que celle-ci, qui était en calminée, ne ressentît la brise qui amenait sur elle la voile en vue. Le capitaine Robert l'eut bientôt reconnue pour frégate ennemie, malgré l'immense pavillon tricolore qu'elle battait à son pic. — « Vieux jeu », dit Surcouf ; rendant ruse pour ruse, il fit hisser le yacht britannique et salua trois fois notre drapeau arboré par l'Anglais pour le piper. Enfin, la fraîcheur vint enfler les voiles du corsaire ; il était temps ; ayant pris son aire, il se mit à détaler avec une telle supériorité de marche qu'il perdit de vue la frégate à l'entrée de la nuit. Un événement, peu important par lui-même, mérite cependant d'être rapporté ici, parce qu'il démontre avec quelle précision Surcouf jugeait les distances et savait y combiner les évolutions d'un vaisseau. Dans le trajet de Ceylan à la côte de Coromandel, pendant une nuit pluvieuse et obscure, dans un grain et sous le rapide sillage de la *Confiance*, un gabier serrant une voile tombe à l'eau. A cette acclamation lugubre : « *Un homme à la mer!* » qui retentit si douloureusement dans toutes les parties d'un navire, l'officier de quart, ayant fait jeter la bouée de sauvetage à ce malheureux, allait manœuvrer pour prendre la panne afin de mettre un canot à la mer. Surcouf qui était accouru sur le pont jugeant à la vitesse de la marche que l'homme et la bouée sont déjà fort éloignés, *fait tenir bon partout*, poursuit son aire et hisse un fanal au pic pour indiquer sa position; il avait craint, avec raison, que l'embarcation au milieu des ténèbres sur une mer creuse dont les vagues déferlaient avec bruit, ne passât près du naufragé sans le voir ou l'entendre. Bientôt il vire de bord; par la route parcourue, il devine la nouvelle à suivre, alors diminuant progressivement de voiles, il revint lentement reprendre sa bouée qu'il retrouve au point et à l'instant qu'il avait indiqués. L'homme fut sauvé!

Surcouf porta sa station par le travers de Sadras [1], il en fut délogé par un vaisseau de ligne, expédié à sa recherche de Madras, où l'on avait été informé par les patrons caboteurs de la présence suspecte de la *Confiance*, sur la côte Coromandel. Il fit route immédiatement vers les brasses du Bengale. Dans la traversée, il amarina encore deux navires [2]; l'un d'eux, portant batterie, fut capturé la nuit; son capi-

1. Ce fut devant ce comptoir hollandais qu'eut lieu le combat mémorable du 17 février 1782, dans lequel les Français, sous les ordres de Suffren, triomphèrent des Anglais, commandés par l'amiral Hughes. M. Bossinot, de Saint-Malo, excellent officier, y fut tué sur l'*Annibal*.

2. « Londres, 20 avril 1801. Les dernières lettres apportées de l'Inde ne parlent que de prises faites journellement par des corsaires français dans la baie du Bengale. On compte quatorze riches bâtiments capturés par la *Confiance*, capitaine Surcouf, et le *Malartic*, capitaine Dutertre; de ce nombre sont le *Marquis de Wellesley*, l'*Union*, le *Gouverneur North*, la *Charlotte*, la *Minerve*, la *Caroline*, l'*Hélène* et la *Sophie*.

(*Moniteur*, 6 floréal an IX.) »

taine, en posant le pied sur le pont du corsaire, fit la fanfaronnade d'affirmer que, s'il eût connu la force de son capteur, il se fût défendu. Surcouf, piqué de cette outrecuidance, lui fit offrir par l'interprète de retourner à son bord, et même d'attendre son feu pour commencer le sien. Le rodomont fils d'Albion n'accepta pas le défi chevaleresque du Malouin.

Il y avait fort peu de temps que la *Confiance* occupait les eaux de sa croisière nouvelle, quand, le 6 octobre, au sud des bancs de l'entrée du Gange, on eut connaissance d'un bâtiment sous le vent qu'on rejoignit promptement; il naviguait sous les couleurs mauresques, et se rendait de la côte Malabar à Calcutta. Comme il n'avait rien qui appartînt à la Compagnie, ni à des Anglais, on lui permit d'éventer ses voiles. Surcouf reprit à courir des bordées sous une faible brise variable du S.-O. au N.-O., afin de se maintenir aux lieux de croisière qu'il avait arrêtés.

Le 7 octobre, à la pointe du jour, au moment où les couleurs du firmament s'imprègnent de nuances claires, le corsaire gouvernait au plus près tribord amures, sous les voiles majeures avec un vent modéré du S.-S.-O., lorsqu'un des matelots en prenant la vigie sur la vergue du petit perroquet crut apercevoir une voile à l'E.; elle ne s'offrait encore que comme un léger point sombre à l'horizon, mais l'œil exercé des gabiers, faisant leur inspection du gréement, la démêlèrent de suite au milieu des vapeurs qui couvraient les eaux du golfe, et crièrent sans hésiter : *Navire!* Parole électrique qui, de même que la foudre, ébranle tout un bord, et pouvait se traduire, en ces temps-là, par fortune ou pontons! Navire..., répètent les marins de quart. — Où reste-t-il?

demanda l'officier. — Devant nous, par le bossoir de babord. A peine les derniers mots arrivaient-ils de la tête des mâts sur le pont que Surcouf, qui n'avait dormi que d'un œil (langage expressif des matelots, pour dépeindre l'homme vigilant), était déjà parvenu au gaillard d'avant, d'où il s'élançait sur les vergues, sa longue-vue en bandoulière. Drieux, son second, prit le commandement de la manœuvre, pour approcher en conservant l'avantage de la position du vent, le bâtiment signalé courant au N. C'était le *Kent*, sillonnant majestueusement les flots chargés de sable, dont les longues et régulières ondulations ne se brisaient pas. Aussitôt qu'il voit la *Confiance*, il serre le vent, babord amures, pour l'accoster. Le capitaine Rivington, croyant rencontrer au terme de son long voyage un bâtiment ami, oubliait avec son équipage et les passagers de la *Reine* les soucis d'une paisible navigation; ils saluaient ensemble les eaux troubles du Gange et ses abords difficiles aux navigateurs, ne soupçonnant pas les nouveaux dangers qui allaient fondre sur eux.

Les deux navires courant à contre-bord s'approchèrent vite en se surveillant mutuellement, car l'illusion du capitaine Rivington fut de courte durée, à l'étude plus détaillée de la *Confiance* dont les formes, chefs-d'œuvre de l'Océan, dévoilaient sa mission. Le corsaire gouverna pour passer à une portée de canon, au vent de l'Anglais, que Surcouf voulait examiner en restant maître de sa manœuvre, soit d'attaque, soit de retraite. Un peu avant de se trouver par le travers de la *Confiance*, le *Kent*, qui avait les amures à babord, assura son pavillon, en envoyant de l'avant un boulet, sinistre messager d'une semonce impérieuse de s'arrêter et de montrer ses couleurs que la *Confiance* n'avait pas encore arborées. Le projectile ricocha sur la surface de la mer, effleura les vagues plus élevées, et passa par-dessus le corsaire en faisant jaillir l'eau de l'autre bord. — « Il n'est pas arrivé à sa destination », murmura Surcouf; et comme il n'en tint aucun compte, le vaisseau lui lâcha toute sa bordée à laquelle on ne répondit pas. Néanmoins, ce passage subit du repos d'une silencieuse attente à un acte d'hostilité émut même les plus braves.

A peine les navires se furent-ils dépassés que Surcouf, résolu d'en venir aux mains, fit donner un coup de sifflet de silence, auquel succéda l'ordre : « *Passe tout le monde de l'arrière.* » Son équipage, réduit à cent trente combattants par l'armement des prises, se groupa autour du dôme de l'escalier sur lequel il était monté et qui lui servait de *banc de quart* dans les occasions solennelles. Il voulait haranguer son monde sans consulter ses officiers sur l'opportunité d'attaquer le *Kent*, puisque l'opinion générale eût été de l'engager à renoncer à un projet aussi gigantesque; bien qu'on ignorât qu'il eût double équipage et des troupes passagères, on remarquait néanmoins ses ponts couverts d'uniformes. « Enfants, s'écria Surcouf, dans une courte allocution, malgré son aspect imposant, ce n'est point un bâtiment de guerre; il est, je vous le certifie, vaisseau de la Compagnie Angloise. Nous ne sommes pas, il est vrai, assez forts pour le réduire au canon : nous allons l'aborder. Que chacun soit armé à cet effet. » Et, comme les matelots se retiraient, il ajouta : « Pour prix de l'assaut terrible que vous allez livrer, je vous accorde une heure de pillage. » A peine eut-il achevé, qu'un murmure confus rompit le silence imposant qui avait régné sur le pont du corsaire; jamais le pourpre arboré à la haste sanglante d'une cohorte n'électrisa davantage les soldats de Rome; on put lire en ce moment, sur la figure des marins français, le même enthousiasme de succès que celui qui s'était communiqué aux braves et fidèles Hongrois de Marie-Thérèse, lorsqu'elle leur dit dans sa détresse impériale : « Je vous donne tout ce que vous prendrez. » *Moriamur pro rege nostro*, répondirent-ils par acclamation, et la maison d'Autriche fut sauvée. A bord de la *Confiance*, un semblable espoir de succès était passé du chef aux subordonnés, et chaque homme, avant de retourner à son poste de combat, s'arma de pied en cap : le capitaine d'armes retirait de ses coffres et leur distribuait le sabre d'abordage ou la hache d'armes, le long pistolet à crochet et le poignard si dangereux dans les mêlées et les luttes corps à corps; les alertes gabiers garnirent leurs hunes d'espingoles en cuivre et de barils de grenades, tandis que les quartiers-maîtres suspendaient les redoutables grapins sur leurs cartahus. Pendant ce temps, les chirurgiens Lenouvel et Millieu ne restèrent point inactifs; aidés des infirmiers, ils disposèrent le poste à l'ouvert de la grande écoutille pour y recevoir les blessés. Le caisson de la pharmacie fut ouvert, garni de ses flacons et de ses médicaments; à côté, on apprêta quelques paquets de charpie, de compresses et de bandes roulées; plus loin, le fatal tourniquet, les trousses et la boîte chirurgicale étalaient un luxe lugubre d'instruments polis et étincelants. Enfin, le cadre pour les opérations et des matelas étendus, prêts à recevoir les malheureux qui devaient les occuper, complétaient les arrangements des officiers de santé et causaient une triste impression. Après un coup de sifflet aigu et prolongé, l'ordre de reprendre son poste pour se préparer au combat fut donné. Il restait peu de choses à faire, la plupart des dispositions préalables ayant été prises en approchant le *Kent*.

De son côté Rivington, se fiant en ses forces, vira de bord vent devant, afin de revenir à la charge. En même temps il envoya un de ses officiers inviter de sa part les passagers et même les dames qui n'étaient point encore levées à monter sur la dunette, pour assister au spectacle de la capture ou de la submersion d'un corsaire français.

Surcouf, à son tour, vira de bord et vint à sa rencontre. Le corsaire avait alors les amures à babord et le vaisseau à tribord. Cette fois, la *Confiance* passa au vent du *Kent*, à demi-portée de canon seulement, et quand elle se trouva par son embelle, celui-ci lui envoya toute sa volée, à laquelle les Français ne ripostèrent pas; les dommages qu'ils éprouvèrent se bornèrent à des voiles percées et à plusieurs manœuvres coupées, dont quelques-unes furent réparées sur-le-champ. Aussitôt que Surcouf se vit par la hanche de son adversaire, il laissa arriver pour arrondir l'arrière du vaisseau et l'aborder par-dessous, le vent à babord. Mais, pour éviter cet abordage, le *Kent*, de même qu'un taureau furieux, qui se retourne sans cesse pour présenter son front menaçant, vira de bord derechef, ce qui obligea la *Confiance* de venir tout à coup du lof, tribord amures, en pinçant le vent pour doubler une troisième fois son antagoniste. Ces diverses évolutions ayant rapproché les navires, le corsaire passa à contre-bord à une portée de fusil du vaisseau, qui lui lâcha encore la charge de toute son artillerie sans qu'il répondît; cependant les bordages percés, les fragments de

peau. « Évente le perroquet de fougue » commande-t-il, et comme les navires s'approchaient, il ajouta : « Bas le feu, et soyez parés pour l'abordage. » La *Confiance*, dont la vitesse est augmentée, élonge, silencieuse, le vaisseau ennemi : déjà le clapotis des vagues resserrées entre eux inonde leurs batteries peu élevées; un froissement mutuel et inévitable va endommager leurs flancs et les matelots, armés jusqu'aux dents, attendent l'instant du choc pour sauter, lorsque João-José, épouvanté de la manœuvre audacieuse des Français, hèle qu'il est amené en baissant la bannière lusitanienne.

Cette capture qui tressait un nouveau laurier à la gloire de Surcouf et à l'honneur du pavillon, était malheureusement sans valeur pour son armement : après en voir pris possession, le capitaine français fit couper le grand mât afin de s'en faire un mât de hune en remplacement du sien, hors d'état de servir, ainsi que ceux de rechange qui avaient été hachés dans le combat. Cette opération terminée, il rendit l'*Ebre* au capitaine portugais, qui lui donna, pour payer sa rançon, une traite de 10 000 piastres sur la maison Paul Jorge de Lisbonne.

Débarrassée de sa prise, la *Confiance* reprit sa route vers les mers d'Europe.

Le lendemain, Surcouf observa une série de distances du soleil à la lune et obtint une longitude moyenne de 24°4' ouest du méridien de Paris, sa latitude était de 4°20' nord. Nous mentionnons ce fait pour témoigner des connaissances astronomiques du capitaine malouin qu'on a cherché à lui contester.

A cette époque éloignée, nous pouvons affirmer que les

marins de notre nation étaient encore bien peu versés dans ces sortes d'opérations et de calculs nautiques, devenus de nos jours d'un usage familier aux navigateurs français.

Le 24 mars, il rencontra différents navires ennemis, mais il sut les éviter par ses changements de route, sans faire suspecter sa nationalité. Trois jours après, il aperçut un croiseur; l'éclat du soleil qui frappait sur ses voiles lui permit de le bien reconnaître. Comme des vents favorables de l'O.-S.-O. le poussaient vers le port de sa destination, il n'en tint aucun compte, ayant jugé à sa taille qu'il pouvait se défendre. La *Confiance* en branle-bas de combat courait le cap à l'E.-S.-E. et, cette fois encore, cette nouvelle Atalante des mers laissa de l'arrière son rival, après l'avoir doublé à demi-portée de canon.

Le 1ᵉʳ avril, aux lueurs d'une aube matinale, Surcouf se trouve nez à nez avec un bâtiments ennemi de grande apparence; une manœuvre habilement conçue et promptement exécutée change la direction de route de notre *aventurier* afin de l'éloigner de son dangereux adversaire, qui s'était élancé dans son sillage. La supériorité de marche du français vint heureusement le dégager de la chasse obstinée de l'anglais et la *Confiance* reprit sa course vers les bouches de la Gironde.

A mesure qu'il se rapprochait de Bordeaux, terme de son voyage, l'*aventurier* trouvait des obstacles plus répétés, puisque les flottes de l'Angleterre bloquaient étroitement nos ports. Le 3 avril, les premières clartés lui révélèrent le voisinage d'une frégate qui le poursuivit avec acharnement sans gagner un pouce de terrain, car les deux navires rivalisaient de vitesse, et ce ne fut qu'à la faveur d'une nuit très sombre que Surcouf, changeant de route, se débarrassa du croiseur.

Le lendemain matin, au moment où le ciel se colorait dans l'est, le vent calma tout à coup; on en avertit Surcouf qui fit aussitôt retrousser les basses voiles et carguer les perroquets, laissant les toiles des huniers seules battre sur les mâts, en attendant le lever du soleil, dont les rayons vinrent éclairer les voiles de trente-sept navires qu'on relevait dans l'O.-S.-O. La *Confiance* fut aperçue à son tour, et une frégate se détacha du convoi pour venir la reconnaître, heureusement qu'une petite fraîcheur, qui se fit sentir de l'est, permit d'orienter en courant au nord et pour augmenter le sillage, on aborda les avirons de galères, mais, malgré ce surcroît de vitesse, l'ennemi gagnait du terrain. La *Confiance*, surchargée de denrées coloniales, quoique marchant bien encore, avait cependant, sous le fardeau qu'elle portait, perdu quelque chose de sa marche primitive, il n'était donc pas étonnant qu'entre tant de croiseurs qui s'acharnaient après elle, elle ne finît par en trouver un qui la devançât en rapidité. Surcouf, comprenant sa position au commencement d'une journée qui donnait de longues heures de chasse à son adversaire, fait jeter à la mer la *drôme*, les embarcations, une ancre de bossoir et quatre de ses plus grosses pièces d'artillerie.

La *Confiance* alestie s'en ressent aussitôt, et son sillage augmente d'une manière sensible; l'ennemi néanmoins qui n'était plus qu'à une lieue, accostait encore; pour surcroît d'embarras, une corvette arrivait à contre-bord. Dans cette perplexité, le parti de Surcouf est pris à l'instant, il va tromper l'ennemi, et, si sa ruse est découverte, essuyer sa volée en lui passant sous le vent. Il arbore à son pic les couleurs Saint-Georges et continue son aire : l'Anglais, trompé autant par la nationalité qu'il accuse que par la sécurité qu'il montre, le laisse passer à demi-portée de canon sans le molester. Le largue étant d'allure la plus favorable à notre *aventurier*, son capitaine gouvernait au N.-O. avec des vents d'est qui avaient fraîchi. A quatre heures de l'après-midi, au bout de dix heures d'une chasse opiniâtre, Surcouf, se voyant encore approché, n'hésite plus dans les moyens extrêmes qu'il doit employer pour le salut de son navire.

En conséquence, sur les quatorze canons qui lui restent encore, treize sont lancés à la mer; il fait décoincer les mâts et scier le couronnement et les plats-bords.

La *Confiance*, soulagée dans ses hauts qu'on a déliés et sous la flexibilité de sa mâture paraît retrouver toute sa marche, puisque les progrès de l'Anglais s'arrêtent aussitôt.

L'épreuve n'était pas finie, le génie du capitaine déploiera encore des ressources nouvelles. A six heures du soir, lorsqu'on se félicitait de l'espoir d'échapper à l'ennemi, on aperçoit sous le vent cent cinquante voiles faisant route au nord. Il semblait vraiment que toutes les flottes d'Albion se fussent donné rendez-vous à ce point et au même moment. La *Confiance* voit deux frégates se détacher et gouverner sur elle. Comme la nuit se faisait, Surcouf ne dérange rien dans son allure, malgré l'angle de sa route avec celle des nouveaux chasseurs, il affecte une sécurité qu'il était loin d'avoir; mais aussitôt que l'obscurité le dérobe à ses adversaires, il laisse arriver, change d'amures pour prendre une route nouvelle qu'il combine si bien avec les chances qui se présentaient qu'au jour il n'y avait plus de frégates en vue.

Tant de persévérance et d'habiles manœuvres devaient être couronnées de succès. La *Confiance* battit encore le golfe de Gascogne pendant huit jours, luttant contre des vents contraires, sans rencontres fâcheuses. Cependant, ayant trouvé les passes de la Gironde bloquées, Surcouf, à la suite d'une chasse peu dangereuse, se décida à entrer à la Rochelle, où il mouilla le 13 avril, livrant à sa patrie les dépouilles opimes qu'il avait conquises sur les mers lointaines de l'Asie [1].

1. Extrait du *Moniteur*, du 30 germinal an IX (20 avril 1801) :

« Le 23, il est entré à la Rochelle un bâtiment venu de l'île-de-France en soixante-douze-jours ; il a laissé la colonie dans une grande tranquillité. La cargaison est évaluée à 2 millions. »

CHAPITRE VI

MARIAGE DE SURCOUF

Nous avons vu progressivement croître la fortune de Robert. Enseigne de navire de commerce en 1790, lieutenant en 1792, enseigne de la Marine Royale le 10 octobre de la même année, il était capitaine de corsaires depuis 1795.

A peine arrivé en France, ayant réglé ses comptes d'armement, Surcouf se hâta de se rendre à Saint-Malo; une impulsion secrète l'attirait vers sa ville natale, et elle se dévoila dans la première parole qu'il adressa à sa vieille mère en ouvrant la porte de l'appartement qu'elle occupait habituellement : « Est-elle mariée? » C'est que Robert n'avait jamais oublié, même au milieu des périls qu'il avait bravés, celle qui, deux ans auparavant, avait été sa fiancée. A peine eut-il embrassé ses parents, qu'il s'occupa à renouer une union à laquelle il attachait un si grand prix et pour laquelle, cette fois, toutes les parties intéressées se trouvèrent d'accord. Le mariage se fit à la mairie de Saint-Malo, le 28 mai 1801, devant M. Amsinck, adjoint. Voici, au reste, ce que relate le registre de l'état civil que nous avons consulté :

« 8 prairial an IX de la république française,

« Acte de mariage de Robert Surcouf, âgé de vingt-sept

ans, né à Saint-Malo, département d'Ille-et-Vilaine, le 12 décembre 1773, profession de marin, demeurant à Saint-Malo, fils majeur de Charles Surcouf, demeurant à Saint-Malo, et de Rose Truchot;

« Et de Marie-Catherine Blaize, âgée de vingt et un ans, née à Saint-Malo, le 28 du mois d'octobre 1779, demeurant à Saint-Malo, fille majeure de Louis Blaize, demeurant à Saint-Malo, et de Marie-Catherine Fichet. »

Témoins : Georges Deshaïs, négociant; Charles-Joseph Surcouf, marin; Ange Blaize, négociant; Louis Fichet, négociant;

Et encore en présence de Charles Surcouf, père; Truchot-Surcouf; Louis Blaize, père; Fichet-Blaize; J.-J. Fournier, jeune. Signé : Amsinck, adjoint.

1. La famille Blaize de Maisonneuve était, par son opulence et ses origines, une des plus importantes de la région de Saint-Malo.

Le nombre de ses alliances et la notoriété de ses titres lui faisait une situation hors part.

Quant aux Fichet des Grèves, dont Marie-Catherine était issue par sa mère, sa généalogie établie avec soin par notre cousin, le marquis de Bellevue, montre que cette famille s'est développée dans le pays de Saint-Briac.

Le premier dont nous trouvons trace est Hervé Fichet, clerc de Pommery-Joudy, condisciple de Saint Yves à l'Ecole de droit en 1275, qui fut l'un des témoins de l'enquête faite pour la canonisation de Saint Yves.

Thomas Fichet, armateur à Binic, fut pris avec son fils, en février 1627, par les corsaires barbaresques de Salé, en allant de Terre-Neuve à Marseille et subit avec lui dix mois d'esclavage.

Ayant été racheté, le 25 septembre 1628, moyennant 500 tournois, il revint à Binic mettre ordre à ses affaires, puis il retourna à Salé où il prit comme esclave la place de son fils qui revint en Bretagne. Le père mourut sous les fers à Salé, en 1631. (*Annuaire des C.-du-N.*, 1848.)

La généalogie des Fichet omet de citer, du moins à notre connaissance, que Thomas Fichet fut le premier armateur pour la pêche au Banc de Terre-Neuve et c'est en allant porter ses morues à Marseille qu'il fut pris par les corsaires marocains. (J. S.)

Peu de temps après la cérémonie, Surcouf partit avec sa jeune épouse pour Paris, jouir des plaisirs qu'offrait cette capitale au moment d'une paix générale. Bonaparte venait d'imposer la paix aux puissances continentales, et l'Angleterre, abandonnée de tous ces rois que son or avait ligués contre nous, restait seule avec le Portugal, sa colonie, et la Porte, dont la guerre d'Egypte avait fait son satellite; plusieurs symptômes annonçaient en outre que la guerre amènerait la possibilité d'un arrangement. Après le traité de Lunéville (9 février 1801), l'envoyé de France, M. Otto, avait été retenu à Londres sous différents prétextes, tandis que M. Merry, agent de la Grande-Bretagne, qui accompagna lord Cornwallis à Amiens en qualité de premier secrétaire de légation, séjournait à Paris, pour débattre et arrêter les stipulations préliminaires d'une pacification si désirée par deux peuples rivaux, fatigués de tant de sacrifices.

Un jour que les passants s'étaient arrêtés dans la rue du Faubourg-Saint-Honoré pour regarder une voiture de l'agence britannique dont la livrée excitait leur curiosité par son éclat et sa nouveauté, Surcouf, qui traversait seul cette rue, reçut du cocher anglais un coup de fouet sur les épaules, donné dans l'intention de le faire se déranger plus vite. Notre Malouin, outré de l'effronterie du laquais, se retourne promptement et lance sa canne plombée à la tête de cet homme qui dégringola de son siège sur les pavés. Le jockey-postillon, voyant la chute de son chef, arrêta ses chevaux. Incontinent, Surcouf courut à la portière, qu'il ouvrit brusquement, et demanda impérieusement au diplomate, malgré le caractère dont il était revêtu, raison de l'insulte qui lui avait été faite. Celui-ci s'excusa de son mieux, en témoignant au corsaire les regrets qu'il éprouvait pour une offense à laquelle il était tout à fait étranger, et promit, de plus, de faire chasser le domestique insolent. Surcouf, à moitié satisfait, repousse la portière avec dédain, en quittant la voiture, et se retire au milieu d'une foule immense admirant sa hardiesse. Quelques personnes charitables aidèrent le cocher, qui avait repris ses sens après la leçon qu'on lui avait donnée, à remonter sur son siège, et l'équipage insulaire reprit sa course.

Durant le court espace de cette paix d'Amiens, qui ne fut véritablement qu'une trêve, l'existence de Surcouf devint monotone; les douceurs de l'hyménée ne pouvaient remplacer longtemps, dans l'âme du corsaire, les agitations du bord, et leur insuffisance le portait à désirer le retour d'une navigation périlleuse. Dans cette période décolorée de sa vie, une scène qui peint le caractère irascible du marin eut lieu à l'hôtel de la marine de Saint-Malo, et faillit lui occasionner un très grand désagrément, puisque l'acte d'autorité exercé contre sa liberté individuelle avait pour but, en humiliant son caractère altier, de venger l'administrateur blessé dans son rang élevé.

M. Bléchamp occupait, avec ses bureaux, une maison qui était devenue, depuis quelques mois, la propriété du capitaine Robert. L'administrateur, à la nouvelle de la vente de son hôtel, tint quelques propos qui dénotaient tout à la fois et son mécontentement et son intention d'y rester; Surcouf, auquel on les rapporta, lui fit signifier en temps opportun, et par exploit d'huissier, un congé pour qu'il eût à déguerpir à la fin de son bail.

Ce haut fonctionnaire, dont la fille était devenue belle-sœur du Premier Consul, se trouvant blessé par les formes abruptes de la signification du capitaine Surcouf, lui en conservait rancune. On rapporta sur ces entrefaites que M. Bléchamp, dans ses préparatifs de déménagement, faisait enlever de l'hôtel différents objets considérés par la loi comme meubles d'attache, et qu'il en devait résulter un préjudice pour le propriétaire. Afin de s'assurer de l'exactitude des faits, le capitaine Robert mit une personne en observation qui vint de suite confirmer ce qui avait été dit. A cette nouvelle, il devient furieux, monte à sa chambre, prend un pistolet, court à la maison qu'il avait acquise, met le gendarme de planton en fuite et menace de son arme l'ouvrier serrurier occupé à arracher les ressorts des sonnettes. Cet homme, fort effrayé, descendit de son échelle et se sauva à toutes jambes. Après cette scène de violence passée dans le vestibule, et qui n'avait eu pour témoin qu'un parent de Surcouf, celui-ci remit son pistolet dans sa poche et entra dans les bureaux, en demandant aux employés, d'un air résolu, l'administrateur en chef, qui, heureusement, était absent, car ses gestes et ses paroles annonçaient assez son intention d'avoir une vive altercation avec ce haut fonctionnaire. En rentrant chez lui, M. Bléchamp, sur le récit de la démarche intempestive du capitaine de corsaire, lui lança un bulletin contenant l'injonction de se rendre à Brest immédiatement, et afin que la satisfaction du fonctionnaire offensé fût complète, il le faisait accompagner par deux gendarmes, qui avaient l'ordre de s'attacher à sa personne jusqu'à destination, ainsi que cela se pratique pour les réfractaires et les malfaiteurs.

Indépendamment de sa grande réputation européenne qui

semblait le garantir de telles mesures, Surcouf, qui avait été admis, le 10 messidor an VIII, par l'amiral Truget, au grade d'enseigne de vaisseau non entretenu, et depuis (le 17 prairial an IV), à celui de capitaine du commerce, se sentit humilié du cortège qu'on lui imposait. Il feignit une indisposition afin de retarder son départ, écrivit à Paris aux puissants amis qu'il s'y était faits, expliqua l'affaire au ministre Décrès, et demanda prompte justice contre l'abus de pouvoir du commissaire ordonnateur de Saint-Malo. Ayant donné le temps à son courrier de se rendre à la capitale, il fit préparer une chaise de poste, sortit de chez lui à l'insu des factionnaires, et suivi de M. Ange Blaize, son beau-frère, il prit la route de Brest. Arrivés à Saint-Brieuc, ils s'y arrêtèrent pour voir Mgr de Cafarelly, évêque des Côtes-du-Nord, frère du préfet maritime de Brest, près duquel ils se rendaient : cette station manqua de déranger les combinaisons du capitaine malouin, qui devaient le soustraire à l'escorte militaire qu'on lui infligeait. Le lendemain de son départ, ses autres beaux-frères, confiants dans l'avance qu'il avait sur la route, se présentèrent chez M. Bléchamp pour le prier de retirer les gendarmes qui cernaient le domicile de leur parent. Le commissaire ordonnateur, contrarié au dernier point de la fuite de ce captif, mais ne se tenant pas pour battu, dépêcha à franc-étrier à sa poursuite, et les gendarmes firent tant de diligence que l'un d'eux le rejoignit au dernier relais. Décidé à se débarrasser de la compagnie de ce militaire, il eut une explication si vive avec lui qu'ils manquèrent d'en venir aux prises; cependant, un arrangement eut lieu qui satisfit tout à la fois l'amour-propre du marin et la responsabilité du cavalier : le gendarme avait promis de suivre la voiture à une telle distance qu'on ne pourrait supposer aucune connexité entre eux.

Surcouf arrivé à Brest, où une dépêche télégraphique l'avait précédé, alla voir le préfet, et en reçut un accueil distingué. La conduite de M. Bléchamp ne fut point approuvée, et cet administrateur resta chargé de payer une indemnité, vu l'état de réparation locative où se trouvait l'immeuble qu'il avait occupé avec ses bureaux.

CHAPITRE VII

RUPTURE DE LA PAIX D'AMIENS. SURCOUF ARME DES CORSAIRES

La paix venait d'être rompue par l'Angleterre qui, jalouse de la prospérité de la France, inquiète de son réveil, voulut anéantir son commerce et, dès le mois de mai 1803, les hostilités recommencèrent. Comme nous le savons, le gouvernement anglais mit, sans déclaration de guerre, l'embargo sur les bâtiments français et hollandais qui se trouvaient dans les ports de la Grande-Bretagne.

Le Premier Consul, comprenant les services que devaient encore rendre les corsaires, leur donna un code nouveau plus favorable que les constitutions antérieures.

Surcouf fut mandé à Paris de la part du Premier Consul.

Quand Robert Surcouf fut annoncé au général Bonaparte, celui-ci vint à lui et dit « qu'il était heureux de voir le mortel ennemi de l'Angleterre » et le félicita de ses succès de la dernière guerre. Puis brusquement et sans préambule, il offrit à Surcouf d'entrer dans la marine de l'Etat avec le grade de capitaine de vaisseau et le commandement de deux frégates de guerre destinées à croiser dans les mers de l'Inde, où son nom était devenu la terreur du commerce anglais.

Surcouf répondit au Premier Consul « qu'il voulait être indépendant de l'amiral commandant la division française au delà du cap de Bonne-Espérance et ne relever que de lui-même ». Les règlements s'opposaient à ce qu'il désirait; d'ailleurs l'amiral Linois, à qui l'on devait le beau fait d'armes d'Algésiras, inspirait une confiance justement méritée. Le Premier Consul ne put donc accéder au désir du corsaire, mais il lui demanda son avis sur l'état de la guerre maritime.

Surcouf répondit ceci : « Vous me demandez là, général, une chose bien grave, mais le Lloyd me fournit la manière dont je dois juger. L'Angleterre, depuis 1793 à 1797 a perdu mille huit cents navires de plus que nous. J'en conclus, puisque nos flottes ont subi des désastres, que ce sont les corsaires qui ont fait cette différence en faveur de notre nation. Depuis six ans, le chiffre des prises anglaises a suivi les proportions précédentes, celui des nôtres a triplé. Calculez maintenant ce que la course a coûté à l'Angleterre, et vous verrez que vos corsaires ont bien vengé les défaites d'Aboukir et de Trafalgar.

« Si j'avais l'honneur d'être comme vous, à la tête du gouvernement de la France, je laisserais dans mes ports tous mes vaisseaux de ligne, je ne livrerais jamais de combats aux flottes et aux escadres britanniques, mais je lancerais sur toutes les mers une multitude de frégates et de bâtiments légers, qui auraient bientôt anéanti le commerce de l'Angleterre et la mettraient ainsi à votre discrétion. L'Angleterre ne peut vivre que par son commerce, c'est par là seulement qu'on peut l'atteindre. »

Napoléon lui répondit : « Ce que vous dites, Monsieur, est

bien grave, cependant, vous devez avoir raison, car les chiffres sont là, à l'appui de votre thèse, mais je ne puis, pour l'honneur même de la France, anéantir sa marine militaire. Continuez, vous et vos amis, à servir dignement la patrie, comme vous l'avez fait jusqu'ici, et vous atteindrez le but que vous proposez et qui est celui auquel doit aspirer tout vrai Français. »

L'entrevue se termina ainsi, Robert Surcouf demeura constamment fidèle à l'empereur et lorsque les événements qui suivirent 1815 atteignirent les partisans de l'Empire déchu, Robert mit à leur service tout son crédit [1].

Robert Surcouf fut peu de temps après nommé chevalier de la Légion d'honneur.

Dès la création de cet ordre, ce fut, croyons-nous, le premier citoyen de Saint-Malo qui ait reçu cette distinction, à laquelle, à cette époque, on attachait un prix inestimable.

CROISIÈRES DE NICOLAS SURCOUF SUR LA « CAROLINE »

Pendant que Robert Surcouf restait à terre, après son mariage, et s'occupait de ses armements, son frère Nicolas Surcouf, qui avait été son glorieux lieutenant à bord de la *Clarisse*, reprit la mer, comme commandant d'un bateau corsaire de l'Ile-de-France. Malheureusement il fut attaqué par un navire de guerre anglais, pris et envoyé après un séjour à Calcutta, sur le ponton le *Héros* mouillé dans la rade de Chatam. Il fut échangé en août 1801. Son frère lui offrit

---

1. « Il retrouva pour les sauver (écrit mon oncle) le dévouement qu'il avait employé en 1795, à l'île Bourbon, pour faire échapper des personnes devenues suspectes aux autorités républicaines. » (R. S.)

le commandement de la *Caroline*, dès que Nicolas eut acquis son brevet de capitaine. La *Caroline* était un petit vaisseau de 130 tonneaux, monté par quatre-vingt-quatre hommes d'équipage et armé de seize caronades, dont dix de 56 livres de balles et six de 32.

Nicolas partit le 13 février 1804, pour les parages de l'océan Indien, après avoir fait ses adieux à sa famille.

Deux jours après son départ de Saint-Malo, la *Caroline* fut attaquée par un grand trois-mâts anglais. Nicolas l'attaqua si roidement que l'Anglais ne dut son salut qu'à l'excellente marche de son navire.

Nicolas arrive à l'Ile-de-France avec deux prises, le *Commerce* et le *Waldegrave*. Ayant besoin d'un supplément d'équipage, il réussit à grand'peine, malgré la défense du gouverneur général Decaen, à s'en procurer. Y ayant enfin réussi, il repartit pour une nouvelle croisière. Tout d'abord il captura un grand trois-mâts anglais chargé de riz, venant de Bengale et allant à Bombay. Nicolas se dirigea ensuite vers Ceylan, mais il fut pris en chasse par une frégate anglaise et fila vers le Coromandel. Il s'empara de deux bâtiments ennemis; sa présence fut signalée et on détacha des navires de guerre pour le capturer.

Un fort navire de la Compagnie des Indes, le *Stirling-Castle*, qui, outre un nombreux équipage, avait reçu un renfort de troupes, s'apprêtait à appareiller. Son capitaine refusa l'offre d'escorte d'une frégate anglaise, disant que, le cas échéant, il se chargeait de mettre les Français à la raison.

Le *Stirling-Castle* partit donc à la recherche de la *Caroline*; dès le premier choc, l'artillerie de la *Caroline* admira-

LA CONFIANCE ABORDE LE *KENT*

planches et de cordages couvrant le pont, le petit mât de perroquet coupé proclamaient la puissance de l'ennemi et attestaient l'accomplissement de l'œuvre meurtrière. Mais Surcouf, préoccupé de la manœuvre décisive qu'il avait conçue dans sa pensée, tenait, pour l'exécuter, son monde dans une morne impassibilité. Quand la *Confiance* eut gagné la hanche de babord du vaisseau, elle arriva subitement, poussée par une jolie brise pour se mettre dans son large sillage, et arbora à sa vergue de pic le pavillon qui s'y était toujours déployé victorieux.

A la contenance ferme de leurs adversaires, les Anglais comprennent qu'ils sont déterminés à l'abordage; Rivington met la barre dessous et envoie pour virer. Le vaisseau, privé de sa grande voile qu'on avait carguée pour faire feu, se range au lit du vent sans pouvoir le doubler, ses voiles barbeïent en vain, elles ne peuvent masquer. Le *Kent*, manquant son évolution, abat et cule sur la *Confiance*, qui, ayant changé d'amures lof pour lof, se trouve sous la vaste poupe de l'Anglais, pareille à une haute forteresse. Dans la crainte de le dépasser et pour arrêter sa vitesse, Surcouf, dont les basses voiles étaient retroussées, masque partout; alors, élongeant le vaisseau sous le vent aussi adroitement que l'eût fait un patron de chaloupe, il lui envoya sa volée chargée doublement à boulet et mitraille. Au moment où ces deux masses s'accostèrent, il y eut un craquement effroyable qui se prolongea; les vergues se croisèrent et les manœuvres se mêlèrent ensemble. Les navires se heurtaient sans cesse, et ils étaient si serrés que la bègue de l'ancre du vaisseau, entrant dans le sabord de chasse du corsaire, maîtrisa son aire; à chaque roulis, le colosse anglais paraîs-

sait vouloir écraser le faible nain qui s'y était accroché.
Néanmoins, le ravage des boulets d'une volée tirée de si près
en plein bois, l'explosion des grenades tuant et blessant à
profusion, la crânerie de l'attaque, tout concourait à produire une vive sensation qui annihila un instant les défenseurs du *Kent*. En même temps les grappins et leurs chaînes
suspendues à leurs cartahus furent lancés sur les plats
bords élevés du vaisseau, qu'ils saisirent de leurs pattes re-
courbés et lièrent étroitement les deux athlètes, ainsi que
trois siècles auparavant le breton Primauguet, capitaine de
la *Cordelière*, cramponnait avec ses ongles de fer la *Régente*,
pour lui communiquer l'incendie que les Anglais avaient
allumé à son bord. Une nappe de feu sortit du flanc du
Kent, mais le fer qu'il vomit passa par-dessus la *Confiance*,
dont les formes rases restaient au-dessous des seuillets des
sabords de la batterie du vaisseau.

Surcouf, qui s'était placé en évidence sur le dôme du
capot de la grande chambre, ne fut point atteint par cette
mitraillade; de là son œil exercé embrassait toutes les parties de son bâtiment et observait les mouvements de l'ennemi; il ordonne aux deux tambours qu'il avait gardés près
de lui de battre la charge, signal de l'assaut général :
Drieux, en tête de son escouade d'abordage, franchit l'intervalle d'un bord à l'autre et atteignit le gaillard d'avant
en refoulant les Anglais qui le défendaient de pied ferme;
après une lutte sanglante où la pitié fut oubliée, il les dé-
logea du pied du mât de misaine et demeura maître avec ses
hommes de l'espace qu'il avait conquis [1].

1. Mais avant Drieux un homme était parvenu sur le pont du *Kent*,
c'était le nègre Bambou qui, ayant parié ses parts de prises avec ses

L'ancre du *Kent*, prise dans le sabord d'avant de la *Confiance*, offrait une espèce de pont aux assaillants : les uns prirent cette voie, le plus grand nombre s'accrochèrent aux manœuvres, cal-haubans et porte-haubans. Un officier anglais braque une pièce de l'avant dans la batterie, de manière à balayer le corsaire en écharpe, il y met le feu, et renverse quelques matelots qui passaient sur les bras et la verge de l'ancre. Cet événement, loin de faire reculer le reste de la bande, l'anime davantage; tous brûlent de venger leurs camarades.

Les hommes de la seconde escouade commandée par Surcouf en personne, le sabre ou le poignard entre les dents, se précipitent dans les haubans du corsaire, pour atteindre les cal-haubans du *Kent* et ses bastingages; ils se joignent à ceux conduits par l'intrépide Drieux, une rencontre meurtrière recommence corps à corps, mais les assaillis reculent pour la deuxième fois devant les assaillants et se replient sur le gaillard d'arrière et la dunette.

Le champ de bataille resserré, sur lequel Surcouf a acculé la foule des Anglais, gêne leur développement et paralyse en partie leur supériorité numérique; alors les volontaires ouvrent un feu roulant de mousqueterie dont la précision ne décide cependant pas la victoire. Le capitaine anglais du geste et de la voix ralliait et encourageait ses hommes qu'on eût longtemps attaqués sans les entamer, quand une grenade lancée du bout de la grande vergue de la *Confiance*,

camarades qu'il serait le premier à bord du vaisseau, armé d'un poignard et d'un pistolet, s'était affalé du bout de la grande vergue, au milieu des ennemis à travers lesquels il se fraye un passage pour rejoindre les Français sur l'avant et contribuer à leur succès.

par le gabier Avriot de Bordeaux, tombe sur le pont au milieu des Anglais, éclate, tue Rivington et sème l'effroi dans leurs rangs. Surcouf, à qui rien n'échappe, voyant le désordre qui accompagne la mort du capitaine du *Kent*, charge avec un redoublement d'impétuosité à la tête de son équipage; les Anglais lâchent pied en cherchant à se dérober à ses coups, les uns s'affalent dans la batterie, les autres se réfugient derrière le fronton de la dunette où ils se barricadent et recommencent un feu très vif sur les Français, le sang coule davantage; Surcouf fait un signe, aussitôt les portes sont enfoncées et les autres obstacles qui protègent les assaillis tombent en morceaux; ceux-ci se rendent et le pavillon dominateur des mers s'abaisse encore une fois d'un vaisseau de trente-huit canons devant le drapeau que défendait Surcouf avec une poignée de braves.

Dès que le capitaine français se vit maître du pont, il fit désarmer les prisonniers et jeter à la mer les cadavres épars. Il dépêcha Louvel-Desvaux, un de ses premiers lieutenants avec quelques hommes, pour décrocher le corsaire qui fatiguait beaucoup le long des robustes préceintes du *Kent*. Les deux bosses et le câble ayant été coupés, l'ancre tomba à la mer; la *Confiance* put alors se débarrasser de son dangereux voisin et prendre la panne dans sa hanche du vent, d'où elle le menaçait encore.

Si l'affaire se fût terminée là, bien des malheurs eussent été conjurés, mais il n'en devait pas être ainsi. Le second du *Kent* qui commandait dans la batterie, apprenant que son chef n'existait plus, voulut monter sur le pont pour prendre le commandement du vaisseau; il était trop tard, les Français s'en étaient emparés. Désolé et humilié de la reddition du *Kent*, cet officier fait pointer deux canons pour défoncer le pont; il puise dans le courage du désespoir la résolution de se défendre à outrance, au milieu de la batterie. Les vainqueurs y descendent, font une décharge de mousqueterie, puis, le sabre ou le poignard à la main, fondent sur les groupes, qui, moins bien armés pour un combat corps à corps, tiennent faiblement malgré leur nombre et se sauvent pour la plupart dans l'entrepont. Là, dans l'obscurité, une mêlée d'hommes s'engage pour la troisième fois; elle est ardente, car les Français sont exaspérés par la résistance opiniâtre de l'ennemi. Enfin, culbuté sur tous les points, il est contraint de se rendre.

Pendant le conflit qui avait eu lieu sous le pont du vaisseau, Surcouf, ayant vu dans la batterie un midshipman assailli par plusieurs Français, s'était jeté entre eux pour sauver la vie à ce jeune homme; mais l'officier britannique ne devinant pas l'intention généreuse qui dirigeait le capitaine de la *Confiance* s'élança sur lui et le crocha pour le terrasser. Malheureusement, un noir arabe de la Nubie, que la reconnaissance attachait aux pas du corsaire, croyant qu'il y avait danger pour son chef, cloua, d'un coup de lance, l'adolescent dans les bras même de Surcouf qui reçut son dernier soupir; le coup avait été si violemment porté que la pointe de la lame était venue s'émousser sur un bouton en métal de sa veste, ce qui le préserva d'un sort commun avec ce pauvre midshipman.

Aussitôt que les Anglais eurent capitulé, les actes d'hostilité cessèrent, le sang ne fut plus répandu; mais les matelots attirés dans l'entrepont, échauffés par la chaleur de l'action, se souvenant des promesses qui leur avaient été faites pour les encourager avant l'attaque, profitent du désordre pour enfoncer et piller les coffres et les colis entassés sous leurs pas; Surcouf, maître partout, averti qu'il y avait des dames passagères, alla lui-même respectueusement les rassurer et faire poser des sentinelles gardiennes de leurs cabinets; parmi elles se trouvait une princesse allemande, fille du margrave d'Anspach, qui suivait dans l'Inde son mari, le général Saint-John. Le jeune Durhône, l'un des factionnaires, repoussa courageusement deux matelots qui aspiraient au butin des chambres, et, dans l'ignorance des ordres de leur capitaine, s'obstinaient à forcer sa consigne. Aussi généreux après la victoire que brave durant le combat, le chef français arrêta le pillage sans attendre que l'heure promise fût écoulée; il imita en cela le général Bonaparte qui avait fait cesser le sac de Pavie au bout de trois heures, au lieu des vingt-quatre accordées. Surcouf songea ensuite au traitement de ses prisonniers et l'humanité reprit ses droits.

Le second capitaine Drieux, qui avait si efficacement concouru au succès de la journée, conserva le commandement de la prise à laquelle on forma un équipage de soixante hommes. Surcouf, étant repassé à bord de son corsaire, entrevit le trois-mâts maure qu'il avait visité la veille et qui privé de pilote restait à louvoyer sur l'accore des bancs. Il laisse porter dessus, le rejoint et l'oblige à rallier le *Kent*; il lui remet, sur parole d'échange, tous les prisonniers à la destination de Calcutta. Il eut en outre l'attention de ne transborder des blessés que ceux capables de supporter le trajet des embarcations; néanmoins, beaucoup, malgré leur état de souffrances, demandèrent leur translation, sachant qu'ils pouvaient être rendus dans quelques heures à l'un des établissements anglais qui bordent les rives du Gange, où ils recevraient tous les secours que réclamait leur douloureuse situation.

Le transbordement à bord du *Maure* s'opéra avec ordre et célérité. Surcouf, par un sentiment de grandeur et de désintéressement, qui le guida toujours dans ses amarinages et surtout dans la riche capture du *Triton*, leur laissa emporter toutes les malles et caisses qu'ils réclamaient comme leur propriété personnelle, sans les faire visiter, ce qui, pour plusieurs d'entre eux, était une circonstance inespérée. Les Anglais dont les blessures étaient graves furent gardés dans le vaisseau aux soins de leurs chirurgiens, mais le combat avait été si acharné que toutes les plaies se trouvaient graves et profondes. L'implacable tétanos survint, et la plupart des malades périrent torturés dans ses affreuses convulsions. Les Anglais avaient eu dans l'action soixante-dix hommes tués ou blessés; les Français n'eurent que seize hommes hors de combat, sur lesquels ils en perdirent trois, aucun ne fut tué roide.

Le lendemain, les dégâts causés par la conflagration avaient été réparés et les deux navires voguaient de conserve vers l'Ile-de-France, prêts à soutenir d'autres attaques, soit contre l'océan irrité, soit contre l'ennemi commun. La *Confiance* mouilla sur la rade des Pavillons dans le courant de novembre; près d'elle reposait le *Kent*, sa superbe conquête, qui éleva définitivement Robert Surcouf au rang de nos premiers marins. Ce fut aussi, de toutes ses rencontres, celle dont le souvenir vint quelquefois trahir sa modestie dans le cercle de ses amis.

Garneray, qui servait sur la *Confiance*, dit, dans ses mémoires :

« Jamais je n'oublierai l'enthousiasme et les transports que causèrent notre apparition et celle de notre magnifique prise parmi les habitants de Port-Maurice.

« Notre débarquement fut un long triomphe. C'était à qui aurait l'honneur de nous serrer la main. Obtenir un mot de nous était considéré comme une grande faveur; et quand nous consentions à accepter à dîner en ville, on ne trouvait rien d'assez bon pour nous être offert [1]. »

1. Grâce à l'obligeante affection de mon oncle, M. Robert Surcouf, j'ai pu obtenir communication du journal inédit de bord du lieutenant Dumaine de la Josserie, je le transcris tel qu'il est écrit dans sa concision voulue.

Prise du « Kent »

« Extrait du journal de course de mon oncle Dumaine de la Josserie, premier lieutenant à bord du corsaire la *Confiance*, capitaine Surcouf.

« Du 14 au 15 Vendémiaire an IX de la République.

« Manœuvres d'observations.

« Le vent de la partie S. E., joli train.

« Le temps à grains, à quatre heures, on a pris un riz dans chaque hunier et serré le perroquet de fougue. A sept heures, sondé et trouvé un fond de vase molle à quarante brasses. Pendant la nuit, le temps a régné à grains et pluie, la mer grosse, le vent ne faisant que varier ; à minuit, la sonde a rapporté vingt-huit brasses fond de vase ; rien de remarquable jusqu'au jour. Le temps régnant à grains et l'atmosphère chargée, à six heures du matin, la vigie a crié : « Navire nous « restant devant par le bossoir de bâbord. » Au même instant largué les riz et fait de la voile pour le reconnaître, à six heures trois quarts nous en étions assez près pour distinguer que c'était un gros vaisseau à trois mâts venant à notre rencontre, on a fait le branle-bas et disposé la batterie à sept heures. Ce bâtiment a fait un signal à la tête de son petit mât de perroquet et, comme nous l'approchions toujours, on l'a parfaitement reconnu pour un vaisseau de la Compagnie anglaise, armé en guerre et que nous avons jugé venir d'Europe. M. Surcouf l'a annoncé tel à son équipage et a déclaré que son intention était de

La prise du *Kent*, si glorieuse pour nos armes, troubla et découragea les établissements anglais de l'Inde. Ce fut avec stupeur que l'on apprit de la bouche des prisonniers la hardiesse de l'attaque, le sang-froid du capitaine sous la mi-

l'attaquer et de l'enlever à l'abordage, il a promis le pillage et fait une courte harangue pour exhorter tout le monde à faire son devoir, le vaisseau se trouvant alors par notre travers a hissé pavillon anglais en nous tirant du canon dont les boulets nous ont fait peu de dommage, ayant passé entre notre mâture, l'ennemi courait babord amures, sous toutes voiles au plus près et nous tribord amures sous les huniers et la misaine seulement. Nous l'avons laissé tirer sans lui riposter un seul coup de canon et sans mettre notre couleur, l'intention du capitaine Surcouf n'étant pas de s'amuser à canonner avec un vaisseau du double plus fort que nous et qui paraissait ouvrir un fort calibre.

« Un grain ayant donné avec pluie en ce moment et nécessitant de mettre nos armes à feu à l'abri, nous avons continué notre bordée tribord amures. L'ennemi, se trouvant dans nos eaux, a envoyé vent devant pour prendre les mêmes amures et nous donner chasse, croyant sans doute que nous cherchions à fuir ou voulant nous intimider. En exécutant cette manœuvre, il nous a envoyé une volée à laquelle nous n'avons point encore répondu.

« A sept heures trois quarts, le grain venant entièrement de se dissiper, on s'est réarmé de nouveau pour l'abordage et on a viré de bord en laissant porter en dépendant sur le vaisseau ennemi dont nous essuyons le feu de toute son artillerie jusqu'à ce que nous étant parvenus à portée de mousquet nous avons commencé le nôtre qui a été bien servi et parfaitement dirigé. Notre adversaire croyant que nous voulions lui passer à poupe pour le canonner dans cette position a renvoyé vent devant, mais nous étant aperçus de ce mouvement, le capitaine Surcouf en a profité pour mettre la barre du gouvernail sous vent et orientant vivement partout au plus près du vent tribord ? Cette manœuvre exécutée avec la plus grande précision, nous l'avons longé de bout en bout en filant sous sa batterie, et l'avons accroché avec d'autant plus de facilité qu'une de ses ancres se trouvant au mouillage a pris dans un de nos sabords d'avant et nous a tenu immobile. Dans cette position la charge a battu et, au même instant, près de cent hommes ont sauté à bord et successivement le reste de l'équipage du corsaire au nombre de cent cinquante hommes. L'intrépidité française n'a pas tardé de se faire jour au milieu d'une multitude d'ennemis qui défendaient mal l'abordage, une grande partie d'eux ayant été sans doute terrorisés par notre témérité et la mort de leur brave traille et la fougue ardente de son équipage. La terreur inspirée par Surcouf était telle, que le major Fingham, officier supérieur de l'armée des Indes, a souvent raconté que, pen-

capitaine Robert Rivington tué sur son gaillard au commencement de l'action par l'éclat d'une obuse de 36 jetée à son bord de notre grande hune.

« Dans moins de dix minutes, nous avons été maîtres de ce vaisseau, nommé le *Kent*, appartenant à la Compagnie anglaise, venant de Londres, allant au Bengale. Ce bâtiment du port de plus de 1000 tonneaux se trouve armé de vingt pièces de canon de dix-huit en batterie, six pièces de neuf sur les gaillards ; une mousqueterie considérable était sur sa dunette où nous avons trouvé soixante fusils, autant de sabres, trente paires de pistolets, haches d'armes, espingoles et lances d'abordage ; trois cent trente-sept hommes formaient son équipage dont deux cents hommes de troupe parmi lesquels plusieurs officiers de marque. De ce nombre, le général Saint-John ; notre victoire assurée, on n'a rien négligé autant que la circonstance le permettait pour donner des joies aux malheureux blessés au nombre de plus de trente ainsi qu'à plusieurs dames passagères qui se trouvaient à bord de ce vaisseau et dont l'affliction de quelques-unes qui avaient perdu leur père et leur mari dans cette affaire était faite pour émouvoir la pitié et l'intérêt de toute âme sensible. Cependant, la crainte d'une réaction de la part de nos prisonniers qui étaient en grand nombre nous a mis dans la nécessité d'en amarrer plusieurs et tels qu'ils se présentaient sans aucune distinction, j'avoue qu'une telle mesure était faite pour affecter vivement l'homme bien né et sensible, mais encore est-il des circonstances impérieuses qui ne permettant pas de rien négliger justifient ou autorisent de pareilles mesures.

« Pour nous débarrasser, nous avions déjà renvoyé cinquante à soixante prisonniers à bord du corsaire, lorsqu'à dix heures et demie du matin on a aperçu un bâtiment qu'on a reconnu pour le vaisseau arabe visité hier, nous avons aussitôt fait route avec le corsaire pour le rallier et nous nous sommes disposés pour lui mettre les prisonniers à son bord ; en conséquence mis quatre bateaux à la mer pour effectuer ce transport.

« Du 15 au 16 Vendémiaire.

« Le temps variable et pluvieux par intervalles, tout l'après-midi, on s'est occupé d'expédier les prisonniers à bord du vaisseau arabe, on leur a laissé emporter leurs effets et aucun d'eux n'a été fouillé. Sur les cinq heures, le général Saint-John et sa famille ont été également conduits à bord ainsi que plusieurs dames et beaucoup de blessés qui avaient demandé à être mis à bord de ce vaisseau. Deux dant son enfance, à Calcutta, on parlait du capitaine Surcouf comme les Sarrazins parlaient du roi Richard.

Le gouvernement anglais reçut les doléances des armateurs et des principaux négociants; ils ne parlaient de rien moins que de lancer une flottille de croiseurs rapides et bien armés avec la mission expresse d'attaquer ensemble et de

chirurgiens passagers s'étant chargés de leur donner des soins, on leur a donné en conséquence un coffre de médicaments. A six heures, on a expédié le dernier bateau avec quelques officiers anglais et une femme de couleur pour se rendre à bord du vaisseau arabe, mais ce bâtiment ayant profité de la nuit pour faire de la voile, le canot a manqué son expédition et est revenu à bord : vers sept heures du soir, on l'a embarqué et bien fait serrer toutes les voiles pour nous élever de dessus la côte, nous trouvant par douze brasses et demie, ce qui nous mettait sur l'accore des bancs. On a donné des matelas aux prisonniers blessés et tous les secours nécessaires à leur situation. Ils se trouvaient au nombre de quinze, parmi lesquels trois officiers qu'on a fait mettre dans la dunette ; là, les deux chirurgiens anglais sont restés à bord pour les soigner ; dans la nuit, il est mort un soldat de la suite ses blessures. Le temps a été calme et fort chaud.

« Au jour, nous avons vu un navire à deux mâts mouillé, nous restant au N.-N.-O., qui a appareillé aussitôt, courant sur la terre dont nous étions à trois lieues. Nous avons sondé et trouvé treize brasses. Nous nous sommes préparés à mouiller. La brise, à neuf heures, ayant fraîchi du N.-E. à l'E., nous avons forcé de voiles, gouvernant au sud.

« Du 16 au 17 Vendémiaire.

« Beau temps, petit frais de l'E. au S.-E.

« Faisant toute route possible pour nous éloigner de la côte. Pendant la nuit, quelques grenaces.

« Au jour calme, le corsaire nous a envoyé quelques provisions et j'ai reçu ordre de rester en second à bord de la prise ; M. Drieux, second du corsaire, devant la commander, quatre autres officiers, trois lieutenants et un enseigne ont eu ordre de rester à bord ; on nous a composé un équipage de quatre-vingt-cinq hommes pour être en état de faire tête à une frégate en cas de rencontre.

« Pour copie conforme de l'original, Adolphe Macquet, possesseur du journal de course dont s'agit. »

Notons en passant que la dernière descendante des Dumaine de la Josserie est Mme la maréchale Franchet d'Esperey. (J. Surcouf.)

réduire ce dangereux adversaire. L'aventure de la *Sibylle* avait mortifié les marins anglais, vexés de s'être laissés berner; la prise du *Kent* les blessa dans leur amour-propre national; il s'y mêla un vague sentiment de crainte superstitieuse; on ne pouvait comprendre quelle divinité protégeait ce marin insaisissable qui, disait le major Fingham, disparaît tout à coup quand on croit le tenir, puis soudain apparaît très loin, attaque et prend les navires à la barbe des croiseurs, ne combattant que là et où il veut.

La prime offerte à celui qui le livrerait aux autorités anglaises fut augmentée et portée à un *lac de roupies*, ce qui représentait 250 000 francs de notre monnaie en 1801.

Quand Surcouf apprit cette nouvelle, il se contenta de dire en riant : « Ils me prisent bien haut, mais ils ne me tiennent pas encore. »

L'Angleterre promettait quelques centaines de mille francs, et c'était des millions qu'il allait faire perdre à son commerce.

Comme mesure de précaution, dit le *Morning Chronicle* du 26 août 1801, tous les bâtiments de la Compagnie devront être pourvus de filets d'abordage pour essayer d'éviter le triste sort du *Kent*, capturé par le capitaine Surcouf dans la baie du Bengale.

Pendant ce temps, Surcouf, fêté par ses amis, se reposait à l'Ile-de-France de sa laborieuse campagne, et arrêtait ses comptes avec les armateurs.

Ce règlement souleva une difficulté qui fit encore ressortir le caractère d'audacieuse détermination et de fermeté de son inflexible volonté. Le *Kent* et *The Queen*, le navire incendié à San-Salvador, portaient de la poudre d'or renferméc dans des barils et aussi de l'or en barres représentant une valeur très considérable. L'Amirauté, siégeant à Port-Louis, en revendiqua le partage au nom du gouvernement. Robert Surcouf s'y opposa et dit que le sang de ses hommes ayant coulé pour conquérir cette proie, elle leur appartenait tout entière.

Une violente discussion s'engagea à ce sujet, et l'Amirauté menaça de faire mettre les scellés à bord du corsaire. Furieux de cette menace, Surcouf prit les devants, gagne le port, se jeta dans sa yole et à force de rames se fit conduire à bord de la *Confiance* qui était mouillée en tête de rade.

Bientôt après, il vit un canot de l'Etat-major déborder et se diriger vers lui. Il fit alors placer sur le tillac de son navire tous les barils d'or; quand les officiers de l'Amirauté s'approchèrent, et qu'ils furent à même de voir tout ce qui se passait sur le navire, Surcouf fit jeter par ses matelots tout cet or à la mer, en criant aux employés du gouvernement : « Allez le chercher, maintenant. »

Dans cette circonstance, Surcouf avait encore une fois donné la mesure de sa volonté.

RETOUR EN FRANCE

Conformément aux instructions qu'ils avaient reçues de l'armateur, MM. Tabois-Dubois, ses consignataires à l'Ile-de-France, se décidèrent à renvoyer la *Confiance* armée en aventurier; en conséquence, elle prit une riche cargaison, produit de sa brillante et lucrative croisière. Surcouf conserva le commandement de l'ex-corsaire; quel autre capitaine eût été capable de le diriger au milieu des hasards d'un retour si compliqué? En effet, l'Angleterre, cette ennemie acharnée, ayant été repoussée par quelques-uns des gouvernements européens de la coalition qu'elle avait excitée et dont son or soudoyait depuis si longtemps les soldats, s'attachait avec une fureur opiniâtre contre la France seule, que le génie de Bonaparte venait de sauver. Loin de paraître découragées des sacrifices que leur imposait une aussi longue lutte, ses flottes plus nombreuses ne cessaient de bloquer nos rades et d'insulter les forteresses de nos côtes.

Le 29 janvier 1801, au matin, Surcouf commande d'éviter son navire et fait tout disposer à bord pour l'appareillage; à une heure, l'appel se fait, et quatre-vingt-neuf hommes, tout compris, répondent à la voix du commissaire de marine qui, suivant l'usage établi dans la colonie, s'assurait par lui-même, au moment du départ, si les noms inscrits au rôle étaient bien ceux des individus, tandis que le commissaire de police et ses gardes s'assuraient par des recherches sérieuses s'il n'y avait quelques personnes cachées à bord. A quatre heures et demie, la *Confiance* par l'ordre du pilote mit sous voiles, et les amarres qui la retenaient aux corps-morts de la rade sont filées en bande. Surcouf, désirant s'essayer avec la frégate l'*Egyptienne*, reste en travers en dehors des bouées afin d'attendre ce bâtiment de l'Etat, reconnu d'une marche supérieure. Les capitaines étaient convenus d'avance d'éprouver la vitesse de leurs navires. L'*Egyptienne* fut obligée d'abandonner les honneurs de la journée à l'*Aventurier* bordelais qui lui rendit quelques-unes de ses voiles légères.

Robert, enchanté d'avoir gagné la joute, prend son aire

à l'ouest, vers le cap de Bonne-Espérance, cette extrémité de l'ancien continent, que Vasco de Gama doubla pour la première fois trois siècles auparavant. Au jour, on aperçut Bourbon dans le S.-S.-E. et les Salazes montrèrent leurs pitons aigus au-dessus des nuages qui dérobaient les autres parties de l'île. Malgré quelques jours de contrariétés, le treizième de son départ il avait connaissance des terres de la baie de l'Agon, où, un an auparavant, le brave *L'Hermite* s'était couvert de gloire avec la *Preneuse*[1]. Enfin, le 14 février, la *Confiance* laissait derrière elle le Cap-des-Aiguilles. Ce bâtiment continua de justifier son nom à ceux qui le montaient, car nous trouvons fréquemment à cette date sur le journal du bord : 10, 11 et 13 milles à l'heure; le 4 mars, il passait sous l'équateur et entrait dans l'hémisphère nord.

Le 6, à l'aube du jour, l'œil perçant de la vigie attentive, découvrit à travers les lignes vaporeuses de l'horizon une voile dans le N.-N.-E., gouvernant au S.-S.-O. avec des vents d'Est, c'était l'*Ebre*, capitaine Joâo José de Favi, armé

---

1. Au commencement de l'année 1800, la *Preneuse* attaqua, à onze heures du soir, un vaisseau de compagnie et une grande corvette mouillés dans les eaux d'un fort qui les protégeait en dominant la baie. A minuit, le vaisseau avait déjà amené deux fois, et deux fois il avait rehissé son pavillon, lorsque *L'Hermite* découvrit, dérivant sur lui, un petit brick dont une forte odeur sulfureuse eût seule suffi pour déceler sa présence et sa nature : c'était effectivement un brûlot et la position de la frégate devenait critique *L'Hermite* sut se soustraire à ce nouveau danger en profitant habilement d'une variation de la brise. Quelque temps après, forcée de se défendre de l'attaque du vaisseau de guerre le *Jupiter*, la *Preneuse* présente d'abord bravement son flanc de tribord aux coups de son adversaire; au bout d'une heure de combat, pendant laquelle *L'Hermite* avait manœuvré à lui passer en poupe, le vaisseau écrasé orienta aussitôt ce qu'il put mettre de voiles et prit la fuite. La frégate victorieuse le chassa, mais la rapidité du sillage de l'Anglais ne laissa pas à la *Preneuse* la possibilité de l'atteindre.

de dix-huit caronnades de douze et soixante-trois hommes d'équipage, allant de Lisbonne à Rio-Janeiro. Comme la *Confiance* courait au nord, les deux navires durent s'accoster rapidement; ni l'un ni l'autre ne songea à se déranger de sa route, tant était grande la foi de chaque capitaine dans sa supériorité sur son adversaire.

A huit heures, les bâtiments ne se trouvant plus qu'à un mille de distance, Surcouf hisse les couleurs nationales et continue son sillage; l'ennemi aussitôt prend une voilure propre au combat et tire à boulet un coup de canon de semonce : c'est le signal du duel qui va avoir lieu. Arrivé à tiers de portée, l'*Ebre* arbore la flamme et le pavillon de Bragance et les assure de toute sa volée contre la *Confiance* qui l'accostait, poussée par une légère brise ridant les longues ondulations d'une mer sans vagues. Surcouf qui pinçait le vent afin de serrer de près son ennemi, attend à le découvrir par son embelle pour riposter; le tenant dans cette position, il lui lâche une bordée à double charge de boulets et mitrailles qui produisit un effet terrible. Arrivé dans le remous du Portugais, il vire de bord et vient rejoindre son adversaire aux mêmes amures que lui. Le Malouin, en habile manœuvrier, se tient dans sa hanche de babord et le couvre d'un feu meurtrier, auquel le capitaine João riposte avec vivacité; un nuage de fumée s'interpose entre les combattants et semble sortir de la mer. Au bout de quarante minutes, impatient d'une lutte soutenue avec tant de roideur, Surcouf, dont le regard fixe sans cesse son antagoniste, se décide à la terminer d'une manière hardie et sa résolution s'arrête irrévocablement par l'enthousiasme qui anime ses matelots prêts à tout sacrifier pour l'honneur de notre dra-

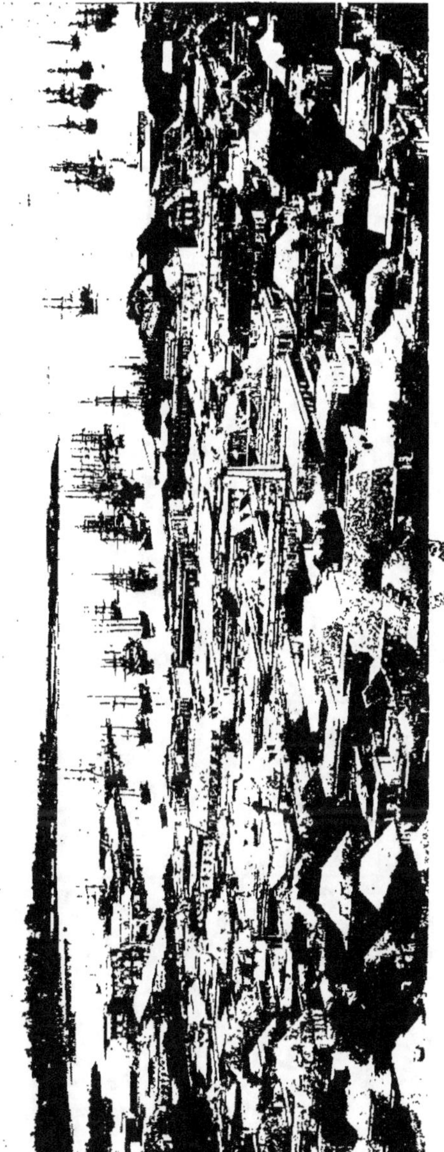

ENTRÉE DE LA RADE DU PORT-LOUIS, DE MAURICE

blement servie, mit de telle sorte l'Anglais en état d'infériorité que le *Stirling-Castle* amena son pavillon.

Au même moment apparaissait à l'horizon un nouveau
navire anglais. Nicolas fit passer les prisonniers du *Stirling-
Castle* sur la *Caroline* et attaqua immédiatement. La nouvelle capture fut découronnée et on y chargea tous les prisonniers. Par ordre du capitaine, on rendit aux officiers
toutes leurs armes.

Quelques jours plus tard, Nicolas capturait un navire de
800 tonneaux : la *Fêma*; il en donna le commandement à
son lieutenant Angenard avec l'ordre de le conduire à l'Ile-
de-France.

Angenard n'avait qu'un faible équipage, les prisonniers
anglais, qui s'en aperçurent, tentèrent de se révolter, mais
Angenard les obligea à rester par groupes de vingt dans la
mâture jusqu'à l'arrivée au port.

Après un séjour de plusieurs mois à Maurice, Nicolas put
compléter son équipage et repartir pour une troisième croisière (1805).

Il fut assez heureux au début de celle-ci pour capturer
aisément plusieurs bâtiments de commerce. Vers les brasses
du Bengale, il attaqua et prit à l'abordage, après un combat
acharné, le *Melville* et le *Prince of Wales*, malgré leur supériorité d'artillerie et le nombre de leurs équipages.

Enfin, poursuivi par une corvette de guerre anglaise, Nicolas, écrasé par une artillerie supérieure à la sienne et dominé par la marche rapide de son ennemi, tenta, avec son
héroïsme habituel, de l'aborder. Il n'y put réussir, la *Caroline* fut coulée. Nicolas atteint de trois blessures fut trans-
porté en Angleterre sur les pontons ainsi que son équipage.

Nicolas, prisonnier pour la seconde fois, resta plusieurs années entre les mains de nos ennemis séculaires. Mais l'honneur restait sauf. Pendant ce temps, Robert se préparait à venger son frère, et il tint son serment.

Robert Surcouf lança d'abord le *Marsouin*, petit corsaire de 55 tonneaux, armé de cinq canons de 4 et d'un obusier de 8, avec cinquante-six hommes d'équipage.

Ce navire croisa dans les mers d'Europe en 1804, 1805 et 1806 et fit à nos ennemis un tort sérieux. Il fut commandé successivement par les capitaines Brebel, Botrel et Thomas Le Blanc. Ce dernier fut tué par un boulet au moment où il était victorieux.

Puis Robert Surcouf fit construire la *Confiance*, petit corsaire de 100 tonneaux qu'il confia à son cousin Jean-Marie Potier de la Houssaye.

CHAPITRE VIII

LE CORSAIRE LE « REVENANT »

Vers la fin de 1806, après plusieurs années de repos, Surcouf cède au désir impérieux de reprendre la mer; en conséquence il fait construire, sur des dimensions qu'il indique, un corsaire portant dix-huit pièces de canon et cent quatre-vingt-douze hommes d'équipage : il lui donne le nom de *Revenant*, car c'est avec ce bâtiment qu'il doit retourner dans les contrées asiatiques et y jeter de nouveau l'effroi.

Le 2 mars 1807, profitant d'une brise bien faite du N.-N.-E., le corsaire laisse la rade de Saint-Malo, franchit les dangers qui l'environnent, et traverse en peu de jours la Manche et le golfe de Gascogne, malgré les nombreux croiseurs qui sillonnaient leurs eaux. Sur sa route, il se trouve un matin nez à nez avec un brick de guerre qui n'ose l'attaquer, quoiqu'il eût dix-huit caronades ornant ses sabords; le 3, il amarine un petit bâtiment qu'il relâche pour le peu de valeur de sa cargaison, et, le lendemain, un trois-mâts, qu'il n'avait pas assez approché avant la nuit par le calme qui survint, échappe à la faveur des ténèbres.

Le 9 mars, par un beau temps, à 60 lieues de Madère, les vents soufflant au N.-E., la vigie eut connaissance à neuf heures d'un bâtiment qu'on relevait à l'est, portant vent-arrière sur le *Revenant*, qu'il croyait appartenir à sa nation. Cependant l'Anglais approchant conçut quelque crainte en apercevant des canons et manœuvra de suite pour l'éviter; il était trop tard; la marche supérieure du Français ne lui laissa d'autre chance que celle du combat. Aussi, lorsque le corsaire fut à portée de ses pièces, il ouvrit son feu de retraite sur lui, espérant le démâter, mais ses boulets causèrent peu de dommages et ne blessèrent que deux hommes.

Surcouf, qui avait pour habitude de serrer toujours de fort près l'ennemi avant de tirer, ne riposta pas; lorsqu'il se trouva dans sa hanche, à portée de pistolet, il lui lâcha sa bordée chargée à boulet et mitraille, et, ordonnant l'abordage, manœuvra pour le faciliter. Les deux navires se rangèrent donc bord à bord dans toute leur longueur, et tellement rapprochés que la volée d'un long canon de 12 en batterie dans la chambre de l'Anglais n'était pas à 10 pieds d'un groupe d'hommes duquel le capitaine Robert faisait partie.

Comme il venait de décharger Foudroyant, il aperçoit de son regard d'aigle un canonnier ennemi se disposant à mettre le feu à cette pièce; alors se retournant promptement, il saisit l'arme de son beau-frère Auguste Blaize, ajuste et tue l'homme avant qu'il n'eût enflammé l'étoupille; ce fut ainsi qu'il sauva encore une fois sa vie et celle des marins qui l'entouraient. Cependant chaque Français à son poste attendait le moment de sauter à bord du navire, lorsqu'il héla que son pavillon était amené. Effectivement, la seule bordée du corsaire l'avait complètement désemparé et avait occasionné tant de confusion et de désordre sur son pont qu'il accosta lui-même le *Revenant* d'où vingt hommes s'élancèrent pour l'amariner et le manœuvrer.

Lorsqu'il fut poussé au large, Surcouf fit venir le capitaine pour lui parler; il apprit que ce navire était l'*Aun*, de Liverpool, armé de seize canons de 12, ayant un nombreux équipage et allant à la traite des noirs. Vu son peu de valeur, Surcouf le rançonna; mais, avant de renvoyer les prisonniers à bord du négrier, il avait donné l'ordre à son second, Joseph Pottier, de jeter les canons à la mer, de noyer les poudres et d'enlever une partie de ses voiles; ces diverses opérations terminées, on le relâcha.

Quelques jours après, en continuant sa route vers le sud, le corsaire visita plusieurs Américains; le 16 mars, un d'eux l'informa qu'il avait parlé le matin à une frégate escortant un convoi allant aux Antilles, et la veille à l'un des huit vaisseaux de ligne d'une escadre en croisière; c'était en effet celle qui cherchait la division du prince Jérôme. Le 21, à cinq heures et demie du matin par 25° de latitude et 24°30, de longitude ouest, cette escadre ennemie fut aperçue dans l'est; Surcouf, qui gouvernait au sud avec des vents de N.-E., prit aussitôt les amures à tribord pour leur échapper, ce qu'il parvint à faire malgré la chasse d'une frégate détachée par l'amiral à sa poursuite. Pendant la nuit, tous les bâtiments de cette armée avaient manœuvré pour cerner le *Revenant*; aussi, à une heure et demie du matin, on revit une autre frégate au moment où l'on s'y attendait le moins. Le capitaine malouin, instruit de cette rencontre, donne l'ordre de faire branle-bas de combat et réunit en conseil ses officiers : là, il leur expose en peu de mots son dessein dans le cas où ce nouvel adversaire gagnerait de vitesse le corsaire. Peu de temps après cette décision prise, l'Anglais ayant paru approcher encore, tout est disposé pour son exécution immédiate, et chaque homme, rendu à son poste, attend silencieux l'ordre du chef. Surcouf ne voyant pas la possibilité de se soustraire par la marche à un ennemi supérieur, conserve encore l'espoir de se sauver par un trait d'audace. Le *Revenant*, il est vrai, court risque d'être pulvérisé, mais l'exécution de cette périlleuse manœuvre n'était pas au-dessus de l'habileté du capitaine qui l'avait conçue; il était même de son courage d'oser l'entreprendre. Les canons sont chargés jusqu'à la gueule, les volontaires armés et les gabiers préparés dans les hunes avec leurs grenades : le *Revenant*, rasant vergue à vergue la frégate, doit la couvrir de feu en passant à contre-bord, la désemparer et la déconcerter par la brusquerie de l'attaque; tels étaient les projets que l'obscurité de la nuit allait favoriser. « Pare-à-virer » commande Surcouf; mais au même instant on aperçoit deux autres voiles dans la direction du navire qu'on veut affronter. Arrêté subitement dans l'exécution de sa périlleuse évolution, l'intrépide malouin en revint aux ressources qu'il pouvait tirer de la marche seule du corsaire; il les trouva heureusement dans l'augmentation du vent qui donnait une vitesse comparative très grande au *Revenant*, et aussi dans les différents essais exécutés avec intelligence pendant la chasse, qui parvinrent à le sauver de l'escadre ennemie.

Un autre fait qui suivit celui-ci montre jusqu'où allait la témérité de Surcouf. Le lendemain de la chasse appuyée par la flotte britannique, la vigie annonça à cinq heures du soir une voile au vent, courant au sud avec une brise fraîche de l'est.

Le *Revenant* aussitôt se dirige à sa rencontre, et malgré l'apparence imposante qu'elle avait et l'obscurité de la nuit, le capitaine Robert n'en poursuit pas moins sa course en donnant l'ordre de se préparer au combat. A minuit et demi, le corsaire arrivait à portée de voix; l'injonction de mettre en panne et de venir à bord du navire fut donnée au commandant du navire; mais, au lieu d'obéir, il continua son aire, montrant un nombreux équipage et ouvrant une batterie couverte dans laquelle circulaient les fanaux. De crainte qu'une méprise n'amenât des malheurs qu'on pouvait éviter, Surcouf lui fit demander de quelle nation il était?

A cette interrogation, l'étranger répondit en anglais : « *Je vais vous le faire savoir de suite.* » Le capitaine français n'attendit pas une autre réponse, et ordonna de faire feu des trois premières pièces en position de l'atteindre. Il n'en fallut pas davantage, les voiles du navire furent amenées en *pagaille*, et, tout tremblant, son capitaine se rendit à bord du *Revenant*. On sut alors que ce vaisseau appartenait au Portugal, qu'il sortait de Lisbonne et se dirigeait sur Rio-Janeiro : la funeste hésitation qu'avait apportée l'officier qui le commandait à répondre catégoriquement à l'interpellation qui lui avait été faite, fut cause que plusieurs de ses hommes tombèrent grièvement blessés. Le Portugais remercia sans les accepter les secours qu'on lui offrit, et puis, ayant pris congé du Français, il retourna plus rassuré et plus calme à son bord, afin de continuer sa route.

Le *Revenant* orienta et reprit son aire vers l'équateur, sous l'impulsion des vents alisés. Le 26 mars, à neuf heures du matin, il arrêta un sloop américain, ayant trente-six esclaves qu'il avait soustraits en *interlope*[1] dans la rivière de Gambie.

Avant d'avoir connu que ce navire se fût livré à un commerce clandestin condamné par les lois, Surcouf avait dépêché un canot pour lui porter secours, le jugeant en détresse à l'aspect misérable qu'il accusait. En outre, l'on apercevait quelques hommes occupés à un grand travail. Le second du corsaire, un officier et plusieurs matelots se rendirent donc à son bord, avec mission d'amener le capitaine étranger muni de ses papiers.

En accostant le sloop, un spectacle hideux s'offrit sur son pont : près d'un cadavre à moitié couvert de haillons, gisaient deux malheureux, agonisant malgré les soins d'un jeune nègre qui leur faisait boire un breuvage préparé. Cette scène de désolation n'était pas la seule qui se passait : à quelque distance, on remarquait cinq jeunes négresses presque nues et accroupies, se réchauffant aux rayons d'un soleil ardent qu'elles recherchaient; une d'elles s'efforçait de faire prendre le sein à son enfant qui se mourait dans ses bras. Cette pauvre mère éplorée, à l'approche des marins du *Revenant*, voulut s'enfuir ainsi que ses compagnes, mais elle tomba sans connaissance, laissant rouler son nourrisson aux pieds de l'officier, accouru pour les secourir. Ce marin ne put maîtriser son émotion devant tant de misères accumulées sur un si petit espace et releva le négrillon pour le déposer près de la jeune femme qui reprit l'usage de ses sens; alors il lui fit comprendre que son enfant avait cessé de vivre. Les cris et les larmes de cette infortunée attestèrent

1. Bâtiment qui fait la fraude sur les côtes et dans les îles; commerce défendu.

combien le cœur d'une mère renferme de tendresse et de douleurs!

Au fond de la cale, on découvrit vingt-quatre malheureux noirs enchaînés et couchés dans une position gênante; pressés sur un très petit espace, il s'en exhalait une odeur méphitique qui soulevait le cœur de ceux qui s'approchaient du panneau, seule issue par laquelle l'air se renouvelait. Et, pour compléter cet effrayant tableau, l'unique mât que portait ce frêle bâtiment était rompu par le pied et menaçait d'écraser dans sa chute les pauvres nègres arrimés sur le pont; les quatre individus occupés à jumeler le mât ressemblaient plutôt à des spectres qu'à des êtres humains.

Le capitaine américain aborda le *Revenant*; c'était un homme d'une haute stature; ses fortes proportions annonçaient une vigueur, une force surhumaine; son regard était sévère et audacieux, néanmoins on démêlait sur ses traits une vague inquiétude qu'il s'efforçait de dissimuler. Lorsqu'il fut descendu avec l'interprète dans la chambre du capitaine Surcouf, il eut ordre de montrer ses papiers, entre autres un acte de son gouvernement attestant qu'il était un des huit bâtiments de sa nation autorisés par les puissances maritimes de l'Europe à faire la traite des esclaves, suivant les traités. Il exhiba bien son congé et quelques autres papiers, mais il ne put représenter l'acte indispensable pour justifier son odieux trafic. Alors on lui donna connaissance de la peine réservée au crime qu'il avait commis, en arrachant par force ou par ruse ces malheureux à leur pays et à leurs familles.

Surcouf n'avait pas l'intention de mettre à exécution la loi qui condamnait l'Américain à être pendu à la vergue du

Revenant ; il voulait seulement l'intimider et le porter à faire de salutaires réflexions pour l'avenir. Ses premiers officiers ayant été réunis en conseil, il leur donna connaissance du vœu de la loi dans la conjoncture où se trouvait l'étranger, et aussi de sa détermination de faire grâce au coupable : il fut approuvé par tous les membres composant le conseil du bord.

L'Américain entendit lire l'acte d'accusation et prononcer sa sentence, sans donner la plus légère marque d'émotion ; il ôta sa cravate, abaissa le col de sa chemise et d'un pas assuré se rendit dans la partie du bâtiment où tout était disposé pour l'exécution. Un profond silence régnait sur le pont, car ces préparatifs de mort en imposaient aux marins du corsaire. Tout à coup, l'homme des Etats-Unis s'avisant, se retourna vers le capitaine Surcouf, et lui avoua qu'il avait effectivement enlevé par la force tous les noirs qui étaient à son bord, et qu'il eût continué à employer ces moyens illicites pour s'en procurer d'autres, sans la rencontre d'un bâtiment de guerre anglais, qui l'avait obligé de fuir en filant son câble par le bout, avant d'avoir pu compléter sa cargaison. Il l'assura qu'il lui pardonnait sa mort, parce qu'il savait le sort qui lui était réservé tôt ou tard, et qu'elle venait le délivrer des tourments cruels qu'il éprouvait depuis plusieurs années par suite de la perte de sa fortune, dont il ne lui restait plus que ce petit sloop, et l'éventualité des bénéfices qu'il comptait faire à la suite du débarquement frauduleux de ses esclaves. « Ma conduite, toute répréhensible qu'elle est, ajouta-t-il, avait pour but de secourir une famille nombreuse et intéressante qui habite Charlestown. Désormais je ne la verrai plus souffrir. Jamais je ne me fusse donné la mort, mais puisqu'on me la donne, je l'accepte. »

Il s'attendrit au souvenir des siens, les sanglots interrompirent son discours, et l'on ne put comprendre quelques paroles entrecoupées qui s'échappèrent de ses lèvres. Il passa sa tête dans le nœud coulant qu'on lui avait présenté, et attendit avec fermeté l'ordre qui devait l'enlever du pont et le lancer pendu au bout de la vergue.

Surcouf, ému lui-même, heureux d'avoir l'occasion de montrer son humanité, lui dit que les motifs qu'il alléguait pour s'être livré à ce commerce prohibé et périlleux atténuant à ses yeux son crime, il allait le renvoyer sur sa parole d'honneur qu'il ne l'entreprendrait plus à l'avenir. On le ramena sur le gaillard d'arrière, où il fut traité avec compassion; et pendant qu'il se restaurait, en oubliant le danger qu'il avait couru, le canot se disposait à le recevoir, afin de le reconduire. On remplit l'embarcation de tout ce qui était propre à soulager les misérables noirs, et de ce qu'on avait jugé nécessaire pour réparer les avaries que ce petit bâtiment avait éprouvées pendant l'orage de la veille.

Le héros d'un de nos romans maritimes ne se fût pas conduit ainsi; en délivrant les nègres, il se serait donné l'infernal plaisir de livrer le navire à la révolte. Mettant ensuite en panne, il aurait joui d'un spectacle diabolique en voyant les Africains et les Américains s'entr'égorger jusqu'au dernier. Tels n'étaient pas les principes qui dirigeaient le capitaine Surcouf. Sa généreuse conduite fit une telle impression sur cet homme vraiment excentrique qu'il donna les renseignements les plus précis sur la corvette anglaise qu'il avait rencontrée sur les côtes de Gambie, où elle n'avait plus à faire qu'une station de quelques jours pour effectuer son départ vers l'Europe; elle portait en chargement une valeur de 1 500 000 francs, et la moitié de son équipage avait péri par l'insalubrité du climat.

Le transbordement opéré, le canot revint avec le second capitaine Pottier et cinq esclaves qu'il avait délivrés. Surcouf, confiant dans le rapport de l'Américain reconnaissant, croisa plusieurs jours, parmi les îles du cap Vert, espérant y rencontrer la corvette qui lui avait été si bien signalée. Le 29, le *Revenant* prenait la panne sur la rade de l'Ile-de-Mai; il y visita trois navires américains qui étaient mouillés, et apprit d'eux qu'une frégate et une goëlette ennemies y avaient passé vingt-quatre heures auparavant, se rendant à l'Ile-Saint-Nicolas. Aussitôt le canot à bord, on orienta pour la Praya à la poursuite d'un bâtiment qui devait y être encore en relâche; mais n'apercevant dans la baie que deux petits caboteurs portugais, le corsaire prit sa route au sud, sans se faire reconnaître. Le 11 avril, le *Revenant* coupait l'équateur, et l'équipage fêtait son entrée dans l'hémisphère sud par la cérémonie du baptême, que l'usage impose et à laquelle un capitaine se prête toujours avec empressement.

Des cinq noirs rendus à la liberté, un seul témoignait de la reconnaissance à ses libérateurs; ce ne fut qu'à la longue que se dissipa chez les quatre autres cette crainte mêlée d'horreur qu'ils avaient éprouvée lors de leur translation sur le corsaire, où ils paraissaient regretter, dans les premiers moments surtout, le lieu qu'ils laissaient, tout affreux qu'il était; ces brutes s'imaginaient, ainsi qu'ils l'ont dit plus tard, que les blancs devaient les manger. Le premier de ces esclaves ne ressemblait point aux autres; son langage, ses traits et la couleur de sa peau en différaient essentiellement : il paraissait même avoir eu quelques relations avec les Européens, puisqu'il connaissait les canons, leur usage et leur résultat, ce qu'il expliqua un jour à ses compagnons au moyen d'une pantomime fort naturelle et pleine d'expression [1]. Surcouf, qui s'en était amusé, fit tirer un coup de canon à boulet dont la détonation et les ricochets du projectile à la surface de la mer firent une telle impression sur ces moricauds qu'ils en restèrent anéantis; ils revinrent cependant, quoique lentement, de leur frayeur et reprirent peu à peu leur tranquillité d'esprit. Cet incident fit place à un autre qui fut, pour ces hommes à l'état de nature, de la plus haute importance, et pour les matelots un sujet de curiosité et de distraction.

Un soir de temps calme, un des nègres qui allait pour la première fois sur l'avant et en dehors du bâtiment aperçut un objet immobile de forme humaine, dont il lui était difficile d'approcher à cause de son inexpérience; la distance, les voiles et les cordages entravaient ses efforts pour y arriver : enfin, redoublant d'activité, il parvint à se placer en face de la figure de proue du corsaire, qui représentait un homme sortant d'un tombeau et se dégageant du linceul qui l'enveloppait; l'expression était vraiment frappante de vérité. A sa vue il se sentit saisi d'une sainte frayeur qui lui fit pousser des cris d'épouvante, qu'on entendait des parties les plus éloignées du bord, et chacun accourant pensait qu'il

1. Ce jeune nègre s'attacha au capitaine Surcouf et lui servit longtemps de domestique. On le disait fils d'un roi fait prisonnier et vendu par son vainqueur : aussi fut-il baptisé du nom de *prince* sous lequel il a été connu depuis.

était survenu un de ces funestes événements si communs dans une longue navigation; mais il n'en était heureusement rien : on vit l'Africain, croyant avoir devant lui la divinité des Européens, lui adresser un culte religieux, ce que témoignaient ses hurlements, auxquels firent chorus ses trois autres compatriotes. Depuis leur découverte, il ne se passait pas de jours sans qu'ils ne se rendissent tous quatre en pèlerinage, pour implorer la protection du Dieu qui y résidait, afin de n'être point dévorés par l'équipage français.

Depuis que le *Revenant* se trouvait dans la zone torride, la navigation était devenue facile et uniforme, puisque le vent soufflait toujours de la même partie sous un ciel serein. Cet état d'inactivité et même d'oisiveté pouvant être nuisible à la santé des matelots, ou causer des ferments d'insubordination parmi ces hommes qui, ne respirant que les hasards de la guerre, se trouvaient entassés les uns sur les autres, tourmentés par des privations de tous genres durant un long voyage, décida le capitaine Robert à leur créer des moyens de distraction, qui, en les amusant, tournassent aux succès de l'hygiène et de l'instruction. Il établit deux salles d'armes, l'une pour les officiers, sur le gaillard d'arrière; l'autre sur l'avant, pour ceux de l'équipage qui avaient des dispositions à l'escrime : il fut le premier à donner l'exemple en provoquant les plus exercés de ses officiers à ce genre de combat, dans lequel il se rendait redoutable par son adresse. Surcouf ne se contenta pas de familiariser ses marins avec l'arme blanche, toujours décisive dans un abordage, il voulut encore les habituer au tir des armes à feu dans lequel il excellait également; pour cet effet, on suspendait à l'extrémité d'un bout dehors de bonnette une bouteille qu'il fallait briser malgré les oscillations du vaisseau.

Ces exercices ne parurent pas suffisants à ce capitaine si prévoyant, pour obtenir le bien-être qu'il cherchait à procurer à son équipage; il ajouta le divertissement de la danse. Chaque soir le bal commençait après le souper, et pendant sa durée on servait aux danseurs, pour rafraîchissement, de l'eau et du vin.

Surcouf maintint par ces moyens dans une obéissance passive cette réunion hétérogène d'hommes de tous les pays et de toutes les professions. A l'époque de son départ, il lui avait été si difficile de se procurer un bon équipage, que pour pouvoir compter sur une soixantaine de matelots, il avait été jusqu'à puiser dans les prisons et les hôpitaux. On conçoit dès lors quel mélange de vices devait étaler un tel équipage et combien il devait être important et difficile de maintenir la discipline parmi de pareils individus, dont une partie avait encouru des peines sévères.

C'est probablement cette obligation de vivre parmi de semblables hommes et le besoin d'y conserver son autorité, qui avaient donné au caractère du capitaine malouin cette habitude d'une concentration qu'on pouvait prendre pour de la dureté ou de la hauteur. Dans l'intérieur de sa chambre, il avait quelques communications avec son second et ses principaux officiers, mais sur le pont il n'adressait la parole qu'au lieutenant de quart, et lorsqu'il s'y promenait chacun s'empressait de se ranger et de lui laisser l'espace libre : aussi préférait-il, pour éviter cette gêne chez les autres, se tenir appuyé ou à demi couché sur le couronnement. Là, il causait, en fumant, avec le petit nombre de passagers qui s'étaient embarqués pour l'Ile-de-France; avec ces personnages en dehors de la hiérarchie du bord il pouvait se livrer à des conversations et à des discussions sans porter atteinte au prestige du pouvoir dont le maintien lui était si nécessaire.

Les jours s'écoulèrent dans ces occupations durant cette longue traversée; l'approche du cap de Bonne-Espérance et ses mers orageuses en dérangèrent la régularité. Le 9 mai, on releva la montagne de la Table au S.-E., à 15 lieues de distance, et le *Revenant*, sous petite voilure croisa pendant plusieurs jours ne rencontrant que des Américains dont la plupart venaient de Chine : leur neutralité fut respectée; car le blocus général n'était pas encore proclamé. Une fois leur nationalité avérée, Surcouf les laissait tranquillement continuer leur route, protégés par la seule justice qui présidait à sa conduite. En effet, qui pouvait l'empêcher, non pas de les piller, puisque c'eût été de la piraterie, mais, usant du droit de la guerre, qui pouvait, disons-nous, l'empêcher de s'emparer d'une partie de leurs provisions de bouche ou de guerre, sous le prétexte de la nécessité? Et l'on sait qu'un équipage de près de deux cents hommes, entassés à bord d'un petit navire comme le *Revenant*, était nécessairement voué à des privations journalières. En nous arrêtant sur la conduite du capitaine Surcouf que nous aimons à faire ressortir dans cette occurrence, nous demanderons si ce marin, sans prendre positivement la propriété d'autrui, n'eût pas pu procéder par voie de réquisition et fournir ses traites en paiement, comme l'ont fait nos officiers en pays amis, et qui l'eût blâmé? Surcouf avait une plus haute idée du droit maritime; il savait qu'un navire en cours de voyage n'est pas à proximité de renouveler ses vivres à chaque instant, et qu'en ne lui en enlevant même qu'une partie, on peut quelquefois le mettre dans l'impossibilité de continuer sa navigation et lui faire manquer son opération.

Depuis la rencontre de ces bâtiments neutres, il n'arriva d'intéressant à bord du corsaire, pendant le reste de la traversée, que l'accident grave du second capitaine Pottier sur le banc des Aiguilles. La mer était sillonnée de phoques qui s'arrêtaient parfois assez près du bâtiment, le capitaine qui en avait tué ou blessé plusieurs, engagea son second à montrer son adresse; celui-ci, un peu piqué, voulut faire voir à son supérieur que, chasseur déterminé, il avait des prétentions dans ce genre d'exercice. Les deux chefs avaient posé leurs fusils sur un caisson et causaient ensemble en attendant le retour de ces amphibies que le bruit avait éloignés : à l'approche de l'un d'eux, Pottier par un mouvement brusque fit tomber l'arme qu'il voulait saisir, le coup partit et le blessa. Heureusement encore que la balle qui entra au-dessous de la dernière côte gauche sortit au-dessus de l'épaule sans pénétrer dans le corps : peu de jours lui suffirent pour être à même de reprendre ses nombreuses occupations de détail.

Le 31 mai, Surcouf eut connaissance de Bourbon et communiqua avec l'établissement important de la Rivière-d'Abord, sur la côte sud de l'île où il débarqua un de ses passagers; il y obtint des renseignements exacts sur la position habituelle des croiseurs anglais, peu nombreux à cette époque. Il tira un coup de canon, pour hâter le retour du canot qu'il attendait en courant des bordées : aussitôt l'embarcation hissée on ne perdit pas de temps, le *Revenant* fut couvert de toile et dirigé vers l'Ile-de-France; le 3 juin, entre

les deux colonies, apparut une frégate ennemie qui appuya
sans succès la chasse au corsaire. Ayant échappé à ce danger, un vaisseau de ligne, le lendemain, s'élança à sa poursuite sous les couleurs danoises qu'il avait arborées, mais
aussi inutilement que la frégate. Enfin le 10 juin, à deux
heures de l'après-midi, le *Revenant* entra dans le port nord-
ouest de l'Ile-de-France; il n'avait mis que quatre-vingt-dix-
huit jours dans le trajet malgré les diverses stations et les
chasses qu'il avait subies. Cette navigation, comme on le
voit, n'avait été signalée par aucune rencontre où le capitaine malouin pût déployer son courage; mais elle pouvait
néanmoins fournir à l'observateur mille occasions d'apprécier l'énergie de son caractère, ainsi que sa belle et loyale
conduite envers les capitaines des navires qu'il avait capturés ou visités.

CHAPITRE IX

PREMIÈRE CROISIÈRE DU « REVENANT » SOUS LE COMMANDEMENT DE ROBERT SURCOUF (1807-1808)

Le retour de Surcouf produisit une bien vive sensation à l'Ile-de-France; le gouverneur, le commerce où il comptait de nombreux amis, et la population entière le reçurent avec enthousiasme. La colonies manquait de vivres, et, les croisières anglaises interceptant la navigation, il était devenu presque impossible de se procurer des riz de Batavia et de Madagascar; à la présence du Malouin, personne ne mit en doute qu'il ne ramenât l'abondance, ainsi qu'il l'avait déjà fait dans les jours calamiteux sous la République. Le capitaine-général Decaen fut très satisfait en apprenant que le *Revenant* allait établir sa course dans le golfe du Bengale, au moment du transport des grains de Calcutta à la côte Coromandel; il espérait avec raison que cette circonstance servirait au ravitaillement de l'île. On voyait aussi dans le port la frégate la *Piémontaise* qui se disposait à entreprendre la même croisière sous les ordres de M. Epron.

Le capitaine Surcouf ne perdit pas un instant pour se

disposer à réaliser ses projets. On réinstalla le corsaire, qui prit de nouveaux vivres, et plusieurs officiers et matelots furent embarqués en sus de l'ancien équipage. Le 1er septembre 1807, afin de rallier les matelots qui faisaient leurs adieux aux cabarets et cantines de la ville, le *Revenant* prit le mouillage extérieur des pavillons. Le 3 septembre, à dix heures du matin, ayant tout son monde à bord, Surcouf appareilla. La frégate la *Piémontaise*, qui avait mis à la voile du fond du port, se trouva à passer sur l'arrière du corsaire au moment même où son ancre, dérapée, ses huniers sur le mât, le faisaient culer rapidement, en sorte que la frégate, qui n'avait pas calculé ce mouvement de recul, ne put éviter de l'aborder; elle lui écrasa son canot en porte-manteau et rompit sa vergue de bôme. Surcouf, qui savait, dans les grandes occasions, maîtriser les élans d'un caractère bouillant de sa nature, appréciant à sa juste valeur le peu d'importance de l'avarie, et ne voyant qu'un tort bien léger dans la manœuvre de la frégate, était resté impassible sur son banc de quart; mais il n'en fut pas de même de son second, Pottier; celui-ci entra dans une colère qui allait jusqu'à l'exaspération; il ne voulait rien moins que faire feu sur la *Piémontaise*. Le commandant Epron, désespéré de ce qui venait d'avoir lieu, mit aussitôt en panne et envoya une embarcation avec un espar, afin de remplacer celui que sa frégate avait brisé, joignant à ce bon procédé les regrets qu'il éprouvait sur un abordage qui n'avait pas dépendu de sa volonté.

Surcouf fit servir et prit le plus près, voulant passer au travers de l'archipel au nord de l'Ile-de-France, et le quatorzième jour, par la rapidité de sa marche, il établissait sa croisière à l'est de Ceylan. Le 18 septembre, il appuie chasse à deux navires; c'étaient deux Arabes de Naour, sur lest, allant à Achem chercher des épices, et il les laisse passer. Il s'élève au nord avec les vents de S.-O. qui régnaient encore, et trois jours après, par le travers de la pointe de Godwary, il rencontre la corvette à batterie couverte le *Rattle-Snake*, qui lui appuie chasse, mais il put facilement l'éloigner, vu la grande supériorité de vitesse du *Revenant* sur son adversaire. A quelque temps de là, observant deux navires qu'il avait aperçus durant la nuit, aux premières clartés du jour, il reconnaît une frégate courant à contre-bord; de suite il abandonne les bâtiments qu'il convoitait, change d'amures et prend chasse devant celui qui le menaçait à son tour. A huit heures, des signaux échangés indiquèrent que le chasseur n'était autre que la *Piémontaise*. Sans communiquer, les deux bâtiments français coururent des bordées différentes et se perdirent de vue; quant au *Revenant*, il remit le cap vers la partie de l'horizon où devaient se retrouver les deux navires rencontrés la nuit précédente; il les rejoint, mais n'en visite qu'un seul, car ils étaient parias, et fait servir aussitôt pour aller chercher fortune ailleurs.

La mousson du S.-O. tirant à sa fin, Surcouf, en marin expérimenté des localités, se rapproche encore des brasses; le 26, étant par le 18° de latitude nord, il aperçoit la terre et s'en éloigne aussitôt. Son étoile le guidait; le beau navire le *Trafalgar*, capitaine Roxin, armé de douze canons, portant dix mille balles de riz et allant à Madras, est aperçu de la vigie; le corsaire le chasse, le rejoint et il amène sans résistance. Mais la journée devait encore être signalée par une autre capture; à trois heures, le *Mangle*, capitaine Galoway, superbe bâtiment chargé de onze mille balles de riz, amène pour le *Revenant*, et sa batterie barbette de quatorze bouches à feu reste muette à son aspect. Surcouf le confie à Louvel-Desvaux, un de ses lieutenants de l'autre guerre, qu'il a retrouvé à l'Ile-de-France.

Le corsaire courait des bordées afin de se maintenir au point de station qu'il avait adopté en raison des vents de S.-S.-O. qui soufflaient constamment et qui rendaient parfois la mer très creuse, lorsque, le 28, au point du jour, la vigie annonça un navire au vent, à petite distance; c'était l'*Amiral-Applin*, capitaine Watington, armé de douze carònades de 18, ayant en chargement dix mille cinq cents sacs de riz. Il fut confié au lieutenant Lemaître, qui le perdit à la côte de Coromandel, quelques jours après; de son naufrage il ne se sauva que deux hommes, qui en racontèrent l'affreuse catastrophe.

Ce jour fut encore marqué par un sinistre événement qui causa une bien douloureuse impression à bord du *Revenant*. Chrispon et Saliou, tous deux matelots, étaient en vigie sur les barres du petit cacatois, quant tout à coup, à trois heures et demie, le petit mât de perroquet venant à se rompre, les deux pauvres marins tombèrent à la mer. Quoique étourdis de la chute, ils revinrent sur l'eau, où ils se soutenaient sans l'assistance de la bouée de sauvetage, qui se trouvait trop éloignée d'eux. Le *Revenant* avait pris la panne, mais par une trop grande précipitation de l'officier de quart à porter secours aux deux infortunés qui luttaient contre les flots, le canot en porte-manteau fut amené avant que l'aire du bâtiment se trouvât entièrement rompue, en sorte qu'il remplit, et les hommes qui le montaient faillirent tous périr. On mit une autre embarcation à la mer; pendant cette opération, Chrispon, exténué de fatigue, coula à la vue de ses compagnons empressés et affligés; Salio seul fut sauvé et ramené à bord.

Le 2 octobre, Surcouf amarina la *Suzannah*, capitaine Taylor; ce navire, d'un moindre tonnage, n'était armé que de dix canons, et ne portait que cinq mille cinq cents sacs de riz et cent balles de toile à voile; l'officier Arnus, fils, en prit le commandement et fit servir de suite. A peine le *Revenant* a-t-il parcouru quelques milles, que l'homme de vigie signala une gourabe; il la chassa, la rejoignit et lui fit baisser pavillon : comme elle n'avait en cargaison que du sel, Surcouf lui versa ses prisonniers en l'obligeant d'aller les porter à Ganjam.

Le lendemain il rencontre un Américain, le visite; trouvant ses papiers en règle, il le laisse poursuivre sa route. Le même jour, il fait baisser pavillon au *Hunter*, chargé de grains nourriciers; le capitaine et l'équipage français étaient déjà à son bord, mais sur le rapport que, par le retour du canot, ils font à Surcouf, celui-ci les rappelle à bord du corsaire, abandonnant ce vieux navire qui eût pu compromettre l'existence de son équipage dans le trajet des brasses à l'Ile-de-France, car, suivant l'expression des marins français, *il faisait de l'eau comme un panier*. Après l'avoir dégarni de ses meilleures voiles et de leurs manœuvres, on le laissa continuer sa route; il allait à Madras et avait pour relâche, en cas de nécessité, toutes les rades de la côte ouest du golfe.

Le 4 octobre, il chassa un navire au lest, donnant dans le Gange : comme la brise était faible et que l'Anglais courait vent arrière, le *Revenant* ne put le rejoindre. Alors Surcouf, supposant avec raison qu'il serait signalé à Calcutta et à Madras, fit route immédiatement pour la Pointe Négraille, afin de dérouter, en s'éloignant, les croiseurs qu'on enverrait infailliblement à sa recherche; laissant de la sorte passer l'orage qui devait s'élever de ces deux points opposés pour fondre sur lui, ainsi qu'il le disait dans une de ses lettres confidentielles adressées à l'Ile-de-France. Cependant, le 8 octobre, comme il arrivait en vue des petites îles Cocos, il aperçut, à la pointe du jour, une frégate qui se mit à le chasser de manière qu'il faillit être compromis par la terre de la grande Andaman qu'il fut forcé d'accoster de très près : enfin, grâce à la marche supérieure du *Revenant*, il se retira sain et sauf du double danger qui le menaçait.

Après une station de quinze jours sur les côtes du Pégou, Surcouf revint à l'entrée du fleuve Bengali. Le 19, à 10 lieues au sud des brasses, il rencontre le brick anglais le *Succès*, armé de quatre canons et chargé de bois de construction, à destination de Calcutta; il prend à bord ce qui pouvait lui être utile pour continuer sa croisière et y fait mettre le feu. Ayant fait orienter, il s'approche encore des bouches du Gange, afin de se mettre plus à portée des vaisseaux qui en sortaient; mais, pendant dix jours consécutifs, il n'aperçoit dans ses bordées que des bâtiments *parias*, qu'il se donne bien garde de visiter, et il se convainc avec raison que l'embargo durait encore au Bengale. Le 28 au soir, il est chassé par un croiseur, mais il gouverne pour l'éviter et ne pas se faire reconnaître; la nuit vient favoriser sa fuite. Le lendemain au matin, courant au sud avec des vents d'E.-N.-E., la vigie annonce une voile par le bossoir de babord; Surcouf, vigilant, saute sur le pont, et pensant que ce pouvait être le vaisseau de la veille, se prépare à laisser arriver, mais à l'aide de sa longue-vue, malgré son apparence belliqueuse, il juge qu'il peut se mesurer avec elle; dès lors il rentre ses bonnettes, serre le vent, et sous cette nouvelle allure accoste rapidement. Arrivé à portée de caronade de l'Anglais, il lui en envoie trois coups, auxquels celui-ci riposte en fuyant, car le capitaine Nicholl, qui le commande, reconnaît alors à qui il a affaire.

Le *Revenant* atteint ses eaux, et de si près qu'on pouvait lire au tableau de poupe le mot *Fortune*; c'est ce que voulait Nicholl, qui connaissait l'avantage de marche de son navire sur la grande largue; il laisse porter subitement et se met à détaler de telle force qu'il s'éloigne du corsaire. Surcouf s'en étonne : aussitôt il fait subir différents changements à son tirant-d'eau, de même qu'à sa mâture et à son gréement et parvient à joindre l'Anglais après une chasse obstinée de cinquante-deux heures. Lorsqu'il le tient à la portée du mousquet par son travers, voyant qu'il conservait haut son pavillon qu'il venait d'arborer, le capitaine malouin lui lâche un coup de canon pour le faire amener. Alors l'ennemi qui s'était préparé au combat, riposte de toute sa bordée et continue à se défendre, malgré le feu du corsaire; après une lutte d'un quart d'heure, il baisse ses couleurs et hèle qu'il est soumis. Ce navire qui avait entraîné si loin le *Revenant* de son point de croisière, était l'ancien corsaire français la *Fortune*, que le fameux capitaine Lemême avait commandé. Il était armé de douze caronades et se rendait sur lest de Madras à Calcutta. Surcouf prit à bord ce qui pouvait être utile à son bâtiment et le fit saborder, mais comme on était par 17°5o' de latitude et en vue des côtes de Golconde, il fit armer la chaloupe de sa prise et renvoya à terre la plupart des Anglais prisonniers qui encombraient son pont; il y plaça aussi quelques lascars qui le supplièrent de les débarquer.

Après le départ des Anglais, Surcouf fait servir en forçant de voiles, pour rattraper les 100 lieues qu'il avait perdues a poursuivre la *Fortune*. Le 1er novembre, à l'aube du jour, il se trouve nez à nez avec le brick de guerre, le *Sea-flower*, qui, plus effrayé que le corsaire, passe à contre-bord, ne cherchant point à s'arrêter. Le *Revenant*, continue son aire sans se déranger, car sa mission était, à moins d'y être contraint, de n'engager qu'avec des navires à cargaisons. A quelques jours de là, on aperçut un américain, il passa sans visite, se dirigeant vers les bouches du fleuve; Surcouf ne voulut pas se faire reconnaître, afin de ne pas prolonger davantage l'embargo que déjà sa présence avait fait mettre au Bengale sur les bâtiments du commerce, et il commençait à s'ennuyer de battre la mer ainsi sans rien prendre.

Le 16 du même mois, près de la Pointe-des-Palmiers, dans les eaux mêmes où il enleva le *Triton*, Surcouf aperçoit trois vaisseaux de la Compagnie qui faisaient route pour trouver les pilotes. Espérant avoir le temps d'enlever le plus proche de lui avant l'arrivée des deux autres, il fait orienter afin de l'accoster; quand, arrivé à portée de canon, il voit son pont couvert de soldats, dont les habits rouges ressortaient parfaitement aux rayons éclatants du soleil. Aussitôt il vire de bord, il était temps, car les deux Anglais rejoignaient leur camarade à force de voiles. Surcouf s'éloigne donc à regret, malgré leur supériorité si disproportionnée avec la sienne; il disait en riant à demi : « *Ils sont trop verts, et bons pour des goujats.* » Alors il regrettait de n'avoir pas sous les pieds une frégate plutôt qu'un corsaire : « J'aurais pris, disait-il, les corvettes et les trois vaisseaux de la Compagnie que j'ai été contraint d'éviter ». On peut dire avec raison et sans crainte d'être démenti qu'il n'a manqué à ce célèbre marin que les moyens pour réussir dans les plus grandes entreprises sur mer.

Il amarine le brick *The new Endeavour*, capitaine Williams, chargé de sel. Vu son peu de valeur et prenant en considération l'affliction du capitaine de ce bâtiment, qui se trouvait ruiné faute d'être assuré, il le lui rend et y embarque ce qui restait de prisonniers sur le corsaire; les Anglais ne savaient comment lui exprimer leur reconnaissance, Williams était attendri jusqu'aux larmes : « A la vie comme à la mort », exprimait-il dans son langage gallois, en prenant congé de son bienfaiteur. Deux jours après, le joli trois-mâts *The Colonel Maccauby*, capitaine Thomas Fessey, venant de Poolo-Pinang, en destination pour le Bengale, tombe au pouvoir du capitaine malouin; celui-ci, après en avoir tiré mille quatre cent quarante bouteilles de claret, un peu de poudre d'or et quelques milliers de piastres qu'il avait dans sa cargaison, le rend aux prisonniers par le même motif qui l'avait dirigé vis-à-vis du capitaine Williams.

Ce fut à cette époque qu'il se décida à relâcher à Chedube, île sur la côte d'Ava, dépendante de l'empire des Birmans et gouvernée par un Rajah. Il n'en était plus qu'à 20 lieues, lorsqu'il aperçoit une voile venant à contre-bord; c'était une frégate! De suite le *Revenant* prit le plus près, et sa grande marche à la bouline le sauva encore de cette fâcheuse rencontre. Deux jours après, faisant voile pour le port de relâche, il vit un navire qui manœuvrait pour l'accoster; ayant absolument besoin de faire son eau et de donner des vivres frais à son équipage, il l'évita et continua sa route : enfin, le 19 novembre, il laissa tomber l'ancre sur la rade de Chedube par cinq brasses et demie d'eau, fond de vase, relevant l'entrée de la rivière de l'ouest à une distance de 4 à 5 milles.

Cette île qui n'était séparée du continent que par un bras de mer de 3 lieues de large, offrait aux bâtiments toutes les facilités de renouveler leurs provisions fraîches. L'eau y était excellente, le bois abondant; on se procurait à très bon marché du riz, des ignames et des cambares; on traitait aussi facilement avec les naturels pour des cabris et des cochons, des poules et des canards, des bananes et des cocos. Avant l'arrivée du *Revenant*, plusieurs corsaires à des époques différentes avaient séjourné sur la rade, et toujours ils avaient été parfaitement accueillis du chef. Les plus récents à avoir visité ce pays si fertile étaient la *Caroline*, capitaine Nicolas Surcouf, et les *Deux-Sœurs*, sous le commandement de Dejean-Hilaire. Le premier y aborda en 1805 et s'en trouva fort bien; le second en janvier 1807, et il y fit naufrage par l'inexpérience de son capitaine. Le corsaire les *Deux-Sœurs*, après plusieurs jours d'une relâche dont l'équipage n'avait qu'à se féliciter, fut jeté maladroitement à la côte le 7 janvier, en vue d'un bâtiment de guerre ennemi, échoué lui-même, et qu'il eût pu facilement réduire, dirigé par un officier plus pratique.

L'équipage de ce corsaire composé d'une trentaine d'hommes, tout compris, se sauva à terre, à l'exception du capitaine et du second, qui, n'ayant pas osé suivre leurs gens, restèrent sur la carcasse du brick, où ils furent recueillis par une embarcation anglaise et conduits à bord de la corvette demeurée sur le banc de sable au nord de la rade. Celle-ci, de construction hollandaise, dut son salut à la solidité de sa membrure dont les plates varangues purent la maintenir droite, durant les dix jours qu'elle employa à se renflouer. Quant aux officiers et matelots français qui avaient atteint la plage chédubienne, ils furent désarmés par ordre du Rajah, qui accourut au lieu du naufrage; il les fit conduire avec escorte dans l'enceinte de son palais et reléguer sous un. vaste hangar en bambou, une des dépendances de sa demeure royale.

Au bout de trois semaines de séjour à Chedube, les naufragés commençaient à s'alarmer de leur position équivoque vis-à-vis des Birmans, qui pouvait, au moindre caprice, se tourner en une détention ou un esclavage perpétuel; et, pour la fixer, on n'attendait que les ordres de l'empereur, vers lequel un messager du Rajah s'était rendu avec diligence, afin de l'informer de l'événement arrivé au corsaire. Dans cette, cruelle incertitude, plusieurs Français avaient projeté d'enlever de nuit, au fond d'une crique, un bâteau birman et de se rendre prisonnier de guerre à bord de la grande corvette, qui, étant parvenue à se retirer du banc par des efforts inouïs se réespalmait lentement. Le capitaine Warden qui la commandait, ignorant la position critique des Français vis-à-vis de l'autorité birmane, et craignant qu'après son départ ils ne vinssent à armer un bateau du pays, résolut de les ramener à son bord sous la promesse fallacieuse qu'ils n'y seraient pas considérés comme prisonniers. Conséquemment, un matin que les détenus étaient encore étendus sur leurs nattes, méditant une prochaine évasion, quelques-uns des plus matineux se mirent à crier : *Voilà les Anglais!* Effectivement le capitaine Warden lui-même, tenant une lettre à la main et précédant cent hommes armés jusqu'aux dents, accourait comme ami briser les fers des captifs qui vinrent avec confiance joindre leur libérateur. Aussitôt le capitaine anglais fit battre en retraite ses matelots vers les embarcations, laissant les Français entre leurs baïonnettes et les yatagans des insulaires. Un coup de fusil tiré d'un côté ou d'un autre, l'équipage des *Deux-Sœurs* était sacrifié. La retraite néanmoins s'opéra sans effusion de sang : rendus à bord, on s'aperçut que huit hommes manquaient à l'appel, lorsque quelques-uns déclarèrent qu'ils étaient restés de leur plein gré à terre.

L'ordre du souverain arriva; il prescrivait de diriger sur Ava tous les naufragés devenus ses sujets par les lois immuables de son empire. Sept seulement se mirent en route, le huitième, Américain de naissance, qui s'était marié, obtint la permission de rester à Chédube. Mais la fureur du monarque birman fut extrême, lorsqu'il apprit que son représentant le Rajah avait laissé les Anglais enlever, dans une partie de ses Etats, ceux qui par les événements et fortune de mer étaient devenus ses sujets. La cour birmane, toujours expéditive dans les arrêts, fit mettre à mort son délégué à Chedube, ainsi que tous ceux de sa race; ses biens furent confisqués et son palais détruit par le fer, afin qu'il ne restât aucune trace du pouvoir exercé par lui dans cette partie du vaste empire d'Ava.

Surcouf était arrivé peu de temps après l'exécution du roitelet tributaire et fut parfaitement reçu de son successeur.

Pendant les huit jours qu'il passa sur cette rade, il eut l'entière liberté de traiter les objets d'approvisionnement directement avec les habitants; ceux-ci furent autorisés à lui fournir leurs embarcations pour faire deux cents barriques d'eau dont il avait besoin, et il n'eut à se plaindre qu'une fois de l'infidélité d'un naturel. Le Rajah, ayant été informé du délit, fit chercher le coupable, qui rendit l'objet dérobé; la réparation allait même être portée jusqu'à lui faire trancher la tête, en présence du capitaine Surcouf, si celui-ci ne se fût hâté d'obtenir sa grâce.

Il remit au Rajah, dans son audience de congé, une lettre qu'il écrivait à Ava, à sa Majesté, pour réclamer les Français qu'on y détenait dans un état de captivité et de servitude contraire au caractère de sa nation; il appuya sa demande du don de deux jolis canons de cuivre, montés sur leurs affûts.

Cependant Sauvage, ce matelot d'origine américaine provenant du corsaire les *Deux-Sœurs*, souffrant et malheureux de l'existence abjecte qu'il traînait au milieu d'un peuple fanatique, vint le prier de le rendre à sa patrie, en l'enlevant d'entre les Birmans. Cette mission délicate qu'il implorait du capitaine Robert n'était pas sans danger, puisque le chef du pays exerçait une surveillance permanente sur les gens de sa domination, mais le Malouin les oublia bien vite sous sa généreuse inspiration de rendre service à son semblable.

Le 26 novembre au soir, tout étant disposé pour l'appareillage, Surcouf envoya son canot dans la rivière avec des hommes d'élite bien armés. La recommandation fut faite au patron de se tenir constamment sur ses gardes et de ne quitter le rivage que sur l'ordre des deux officiers qui restaient la nuit à terre, sous prétexte de nouvelles acquisitions pour le lendemain; cette manœuvre devait favoriser l'évasion du matelot des *Deux-Sœurs*. En effet la vigilance des gardes insulaires fut en défaut; Sauvage, connaissant la localité, parvint, pendant l'obscurité, après de nombreux détours, au bateau, dans le fond duquel il s'était blotti, couvert d'un prélart : au point du jour, les deux officiers qui avaient veillé arrivèrent à l'embarcadère, firent pousser au large et abordèrent le *Revenant*, prêt à déraper et à repousser toute agression des naturels. A six heures, l'ancre quittait le fond, et le corsaire couvert de toile s'éloigna rapidement de son mouillage, se moquant alors de la flottille chédubienne lancée à sa poursuite à midi, courant tribord-amures et relevant déjà la partie ouest de l'île au S.-S.-E., à 5 lieues de distance.

Le surlendemain, il rencontre le brick-corvette le *Sea-flower*, qui par une fuite simulée cherche à l'attirer dans une station ennemie à laquelle il servait de mouche; mais le capitaine français ne donne pas dans le piège et continue son aire vers l'accore des bancs, où il resta plus de quinze jours sans rien rencontrer, ce qui le portait à croire avec raison que l'embargo existait toujours. Il se porta vers l'est pour se mettre sur la route suivie par les navires donnant dans le Gange.

Là encore, le 12 décembre, il échappa avec intelligence à une chasse obstinée que lui appuyèrent un vaisseau de guerre et une corvette. Deux jours après, il fait baisser pavillon à deux bricks anglais qui l'informent que l'embargo avait été levé le 13, après soixante-sept jours de durée; trou-

CHATEAU DE RIANCOURT A SAINT-SERVAN

vant ces navires de peu de valeur, il les rend généreuse-
ment à leurs capitaines, plutôt que de les couler. Dans
l'après-midi, il amarina une grande barque Talenga portant
à Madras quatre mille six cents sacs de riz; mais, ne la
jugeant pas susceptible de faire le trajet de la baie à l'Ile-de-
France, il la fit saborder et l'envoya par le fond.

Le 16, il aperçoit, vers une heure de l'après-midi, une
voile de belle apparence, courant comme lui tribord-amures
avec des vents de N.-E. très faibles. Le *Revenant* force de
voiles et n'arrive cependant par son travers qu'à neuf heures
du soir; Surcouf, voyant le calme se former, somme l'Anglais de mettre en panne; celui-ci s'y refuse, alors il dépêche
le grand canot avec un des officiers prisonniers pour l'engager à se rendre, voulant éviter de tirer des coups de canon
qui pouvaient appeler sur le terrain les croiseurs de la station. Mais le capitaine ennemi, gardant en otage les Français de l'embarcation, s'efforçait, à la faveur des folles brises,
de s'éloigner du corsaire, espérant secours dans les bâtiments de guerre de sa nation qu'il savait être aux alentours.

Surcouf surpris de ne pas voir revenir son canot, fait
border les avirons de galère, et, après quatre heures de fatigues, rejoint l'ennemi, qui, effrayé de l'approche mena-
çante du *Revenant*, hèle qu'il est amené et établit de suite
les communications avec le corsaire. C'était le *Williams Bur-
rough*, superbe navire de 700 tonneaux chargé de bois de
tek, sortant de Rangoon, armé de dix canons, en destination
pour Calcutta.

A sept heures du matin, le lieutenant Pointel, de Saint-
Servan, jeune officier des plus méritants, en prit le commandement : à neuf heures, le *Revenant* et sa prise qui

avaient chacun fait servir sous des amures opposées étaient à toute vue l'un de l'autre; à dix heures, ils ne s'apercevaient plus.

Le 19 décembre, il jette à bord d'un brick portugais qu'il trouve régulièrement expédié les Anglais qui encombraient son bâtiment, et le lendemain, au point du jour, il passe, sans déranger sa route, à contre-bord d'un vaisseau de guerre près duquel l'obscurité l'avait amené. L'ennemi, trompé sur la sécurité que témoigne le corsaire, poursuit son sillage, sans s'inquiéter de sa nationalité. Vingt-quatre heures après, une petite barque cabotière, arborant pavillon birman, tombe sous son écoute; mais, respectant la propriété des sujets d'un prince allié, il la laisse continuer vers sa destination. Jusqu'au dernier jour du mois, il ne se passa rien de remarquable dans les bordées que courait le *Revenant* pour se maintenir au point de croisière qu'il avait arrêté; mais ce jour-là, les vigies ayant annoncé une voile au vent, Surcouf prit le plus près pour la rejoindre; la mer était belle et la brise ronde, venant de N.-E. En approchant, on reconnut un brick qui changea d'amures aussitôt qu'il se vit chassé, et se mit à détaler sous toutes voiles de l'allure qu'il avait prise. Après plusieurs heures d'une poursuite active, le navire étranger fut atteint, il était sous pavillon portugais et portait le nom de *L'Oriente*; son capitaine était Antonio Miranda, qui ne put justifier d'aucuns papiers régularisés par les autorités compétentes de sa nation. Ce navire construit à Calcutta n'avait ni rôle d'équipage, ni connaissement à présenter : Surcouf ne balance pas à s'en emparer, et en donne le commandement au premier lieutenant Fonroc. Sa prise ayant été expédiée pour l'Ile-de-France, il fait servir tribord amures et se rapproche encore des bancs, où il arrête le *Jen-Lab-Dam*, grand navire sous pavillon arabe, dont l'irrégularité de commission atteste qu'il est propriété anglaise : il fut donc expédié sous les ordres du lieutenant Carnel, qui orienta pour le Port-Louis. Peu d'heures après, le *Revenant* embarquait à bord d'un both paria ses nombreux prisonniers.

Quoique le corsaire fût réduit à un équipage de soixante-dix hommes, son capitaine maintenait toujours sa croisière par les 86° de longitude est; mais la rencontre qu'il fit d'une nouvelle frégate, à laquelle il échappa par son sang-froid et son habileté, le détermina à cesser sa course pour revenir à l'Ile-de-France. Cependant, ayant encore aperçu un navire, il le chassa; et comme celui-ci avait une grande marche, ce ne fut qu'au bout de vingt-quatre heures qu'il put l'atteindre; malheureusement c'était un américain dont les expéditions se trouvaient en règle, et Surcouf le laissa continuer son aire sur Calcutta. Quant à lui, il fit servir sous toutes voiles le cap au sud, et, le 17 janvier, le *Revenant*, coupant l'équateur, entrait dans l'hémisphère austral.

Il avait atteint le cinquième degré de latitude sud et commençait à ressentir les vents généraux, lorsque tout à coup, à la suite d'un grain noir et pluvieux, il aperçoit à très petite distance un superbe vaisseau de ligne conduisant un convoi. Le danger était imminent, car l'ennemi jugeant à son aspect la mission du *Revenant*, se mit aussitôt à lui appuyer une chasse des plus serrées qui dura plusieurs heures sans avantages décidés en faveur du Français. Surcouf cependant parvint encore à se tirer d'affaire, ayant pris son aire dans une direction opposée à la route des bâtiments escortés; le vaisseau chasseur, craignant de les perdre tout à fait, vira de bord pour les rallier et laissa le corsaire reprendre sa route.

Le 31 janvier 1808, aux premières clartés du jour, les vigies aux aguets crièrent : terre; c'était l'Ile-de-France. Ses montagnes se dessinaient au fur et à mesure que le soleil approchait de l'horizon, étalant à l'œil du navigateur les riches plantations qui les couvraient. On était entre Flacq et l'Ile d'Ambre; bientôt on passa devant le lieu du naufrage du *Saint-Géran*, que le célèbre Bernardin de Saint-Pierre a immortalisé et qui a conservé le nom du vaisseau. Comme les abords de l'île étaient libres, Surcouf gouverna sur le Coin-de-Mire pour la contourner par le nord, en passant près l'Ile-Plate. Une fois ces îlots doublés, il se dirigea sur la rade des Pavillons d'où il était parti cinq mois auparavant. A la hauteur de la baie du tombeau, il fut abordé par le bateau pilote, qui lui annonça l'heureuse arrivée de toutes ses prises; une seule, l'*Amiral-Appline*, capitaine Lemaître, manquait à l'appel, mais Surcouf avait appris sa perte, sur Ceylan. L'abondance était donc revenue dans la colonie; aussi les habitants saluèrent-ils son retour en lui donnant des témoignages de leur plus vive reconnaissance : en effet, il les avait encore une fois préservés d'une affreuse disette.

CHAPITRE X

DEUXIÈME CROISIÈRE DU « REVENANT »
SOUS
LE COMMANDEMENT DE JOSEPH POTIER (1808)

Le capitaine malouin, se trouvant fatigué à la suite de sa laborieuse croisière et voulant veiller par lui-même aux intérêts de son armement, se démit momentanément, en faveur de son second Joseph Potier, de son titre de capitaine; la place importante que celui-ci occupait fut accordée par la volonté du chef au lieutenant Vincent Moulac [1]. Personne ne murmura contre cette faveur qui intervertissait la hiérarchie des grades, parce que l'homme supérieur exerce toujours un ascendant marqué sur ses rivaux.

Vers la fin d'avril 1808, par l'activité que Surcouf déployait, son corsaire se trouva réarmé et deux cents vaillants marins, enfants de la vieille Armorique, formaient le rôle de son équipage qui s'était recomposé avec d'anciens marins de la colonie, jaloux de servir avec Surcouf ou Joseph Potier.

Restait à déterminer le plan de croisière, ce qui était de-

1. Mort le 6 avril 1836, à bord de la *Flore*, dans les mers du sud, où il commandait la division française.

venu difficile, par la terreur que la présence du capitaine malouin avait répandue dans les Indes anglaises. L'arrivée d'un officier français, qu'une tempête avait forcé de relâcher à Goa avec la prise qu'il commandait, et d'où il était heureusement parvenu à sortir, avant que la nouvelle de la déclaration de guerre entre la France et le Portugal n'y fût connue, vint fixer les projets irrésolus de Surcouf.

M. Prades, ainsi se nommait cet officier, rapportait qu'il avait laissé sur la rade de Goa un vaisseau portugais, la *Conceçâo-de-Santo-Antonio*, percé à soixante-quatre canons, mais n'en portant que trente-quatre. Ce navire se disposait à faire voile pour Lisbonne avec 1 500 tonneaux d'une riche cargaison. Il savait le jour fixé pour son départ, la route qu'il allait suivre et les points qu'il devait reconnaître. M. Prades s'empressa de communiquer ces renseignements à Surcouf et au capitaine Potier, qui prirent immédiatement la résolution de faire stationner le corsaire sous le cap le plus saillant de la côte de Natal, que le portugais devait reconnaître.

Le 30 avril, le *Revenant* appareille de l'Ile-de-France, à la recherche de son formidable adversaire. Tant d'audace de la part des Français qui montent le corsaire, en osant attaquer un ennemi aussi disproportionné, eût pu pour d'autres se traduire par une extravagante présomption. Mais avec un équipage comme le sien que dirigent d'aussi bons officiers, le succès ne sembla pas impossible : du reste la réussite de l'entreprise témoigna des talents et de la bravoure de ceux qui l'avaient osée.

Le 17 mai, le corsaire arriva au rendez-vous et dut croiser en attendant son antagoniste. Chaque nuit d'affreux orages, s'élevant des côtes inhospitalières de l'Afrique, vinrent l'assaillir et le mettre en danger. C'était toujours dans ces manœuvres d'une exécution rapide que la voix du second capitaine, Moulac, se faisait entendre. Jamais organe plus noble, jamais commandement plus précis, ne firent résonner un porte-voix. Aussi, ne fallait-il aux hommes qui l'entendaient que quelques minutes pour exécuter la manœuvre ordonnée.

Le matin d'une de ces nuits employées à lutter contre les éléments déchaînés, c'était le 24 mai, le jour commençait à poindre : un coup de sifflet du maître d'équipage donna le signal aux gabiers de monter à la tête des mâts et d'explorer attentivement l'horizon. L'orage avait diminué malgré qu'il ventât encore grand-frais du O.-N.-O.; mais on ne s'empressait pas d'augmenter la voilure parce que l'on se trouvait dans le parage que le capitaine Potier avait choisi pour établir sa croisière. A 11 heures, un des hommes en vigie cria, *navire!* Où? reprit Moulac. — Au vent dans la hanche de tribord.

On prévint le capitaine, et aussitôt le sifflet retentit trois fois; au bout de quelques minutes, les sacs et les hamacs, étaient parfaitement arrimés dans les bastinguages.

Le brave Potier, d'un air de contentement et d'intelligence, s'élance vers la hune d'artimon, une longue-vue en bandoulière; c'était, suivant un témoin, le renard éventant sa proie. — *M. Moulac, prenez le commandement de la manœuvre; virez de bord lof pour lof et augmentez de voiles sans rendre notre marche suspecte?* Le Revenant ne pouvait être mieux confié. Soudain la barre fut amenée au vent; le navire presque sans toile obéit tardivement à l'action de son gouvernail et ne prit que lentement les amures à bâbord; à peine

se fut-il rangé au plus près que les vergues se couvrirent de
gabiers et de matelots. Les basses voiles et les huniers avec
un ris seulement se déployèrent en secouant vigoureusement la mâture. A un nouveau commandement du second,
toutes ces voiles furent amurées, bordées, hissées, et les vergues brassées si parallèlement qu'elles ne laissaient rien à
désirer au manœuvrier le plus exigeant.

Tout à l'heure, comme un oiseau océanique reposé sur la
mer, le corsaire semblait se balancer au milieu des vagues;
maintenant il ne bondit plus au choc des flots, il les dé-
chire dédaigneusement et passe au milieu comme une jave-
line. Dans la forte inclinaison qu'il atteint sous la puissance
du vent, la gueule des caronades ouvre un profond sillon,
et la mâture surplombe tellement qu'un boulet lâché de la
pomme tomberait à plus de 60 pieds du bord. Le capitaine
Potier, de sa hune où il était resté pour suivre les mouvements du navire en vue, contemplait avec autant de ravisse-
ment la vitesse de son corsaire que la précision des ordres
donnés par le second dans les manœuvres exécutées par un
temps forcé en présence d'un ennemi qu'on approchait rapidement.

Depuis que le *Revenant* s'était élancé vers la voile aperçue,
il avait gagné du terrain : en effet, les navires courant presque à contre-bord, s'avançaient à vue d'œil l'un vers l'autre.
M. Prades, le même qui avait visité la *Conceção* à Goa, devenu un des lieutenants de Potier, assurait la reconnaître,
et bientôt on put distinguer sa poupe richement ornée de
cariatides supportant ses deux étages de fenêtres et sa galerie
saillante.

A une heure, le navire ennemi prit le plus près, bâbord

amures, soit pour éviter le croiseur, soit pour s'assurer s'il était chassé : alors, Potier fit couvrir son bâtiment de toutes les voiles qu'il pouvait porter, afin de rejoindre le Portugais, ce que permettait la supériorité de marche du *Revenant*.

Les dispositions les mieux entendues pour l'attaque furent prises à bord du corsaire; les neuf pièces de bâbord avaient été chargées seulement à boulets ronds pour la première bordée; on distribua des sabres, des pistolets et des haches d'armes aux meilleurs hommes désignés pour l'abordage. Depuis le commencement de la chasse, le vent avait beaucoup perdu de sa force, mais la mer était restée très houleuse et les deux navires s'approchaient toujours. Le Français, semblable à David enfant devant le Philistin Goliath, s'avançait avec assurance vers cet autre géant de l'Océan : il avait hâte de se mesurer avec lui. Quel imposant spectacle de crainte et d'admiration pour le spectateur inactif de cette lutte disproportionnée! Comment se fait-il donc qu'une action qui égale les beaux faits des Surcouf, des Malroux, des Lemême, etc., ait été omise dans les fastes de notre marine? Les concitoyens du capitaine Potier l'ont vu descendre dans la tombe sans qu'il ait porté sur sa poitrine l'étoile de l'honneur.

Cependant les navires s'accostaient de plus en plus, déjà le *Revenant* naviguait dans le large sillage que le vaisseau laissait derrière lui : quelques minutes suffirent pour mettre le corsaire sous la poupe de son antagoniste, qui le dominait comme une immense forteresse.

Potier, d'un caractère irascible, trépigne à l'approche du combat; nonobstant, de son banc de quart, il commande en officier expérimenté qui surveille la précision de ses manœuvres; Moulac, au contraire, calme et sérieux, observe de son poste les ordres de son capitaine, et dispose tout pour leur prompte exécution.

— *Cargue les basses voiles et hisse le pavillon*, commande le chef français. Les trois couleurs apparaissent aussitôt au pic d'artimon du *Revenant*, et l'on voit en même temps se dérouler et ondoyer la bannière de Bragance au-dessus du couronnement du vaisseau resté sous les huniers.

— *Amène pour la France*, cria à ce moment dans son porte-voix le fougueux Malouin.

— *Fogo, fogo, em aquelles cachorros de Franceses;* et quelques coups de canon furent la réponse du commandant portugais et le signal du combat.

— *Feu, feu, sur ces enfants dégénérés du Portugal*, reprend Potier; à ce commandement, neufs coups de caronade partirent et déchirèrent les flancs de la *Conceçâo*.

La lutte commencée avec enthousiasme continue avec acharnement. Potier, en habile tacticien, se maintient dans la hanche de tribord de son ennemi, position reconnue la plus favorable, et observe tous ses mouvements. Se fiant aux avantages que lui donnent ses dimensions, sa solidité et la supériorité de son artillerie, le vaisseau renonce à manœuvrer et laisse courir bâbord amures; alors tout son monde se porte au service des pièces, laissant cinquante soldats passagers fournir sa mousqueterie. Le feu des Portugais était plus étendu, un plus grand nombre de canons l'entretenait; celui des Français plus resserré et mieux dirigé; leurs adroits volontaires surtout, armés de fusils, tuaient beaucoup d'hommes, parmi lesquels les canonniers se trouvaient en majorité. Néanmoins les chances se balançaient, et l'issue resta longtemps incertaine. Le peu d'élévation des sabords du corsaire rendait pénible et difficile la manœuvre des bouches à feu dans une mer très houleuse, tandis que la haute batterie du Portugais et ses gaillards tiraient à couler bas sur le *Revenant*. Dans cette circonstance un événement vint favoriser l'audace du Français et préparer la défaite de la *Conceçâo*, que l'on put dès lors prévoir. Les rabans de ses mantelets de sabord furent coupés par les boulets et la mitraille; ceux-ci en tombant masquèrent la volée des pièces et en paralysèrent l'action. Les Portugais tentèrent maintes fois de les relever, mais toujours en vain : tout homme qui apparaissait en dehors était incontinent atteint par les balles des vigilants volontaires, et force fut à l'ennemi de renoncer à ses tentatives. Les gaillards continuèrent un feu d'autant mieux nourri que leurs canons avaient un personnel double, au moyen des servants de la batterie abandonnée : ils étaient appuyés par un détachement de soldats qui alla se placer résolument sur la dunette pour mieux dominer le pont du *Revenant*. L'engagement continua et se soutint avec une égale ardeur.

Les Français avaient de leur côté éprouvé des pertes. Dans l'état-major on comptait M. Baptiste Roussel, tué roide à son poste, et M. Baudry blessé mortellement; l'un et l'autre vivement regrettés. M. A. Michel, atteint deux fois en encourageant de son exemple les marins de son escouade, n'abandonna pas la place qui lui avait été assignée.

Malgré les cris, plusieurs fois répétés : *à l'abordage*, Potier s'était habilement maintenu dans sa position avantageuse d'où, harcelant son ennemi, il l'avait tout désemparé. Ses pavois en morceaux, ses voiles criblées, son gréement coupé et sa mâture hachée, en témoignaient assez : tandis que les avaries du corsaire étaient bien moindres. Dans cette circonstance, trouvant la résistance trop longue et jugeant le moment opportun, le capitaine français se décide à porter un coup décisif, mais cette fois, si la *Conceçâo* y résiste, il l'abordera : Moulac et les officiers qui l'entourent guideront les matelots impatients sur le bord portugais. « Canonniers, ordonne-t-il alors, chargez vos pièces à deux paquets de mitraille; gabiers, soyez parés à lancer les grenades, et vous, volontaires, ajustez dans les sabords. » Au même moment, il fait border la brigantine et orienter le perroquet de fougue qu'il avait conservé sur le mât. Aussitôt, le corsaire augmentant son aire se trouve en peu d'instants par le travers de son colossal adversaire.

— *Allons, enfants,* s'écrie Potier, *feu partout, et que je voie cette barque percée comme l'écumoire du cuisinier qu'ils viennent de m'occire.* L'ordre est suivi d'un bruit épouvantable d'artillerie, de mousqueterie et de grenades. Une horrible confusion règne à bord de la *Conceçâo,* une sourde détonation s'y fait entendre, au milieu d'un nuage de fumée et des cris plaintifs; c'était un baril de poudre apprêtée qui sautait et dont la lueur rougeâtre fait supposer un incendie. De crainte que la flamme ne se communique à son bord, Potier imprime à son corsaire une action d'inertie qui l'éloigne du vaisseau portugais; la barre du gouvernail est redressée, le grand foc halé bas, le grand hunier et le perroquet de fougue brassés à culer, et subitement le *Revenant* se trouve replacé dans la hanche de son ennemi, qui continuait à courir de l'avant.

Cette attaque récente des Français avait produit un effet terrible. La vergue barrée du vaisseau tombait en pantenne; ses voiles défoncées s'en allaient en lambeaux, beaucoup d'hommes tués, blessés et brûlés en avaient été le résultat.

Il y avait près d'une heure que le combat durait : Potier, par humanité, espérant que son adversaire allait se rendre, avait fait cesser son feu meurtrier; il se trompait : l'ennemi, ayant repris à tirer de son gaillard d'avant, l'action recommença avec animosité du côté des Français.

Enfin, quelques minutes après, le commandant portugais, forcé par la nécessité, céda à la valeur française, et l'on vit l'étendard lusitanien s'abaisser de la poupe d'un vaisseau de soixante-quatre canons, devant les trois couleurs qui flottaient au bout de vergue de la corne d'un corsaire de Saint-Malo de dix-huit canons.

La prise fut confiée au premier lieutenant Fonroc, et le *Revenant* l'escorta jusqu'à l'Ile-de-France, où ils arrivèrent un mois après.

CHAPITRE XI

LE « CHARLES »
SON RETOUR EN EUROPE (1808-1809)

Son corsaire rentré au port Napoléon, Surcouf en ordonne le désarmement, afin de le réarmer en *aventurier* chargé d'une riche cargaison, ainsi qu'il avait opéré avec la *Confiance*, sept ans auparavant. Mais, en juillet 1808, les arsenaux maritimes du port étaient dénués de tout approvisionnement; la colonie, abandonnée par la métropole, ne put fournir au radoub de la frégate la *Sémillante*. Cette frégate venait de rentrer à la suite d'un engagement de nuit contre la *Terpsychore*, de même force; le commandant français avait été dangereusement blessé ainsi que l'enseigne de vaisseau Charles Baudin, aujourd'hui vice-amiral, dont le bras droit fut emporté. Le feu ayant pris sous le gaillard d'avant de l'anglais, les deux frégates se séparèrent sans résultat décisif. Le capitaine-général Decaen se trouva dans la nécessité de la vendre au commerce; ne voulant pas cependant laisser l'île démunie de bâtiments de guerre il remplaça la frégate par le *Revenant*, dont il s'empara d'autorité, le 23 septembre 1808, en remboursant le prix d'estimation aux propriétaires. Effectivement, il n'y avait plus qu'une seule frégate française au delà du cap de *Bonne-Espérance*, par l'incurie d'un ministre qui avait résolu la perte de la colonie : cette frégate était la *Caroline*, capitaine Billard, nouvellement arrivée de France, et ne pouvant se suffire à elle-même pour remettre en mer.

Surcouf, irrité de cette réquisition forcée, qui dérangeait ses projets, en le dépouillant de sa propriété, eut de vives altercations avec le général gouverneur ; elles devinrent si âcres que celui-ci le menaça de l'embarquer simple officier sur le *Revenant*, devenu corvette de l'Etat, et lui montra même la commission d'enseigne de vaisseau qu'il lui destinait : « Oseriez-vous bien, général, par abus du pouvoir temporaire dont vous êtes revêtu ici, attenter aussi brutalement à ma liberté individuelle ? » Et en prononçant ces mots, le corsaire regardait fixement le général avec une colère concentrée, prêt à se porter à tout excès sur une réponse affirmative. « Monsieur Surcouf, lui répondit le gouverneur, je n'abuserai point à votre égard de mon autorité, comme chef supérieur ; mais, de votre côté, modérez-vous : croyez que les intérêts du pays ont seuls dirigé le gouvernement colonial dans la conduite qu'il a tenue. »

Contraint de céder à la force, Surcouf se résigna. Privé de son corsaire, il accepta le commandement qu'on lui offrit de la *Sémillante*, achetée par les principaux négociants, qui consentirent à lui donner un fort intérêt dans l'entreprise. Cette frégate arma sous le nom du *Charles*, et prit un chargement d'une grande valeur, provenant des marchandises des prises et des productions les plus précieuses de l'île.

La cargaison du *Charles* fut vendue 5 millions de francs à Saint-Malo.

Les travaux à faire à la coque du bâtiment avaient pris beaucoup de temps, en sorte que Surcouf ne fut prêt à prendre la mer que dans le courant de novembre, époque de départ favorable, puisqu'il fallait arriver sur les côtes de France durant les longues nuits d'hiver. Sur ces entrefaites, une nouvelle contestation surgit encore entre le capitaine-général et le capitaine de corsaire. Afin de débarrasser la colonie de la charge que lui imposait le nombreux état-major du vaisseau la *Conceção*, auquel on comptait une forte somme chaque mois, d'après le grade de chaque officier portugais, M. Decaen résolut de les embarquer sur le *Charles*. En vain Surcouf lui avait-il représenté la faiblesse de son équipage, composé de marins de rebut, et principalement des matelots portugais du vaisseau capturé, qui ne prenaient service à bord de l'*Aventurier* qu'afin de se soustraire à une détention dont ils ne prévoyaient pas le terme, qu'il était dangereux pour la sûreté de la frégate d'embarquer avec ces étrangers, en nombre supérieur, les chefs qu'ils avaient eus précédemment, le général persista dans sa résolution, déclarant qu'il refuserait plutôt de signer le congé de navigation. L'armement était trop avancé pour reculer, et le Malouin, paraissant céder aux exigences de l'autorité, prit de suite une détermination que lui seul pouvait oser.

Surcouf, ayant réglé ses affaires, fit éviter sa frégate, le 21 novembre, à huit heures du matin, et arbora à ses mâts le signal du départ. A neuf heures, il se rendit à bord avec le commissaire de marine, un officier de police et les gendarmes. L'appel étant terminé, il ordonna au pilote d'appareiller : au fur et à mesure que la frégate s'éloignait du fond

du port, les bateaux qui servaient d'escorte débordèrent;
enfin, au large, à la dernière bouée, il ne restait plus, le long
des flancs du *Charles*, que la chaloupe du port et deux canots bien armés, appartenant aux meilleurs amis de Surcouf, qui lui faisaient la conduite. Le pilote ayant fait mettre
en travers, pour descendre dans son embarcation, le capitaine lui remit (en le dédommageant libéralement) le commandant portugais et ses officiers, qu'il contraignit tous à
retourner à terre, en conservant toutefois les formes les plus
polies à leur égard. Ceux qui ne purent trouver place dans la
chaloupe s'embarquèrent avec les amis de Surcouf, empor-
tant leurs bagages, et, les adieux adressés, le capitaine fit
orienter en mettant le cap au N. O. quart O.; le temps était
beau et la brise molle, soufflant de l'E. N. E.; à midi, le
Morne-Brabant restait au S. S. E. du compas à grande distance; bientôt après la colonie disparut derrière les nuages
qui vinrent la couvrir de leur sombre et épais rideau.

Avant de suivre le capitaine Surcouf dans sa périlleuse
traversée, revenons pour un moment au port Napoléon, dans
l'hôtel du gouverneur. Là, le général, qui avait fait conduire
par un aide de camp les officiers portugais à bord du
Charles, se félicitait de s'en être débarrassé de cette façon; le
Charles, qu'il voyait s'éloigner de sa galerie, lui en donnait
la certitude. Tout à coup, on lui rend compte que la chaloupe du pilote a ramené en ville l'état-major de la *Conceção*, que Surcouf lui a renvoyé. A cette nouvelle, il devient furieux; cependant sa colère demeurait sans effet vis-à-
vis du marin qui s'était joué de lui et de sa puissance. Néanmoins, le lendemain, la gazette du pays annonçait dans un
long préambule les griefs du gouvernement local contre le

capitaine du *Charles*, précédant une ordonnance qui déclarait toutes ses propriétés sous le séquestre : les murs de la ville furent couverts de cette pièce de haute justice administrative que les habitants blâmèrent ouvertement; ils pensaient que Surcouf justifierait facilement près du ministre la mesure qu'il avait été forcé de prendre pour la sécurité de son vaisseau.

Les habitants de l'île Maurice aimaient et admiraient Surcouf, comprenant fort bien qu'il avait eu raison de ne pas emmener les Portugais dont la vaillance et le nombre pouvaient, en cours de route, lui occasionner les plus graves difficultés, ils blâmèrent le gouverneur général Decaen et lacérèrent ses affiches.

Parmi les plaisanteries parfois triviales qui furent faites citons ces vers (?) que les matelots chantonnaient à Maurice :

> Allons bon !... général Decaen
> Surcouf vient de ficher le camp
> Les colons avec agrément
> Voudraient te voir foutre ton camp.
> L'commandant portugais au camp
> Vient de rentrer subreptic'ment
> Et ce retour assurément,
> Embête le général Decaen.

Dans le cours de cette nouvelle navigation où nous suivrons encore le capitaine malouin regagnant son port d'armement au travers des croiseurs anglais qui couvraient les mers, nous n'aurons pas d'occasion de montrer les ressources de son génie : le succès de cette campagne dépendit tout entier des calculs de son expérience et du bonheur qui accompagne toujours l'homme libre et entreprenant. Surcouf saura conduire à bon port, au milieu des périls qui le menacent sans cesse, la *Sémillante* et sa riche cargaison; tandis que par un fatal contraste, la *Canonnière* et le *Laurel*, frégates également vendues au commerce de l'Ile-de-France, tombèrent en vue des hâvres français, avec les richesses qu'elles renfermaient, au pouvoir des ennemis! La nouvelle de la prise de ces deux navires fut bien sensible aux colons des deux îles par la perte énorme qu'elle leur faisait éprouver et par les bévues qui en furent cause.

Le brave Bourayne, commandant la *Canonnière*, était entré au Port-Nord-Ouest lorsqu'il apprit que les îles de France et Bourbon se trouvaient bloquées par la petite frégate anglaise le *Laurel*; alors il s'empressa de réparer les avaries d'une longue croisière et obtint du général Decaen l'honneur d'aller combattre l'ennemi qui était revenu en vue. Le 12 mai, à quatre heures du soir, il rejoignit le *Laurel* par le travers de la grande baie, et le combat s'engagea avec une grande vivacité des deux côtés; mais à cinq heures l'anglais était amené et les couleurs nationales flottaient sur sa poupe : le lendemain matin la *Canonnière* et sa prise mouillaient sur la rade extérieure de la baie.

La colonie se trouvait dépourvue de munitions et d'approvisionnements et ne pouvait aider au ravitaillement des deux frégates : dans cette occurrence, le capitaine général les vendit au commerce, qui les arma en aventuriers. La *Canonnière*, confiée au capitaine Pérou, vint se faire capturer en vue de Lorient; le *Laurel* était commandé par M. Bourgoing, et fut repris aux atterrages devant Bordeaux : leurs cargaisons se trouvaient d'une grande valeur; leur perte fut un malheur réel pour les deux colonies qui avaient fourni leur chargement.

Le 10 décembre au matin, à l'accore du banc des Aiguilles, Surcouf se trouve en vue d'un vaisseau de guerre, escortant six vaisseaux de la compagnie; aussitôt il gouverne pour s'éloigner d'un aussi dangereux voisinage, le convoyeur lui appuie une chasse si vigoureuse que Surcouf, contraint de prendre l'allure la plus favorable à sa frégate, dévie de sa route, mais entraîne le vaisseau au loin de son convoi, ce qui l'inquiète et le force à lâcher prise après une course incertaine. Étant revenu en route pour doubler le cap des Aiguilles, le lendemain à dix heures du soir et à petite distance sur l'avant à lui, il voit lancer de la poupe d'un vaisseau trois fusées auxquelles succéda un feu bengale qui en éclairant l'arrière de ce bâtiment lui fit reconnaître son antagoniste de la veille; le *Charles* se trouvait au milieu du convoi où l'avait amené l'obscurité. Bien assuré de la position de la flotte britannique, il prend trois quarts sur tribord, force de voiles, et au jour les gabiers ne voyaient plus rien; quarante-huit heures après, il se trouvait dans l'ouest du cap des Aiguilles, gouvernant sur l'île de l'Ascension, qu'il aperçoit le 31 décembre à 8 lieues. Depuis l'Ile-de-France, c'était la première terre qui servait de limite à l'horizon, aussi l'équipage la salua-t-il avec transport, malgré son aspect aride et sans verdure; il voyait en elle un de ces majestueux jalons que la main du Tout-Puissant a jetés à travers l'océan, afin que le navigateur dirige plus sûrement sa route. Surcouf eût bien désiré y relâcher pour y prendre des tortues qui abondent sur ses bords pendant la nuit, mais sa mission a changé, il n'est plus l'intrépide corsaire *courant sus* à tout navire annoncé par ses vigies; en conséquence il s'en éloigne dans la crainte de trouver un bâtiment de guerre sur sa rade. Du reste, ses instructions portent qu'il doit éviter les rencontres pour ne pas exposer imprudemment les richesses que renferme le *Charles* : Surcouf s'y conforme, bien résolu de se défendre à outrance pour les sauver.

Le 4 janvier 1809, à cinq heures du soir, il coupe l'équateur par 20° de longitude et s'avance rapidement au nord. Six jours après, passant à 100 lieues à l'ouest des îles du cap Vert, il remarqua des voiles couvertes d'une poussière rougeâtre que les orages avaient apportée des déserts de l'Afrique.

Ce fut dans une de ces îles (Saint-Yago), que le fameux Suffren attaqua audacieusement le commodore Jonhston. Le vent n'ayant pas permis à trois vaisseaux, des cinq qui composaient sa division, de mouiller comme le *Héros* et l'*Annibal* par le travers de la ligne anglaise embossée; le bailli, après un combat à outrance, quitta son ancrage avec autant de fierté qu'il était venu le prendre à portée de pistolet du *Héros-Anglais* que commandait Jonhston. Il aurait pu sans doute obtenir plus de succès, mais non y acquérir plus de gloire.

Sur sa route, Surcouf aperçoit des navires dans toutes les directions, mais il sait toujours les éviter sans se rendre suspect. Le 16 janvier, il profite en marin prévoyant d'un temps calme pour tenir ses agrès et disposer sa frégate à subir les chasses des croiseurs ennemis qu'il devait rencontrer dans les mers d'Europe.

Le 24 janvier, par 40° nord et 33° ouest, Surcouf gouverne de manière à aller au large de la Grande-Sole (limite ordinaire des stations anglaises dans les mers de France et d'Angleterre), se mettre en latitude de son port de destination; de là, favorisé par une révolution d'avale, il traversera l'espace qu'il sait être parcouru par les vaisseaux de la Grande-Bretagne.

Après quelques jours d'attente, la nuaison s'établit, le *Charles* traverse les croiseurs ennemis, auxquels il se soustrait par d'habiles combinaisons de son capitaine. Pendant la nuit du 31 janvier au 1er février, il donne dans l'escadre chargée du blocus de Brest, qui s'était élevée au N.-O. pour se tenir en garde contre les vents de cette partie qui soufflaient avec violence, et au jour il se trouve encore parmi plusieurs des navires de guerre aux couleurs de la Grande-Bretagne, ainsi que l'avait été, un siècle auparavant dans les mêmes parages, Duguay-Trouin à bord du *Jason*.

Surcouf toujours calme au milieu des dangers, juge de suite que toute manœuvre pour fuir décèlerait sa nationalité, et qu'il n'a pour l'instant d'autre moyen de salut qu'en imitant en tout point les mouvements des croiseurs anglais. Chaque heure paraissait bien longue, puisque d'un moment à l'autre il pouvait être reconnu, ce qui arriva effectivement vers le soir; mais, à la faveur de l'obscurité, le *Charles* fit fausse route et dépista deux croiseurs qui lui appuyaient chasse : au matin, la vigie n'ayant rien en vue, la frégate reprit la bordée de terre. A dix heures, on reconnut parfaitement une grande goëlette de guerre qui l'avait chassée la veille; mais, profitant de plusieurs grains sombres qui vinrent s'interposer entre l'anglais et le *Charles*, Surcouf par un changement de direction finit par s'en débarrasser, et le 3 février, à deux heures et demie de l'après-midi, il arriva en vue de l'île de Batz. Le lendemain, le *Charles* était près de Brehat; là, il met son pavillon, tire du canon pour appe-

ler un pilote; mais, comme on le suppose anglais, aucun ne se
rend à son appel; désespéré, il gouverne sur le cap Fréhel,
dont le feu s'aperçoit de très loin en mer, et passe la nuit
à courir de petits bords qu'il réglait par les relèvements du
phare. Au jour, il approche le fort la Latte [1] afin de communiquer; ce fut en vain, la garnison s'obstine à voir une
frégate ennemie dans le *Charles*, quoiqu'il eût arboré les
couleurs nationales, et lui tire deux coups de canon, pour
l'obliger à s'éloigner. Surcouf contrarié fit servir vers la
rade de Saint-Malo, d'où il espère enfin être reconnu en approchant les passes, d'après les avis qu'on avait dû recevoir

1. Le château de la Latte, qui est une des fortifications les plus
anciennes de toutes celles qui environnent Saint-Malo, n'en est éloigné
que de quatre lieues un quart. Il est construit sur une pointe avancée,
séparée de la terre ferme par une grande crevasse naturelle dont l'art
a fait un fossé de plusieurs mètres de large, avec pont-levis; c'est un
bon point de défense, surtout pour protéger le mouillage des navires
qui est au pied.

Son origine remonte jusqu'à l'an 937, où N. Goyon de Matignon,
l'un des bannerets de Bretagne les plus distingués pour les services
rendus aux ducs Juhel-Bérenger et Alain II dans leurs guerres contre
les Normands païens, le fit bâtir afin d'empêcher le retour de ces barbares dans nos contrées. Le gouvernement en fut confié à la famille Goyon
même, dont elle portait le nom dans l'origine; les Anglais l'assiégèrent
inutilement en 1490. Cette forteresse étant tombée en ruine pendant
les guerres civiles Louis XIV en fit l'acquisition en 1689, et ordonna
de la réédifier sur de nouveaux plans; ce fut de M. de Garengeau, l'un
des sous-ingénieurs de Vauban à Saint-Malo, qui en surveillait les travaux. Elle prit alors le nom de la Latte, du lieu où elle est assise;
mais la garde fut continuée aux anciens propriétaires qui étaient aidés
par les états généraux; les milices circonvoisines formaient la garnison, et les Malouins servaient l'artillerie seulement. A la Révolution
de 1789, le gouvernement républicain pourvut lui-même à la défense
de ce point important du littoral.

Le 5 juillet 1815, la faible garnison du château de la Latte fut surprise par huit chasseurs royaux qui s'emparèrent de cette forteresse :
le lendemain, elle fut reprise par les marins de Saint-Malo avant l'arrivée des Anglais.

de son retour; sur sa route il est abordé par le bateau d'un nommé Marin-Gilles qui s'offre de piloter la frégate, quoiqu'il ne fût point classé au nombre des *pratiques* du port. Surcouf, contraint de céder à la nécessité, lui confie la direction de son bâtiment qui reprend aussitôt son aire pour le mouillage.

Mais après avoir échappé à tous les dangers de la traversée le *Charles* fut au moment de se perdre au port, et il fallut encore tout le sang-froid et la perspicacité de son capitaine pour le tirer du péril imminent qui le menaça d'une destruction complète. Bien que la brise eût considérablement molli, Marin-Gilles, au lieu de laisser tomber l'ancre sur la grande rade où l'on était parvenu, se fit fort de gagner le mouillage de Solidor, où s'amarrent les bâtiments de guerre du tonnage du *Charles*. En s'avançant vers la rivière, le vent halait le sud et portait, en refusant toujours, la frégate contre la Cité à terre de la Mercière. Le pilote, effrayé de la situation du navire qui tombait de plus en plus sur les rochers de la forteresse, n'indiquait aucune manœuvre pour le sauver, lorsque Surcouf, furieux envers cet homme incapable, lui donna un coup de son porte-voix; mais frappé du péril, il s'occupe du salut de son vaisseau et la fortune de Surcouf l'emporte sur le danger. La barre sur son ordre est mise dessous, afin de virer de bord à l'aide des voiles ou du câble paré à mouiller. Le *Charles* obéit à son gouvernail et se présente au lit du vent sans pouvoir le doubler. « Mouille », ordonne le capitaine, et le bâtiment vient de suite à l'appel de son câble maîtrisé par la fin du flot. La fraîcheur se fit sentir aussitôt du bord opposé, ce qu'on avait voulu obtenir; alors on oriente les voiles bâbord amures, et la fré-

gate sous leur impulsion courut de l'avant : immédiatement
l'amarre fut coupée, et le *Charles* revint sur la grande rade
y prendre son ancrage; il était sauvé [1]!

1. La difficulté de pénétrer dans la rade de Saint-Malo est rendue
évidente quand, du haut des remparts de Saint-Malo, on observe l'horizon à mer basse, surtout à l'époque des grandes marées. Ce ne sont
que rochers hérissés et pointes saillantes. Aussi la côte est-elle garnie
de repères et de signaux visibles depuis l'île de Cézembre.

Le mouillage de Solidor que nous venons de citer tire son nom de
la tour Solidor, solide construction constituée par le groupement de
trois tours de granit, elle sépare l'ancien port de guerre du port Saint-
Père où s'échouent les bateaux de pêche. La tour fut bâtie par le duc
de Bretagne (1382), Jean V le Conquérant, pour obliger l'évêque de
Saint-Malo, Josselin de Rohan, à lui jurer obéissance.

Ce bâtiment très solide, admirablement conservé quoiqu'on l'ait
affublé d'une toiture ridicule, est divisé en quatre étages, y compris
celui du machicoulis et le rez-de-chaussée. En temps de guerre, il servait de lieu de dépôt pour les prisonniers ennemis. Le prince Jean
avait fait graver sur la porte de la tour l'écusson de ses armes avec
son *clam* ou cri de guerre : « Malo au riche duc »; il fut détruit pendant la Révolution.

La capitainerie de la tour Solidor était distincte de celle de Saint-
Malo et le capitaine recevait 300 écus de solde à charge d'entretenir
trois soldats, un serviteur, une servante et deux dogues.

Le port de guerre, mis à la disposition de la marine de l'Etat par
arrêté du 29 germinal an XII, est actuellement abandonné. On y rencontre parfois le *Pourquoi-Pas* du commandant Charcot. Les bureaux
de l'Amirauté partiellement inoccupés ont été mis à la disposition du
Muséum national d'histoire naturelle de Paris, grâce à M. le professeur
Mangin, membre de l'Institut, directeur du Muséum, qui y a fait créer
un laboratoire de recherches.

Rappelons qu'antérieurement, mon grand oncle, M. de Bon, commissaire général de la marine et des colonies, fils du célèbre Jacques
de Bon, une victime des pontons anglais, procéda le premier à l'établissement des parcs à huîtres au voisinage des bureaux de la marine.
Ces huîtres provenaient du banc de Cancale sur lequel chaque année
les riverains vont draguer pendant quelques jours.

La cité de Saint-Servan est actuellement un promontoire herbeux
surmonté par un fort. A la base de ce promontoire s'étalait autrefois
la ville gauloise d'Aleth. Durant le neuvième siècle, Aleth fut ravagé
à diverses reprises par les Normands, les habitants abandonnèrent leur
ville et construisirent Saint-Malo en utilisant une série de récifs

Après avoir donné quelques jours à sa famille et aux affaires de son importante gestion, Surcouf partit pour la capitale, où il reçut un accueil flatteur de Décrès. Pendant le séjour qu'il y fit, les nouvelles des mesures fiscales exercées contre lui par le général Decaen parvinrent à l'amiral-ministre; celui-ci n'aimait ni la colonie ni le gouverneur qui s'était plaint directement à l'empereur de l'état d'abandon dans lequel son ministre de la marine laissait s'anéantir l'Ile-de-France. Trouvant une occasion de se venger du capitaine général Decaen, il ne considéra que les succès remportés par l'heureux et intrépide corsaire, et obtint de l'empereur un décret spécial qui, approuvant la conduite du capitaine Surcouf en tout point, le remettait en possession de ce qu'il avait laissé aux Iles de France et de Bourbon, malgré la saisie-arrêt de l'autorité locale, décret qui fut publié, par ordre, dans les deux îles.

Cette satisfaction obtenue, Surcouf revint à Saint-Malo, et se livra avec une nouvelle ardeur à ses armements en course contre les Anglais, qu'il détestait : l'*Auguste*, la *Dorade*, la *Biscayenne*, l'*Edouard*, l'*Espadon*, la *Ville-de-Caen*, l'*Adolphe* et le *Renard*, sillonnèrent les mers d'Europe, et portèrent le trouble dans le commerce britannique, en capturant un grand nombre de ses vaisseaux marchands : plusieurs de ces corsaires se signalèrent par des actions d'éclat.

nommés les rochers d'Aaron, puis ils se fortifièrent par une solide ceinture de murailles et furent désormais à l'abri des invasions.

La frégate le *Charles*, sauvée par Robert Surcouf, se perdit l'année suivante sous le commandement du capitaine Abeillié, ancien second du corsaire. Le navire chassa sur ses ancres, sous l'influence du courant et vint se jeter sur l'écueil qui avait déjà failli le briser. Il fut complètement détruit. (J. Surcouf.)

Nous devons ici ouvrir une parenthèse pour revenir au corsaire le *Revenant*.

Le général Decaen qui commandait l'île Maurice comme gouverneur, profita de l'arrivée du *Revenant* pour remplacer les frégates qui manquaient, il chargea le lieutenant de vaisseau Morice de prendre le commandement du *Revenant*, armé en guerre et nommé *Iéna*.

Malgré la bravoure de cet officier, le succès ne répondit pas à ses efforts et l'*Iéna* ne tarda pas être capturé. Nous insérons ici une correspondance adressée de l'île Maurice à Nicolas Surcouf, le 3 janvier 1810, à ce sujet, par ses parents Pitot et qui, jusqu'à ce jour, n'a pas été publiée :

« Monsieur et cher Parent,

« Les frégates la *Vénus* et la *Manche* et une petite corvette croisaient ensemble dans nos mers et le résultat de leur croisière n'avait été que trois prises de peu d'importance heureusement entrées en un petit port nommé Jacoté au sud de notre île. La colonie qui les attendait journellement n'en espérait rien de plus. La frégate la *Bellonne* croisait seule aux Indes et n'avait point encore donné de ses nouvelles.

« Le 31 décembre dernier, la *Vénus*, démâtée de son beaupré et de son grand mât de hune, entra à la Rivière Noire pendant que deux vaisseaux de guerre anglais de soixante-quatre et de cinquante croisaient devant le port Napoléon. Cette frégate y trouvait les trois prises susdites qui du port Jacoté s'y étaient rendus. M. Hamelin qui la commandait annonça que sa petite division attaquée par un convoi de vaisseaux de la Compagnie anglaise venant d'Europe en avait pris trois, qu'un coup de vent et un démâtage l'avaient séparé et qu'ils devaient, ainsi que la *Manche*, être à peu de distance de l'Ile.

« Le 1er de ce mois, les deux vaisseaux de guerre anglais abandonnèrent l'entrée de notre port pour se tenir devant la Rivière Noire, où, sans doute, ils examinaient s'il y aurait moyen de faire une tentative pour s'emparer de la *Vénus*, et le même jour, au soir, les signaux télégraphiques annonçaient cinq grands vaisseaux et un plus petit, tous à trois mâts dans le nord-est de l'Ile.

« Hier, à la pointe du jour, ces six bâtiments étaient devant notre port, louvoyant avec un très petit vent de sud-est, étant encore devant la Rivière Noire, c'est-à-dire à 5 ou 6 lieues sous le vent; rien n'a troublé leur entrée qui, vers la fin, a eu lieu vent arrière, la brise étant venue du large. Ces six bâtiments sont :

« La frégate la *Manche*, que le coup de vent n'a point endommagée.

« Deux des trois vaisseaux de la compagnie, l'un chargé pour elle, l'autre la *Cueillette*, que l'on estime chacun à 3oo ooo piastres. On ignore ce qu'est devenu le troisième.

« La frégate la *Bellonne*.

« Une très grande et superbe frégate portugaise, qui armée, mais sans chargement, avait quatre cents hommes à bord et n'a été prise par la *Bellonne* qu'après cinq heures d'un combat meurtrier pour les Portugais, quoique les Français aient perdu seulement un homme.

« Le sixième vaisseau, plus petit que les autres, était le corsaire *Le Revenant*, que commandait Robert Surcouf votre frère, pris par les Anglais étant la corvette *Iéna* et repris sur eux par la *Bellonne* après une résistance moindre que celle qu'avait faite M. Maurice, lors de sa prise par la frégate anglaise la *Modeste*.

« Notre administration était aux abois et ce qui lui arrive, sans la mettre en état de payer ses immenses dettes, est pourtant d'un grand soulagement dans sa détresse.

« Nous sommes avec un invariable attachement, Monsieur et cher Parent,

« Vos très humbles et très dévoués serviteurs.

« C. Edmond L. T. Pitot. »

Profitant du séjour du corsaire à Paris, Napoléon, désireux de couronner la glorieuse carrière de Robert Surcouf, lui adressa des lettres patentes et le créa Baron de l'Empire. Beaucoup de familles de Bretagne appartenant à la noblesse étrangère reçurent par la suite le titre de Baron, avec des adjonctions à leurs blasons. Peu de familles ont gardé ces blasons modifiés. L'ancien écusson de la famille Surcouf était « de sinople à trois pommes de pin d'or ». C'est celui que portait l'auteur de la famille en arrivant d'Irlande.

CHAPITRE XII

CROISIÈRE DU « RENARD », COMMANDÉ PAR LE CAPITAINE DUROCHETTE-LEROUX

Dans les premiers jours de septembre 1813, la corvette-goëlette l'*Alphéa*, attachée à l'escadre de Plymouth, croisait au large de ce port et en éclairait les abords; elle portait seize canons de 12 en batterie, seize pierriers montés et un équipage de quatre-vingts hommes d'élite. A la même époque, le *Renard*, parti de Saint-Malo, le 23 août 1813, se trouvait en relâche à l'Ile-de-Bas, son armateur était le célèbre Robert Surcouf, qui avait choisi pour capitaine E. Durochette Leroux, l'un de ses lieutenants à bord du *Revenant*, dont il avait su apprécier, en maintes occasions difficiles, le mérite et la bravoure; ce corsaire côtre [1], du port de 70 tonneaux seulement, était armé de dix caronades de 8, de quatre canons de 4 et de soixante hommes tout compris.

Le 8 septembre, les vents ayant passé à l'ouest, bon frais, le capitaine Leroux se décida à mettre en mer, afin d'aller reprendre sa station aux points arrêtés avec Surcouf lui-même; en conséquence, il se rendit à bord à quatre heures

1. Petit bâtiment de guerre à un mât.

de l'après-midi, et mit immédiatement sous voiles. Par la vitesse imprimée à la marche du côtre, il traversa la Manche dans la nuit et, aux premières clartés du jour, les vigies signalèrent les terres de Start-Point dans le N.-O. à quatre lieues de distance. Malgré l'approche des côtes britanniques, la mer restait très houleuse et fatiguait considérablement le corsaire dans ses hauts; comme il n'y avait rien en vue, on descendit la batterie à fond de cale et l'on régla les bordées de manière à se maintenir à l'endroit de croisière qu'on avait atteint. A trois heures de l'après-midi, au moment de virer de bord pour rapporter à terre, l'homme de vigie cria : Navire! C'était la belle goëlette de guerre l'*Alphéa*, qui courait sous petites voiles les amures à tribord et qu'on relevait sous le vent par le bossoir de bâbord; afin de l'approcher pour la mieux reconnaître, le *Renard* laissa porter bon plein en forçant de voiles. A cinq heures, les deux navires n'étaient plus qu'à 2 lieues l'un de l'autre; l'installation parfaite de son gréement donna des doutes sur sa mission, mais aux signaux qu'elle fit on reconnut de suite un croiseur ennemi.

Leroux vira de bord; la goëlette imita sa manœuvre : sous le pressentiment de la lutte qu'il devait soutenir, il assembla son équipage : « Nous ne sommes point en mer, leur dit-il, pour attaquer les navires de guerre, mais si le cas échéait d'avoir à nous défendre contre un bâtiment de notre force; seriez-vous disposés à me seconder? » — « Oui, capitaine », répondirent par acclamation les vaillants hommes qui entouraient le chef faisant ainsi appel à leur courage. Rassuré sur leur intention de combattre au besoin, le capitaine Leroux mit le cap au S.-E. quart E. s'étant décidé spontanément à relâcher à Cherbourg, dans la pensée qu'il ne fallait pas rester plus longtemps dans des parages où il allait être signalé à tous les navires de guerre anglais qui y stationnaient. Se fiant à la marche supérieure du *Renard* et à l'obscurité qui dérobait la route qu'il suivait à l'*Alphéa*, il ne garda qu'un quart[1] sur le pont et envoya l'autre se reposer; le côtre naviguait sous la grande voile, son hunier, le grand foc et la trinquette : son artillerie trop lourde pour son faible échantillon resta dans la cale.

La sécurité la plus parfaite régnait à bord du corsaire, quand tout à coup, à onze heures et demie du soir, la vigie crut apercevoir une voile de l'arrière; l'officier chef du quart prévenu fit aussitôt avertir le capitaine qui ordonna d'éveiller tout le monde et de faire les préparatifs du combat; il était temps, puisque le navire en vue prenait en ce moment le sillage du corsaire à demi-portée de canon : on monta les caronades de la cale, déjà onze étaient en batterie lorsqu'à une heure du matin, l'ennemi, qui avait gagné du terrain, commença le combat de ses canons de chasse et de sa mousqueterie. Leroux, voyant plusieurs hommes blessés à ses côtés, et mémoratif de la conduite de Surcouf en semblable occurrence, réunit une dernière fois son équipage, et lui adressa cette courte mais énergique allocution : « Voilà un navire de guerre au moins aussi fort que nous, êtes-vous toujours résolus à vous battre pour éviter les affreux pontons, la honte de l'Angleterre » — « Plutôt la mort que de nous rendre! » s'écrièrent avec enthousiasme les marins

---

1. Les hommes de l'équipage se divisent en deux escouades qui veillent alternativement au salut du bord. On dit : le quart de tribord, le quart de bâbord.

LA TOUR SOLIDOR ET LE PORT DE SAINT-SERVAN

français. « Alors que l'on genope [1] le pavillon national à la tête du mât et que chacun se rende à son poste », reprit l'intrépide Leroux. Un agile gabier, Joseph Da Rocha, ceint du drapeau aux trois couleurs, s'élance dans les haubans pour aller exécuter l'ordre de son capitaine, et les cris de *Vive l'Empereur!*, qui saluent son ascension, formulent en même temps l'acceptation du duel à mort que l'anglais a provoqué.

La lune venait de se lever pour éclairer de sa pâle lumière la scène de carnage qui se préparait. Le capitaine français voyant son monde bien *paré* et voulant faire cesser le feu de chasse de l'anglais qui l'incommodait, profite du moment où il lançait au vent, masque son grand hunier et vient du lof; manœuvre subite qui met l'avant de l'*Alphéa* par son travers; position avantageuse qui permit à ses canonniers de l'enfiler de leurs pièces chargées à boulet et mitraille, soutenues de toute la mousqueterie. L'ennemi déconcerté s'empresse d'arriver, passe sous le vent du *Renard* et prend place par son embelle à petite portée de pistolet, d'où il riposte de son artillerie. Les canonniers qui avaient suivi son mouvement s'étaient précipités aux pièces de tribord, et un combat furieux s'engagea alors entre les deux antagonistes : par l'ardeur que déployaient les marins français à servir les onze pièces du *Renard* contre les seize bouches à feu et les seize pierriers de l'*Alphéa* les chances se balançaient malgré la supériorité numérique des canons anglais. Durant l'intervalle des détonations des volées, on entendait à bord de l'anglais : *Hourah! hourah! tuons ces chiens de*

---

1. Étreindre fortement ensemble, au moyen de plusieurs tours très serrés, deux cordages réunis par un troisième qui est la genope.

Français. A ces cris qui accusaient un peuple de barbares plutôt qu'une nation européenne, les Français répondaient dans leur patriotique dévouement : *Vive l'Empereur!* et leurs caronades partaient chargées jusqu'à la gueule.

Déjà des pertes sensibles s'étaient fait sentir sur le côtre, M. Derosse, premier lieutenant, ainsi que les officiers Berthelot et Ramerie [1] se trouvaient hors de combat; près d'eux plusieurs hommes de l'équipage étaient tombés morts ou blessés; Dasilva, second maître de manœuvre et Julien Lemarchand comptaient parmi les premiers; Dacunha, François Helbert, De Souza, Le Bail et Oliveira étaient du nombre des seconds. Leroux, voyant qu'en dépit des efforts inouïs de son monde il n'avait obtenu aucun avantage sur l'ennemi par la grande disproportion de son artillerie à la sienne, commande l'abordage : aussitôt le *Renard* lance sur tribord et joint l'*Alphéa* peu éloignée de son avant; les grappins jetés sur son bord s'y accrochent et lient étroitement les deux navires l'un à l'autre. Le courageux Calipet, second capitaine du corsaire, se précipite à la tête des hommes destinés pour l'abordage sur l'avant de la corvette; et là s'engage une lutte corps à corps, affreuse boucherie, où sans nulle pitié les combattants s'entr'égorgent; Auguste Gauthier et Jean Lebell, tous deux volontaires, combattent courageusement et perdent la vie; Oliveira, Roderick et Logan, matelots, ainsi que le vaillant maître charpentier Abbey, reçoivent de graves blessures; cependant les Anglais, plus nombreux, à l'aide de longues piques estropées qu'ils lançaient d'un côté à l'autre du gaillard, forcèrent les Français

1. Louis Duval Ramerie, lieutenant et capitaine d'armes, avait eu la jambe coupée, il mourut de cette blessure.

à la retraite : de leurs bords respectifs les deux équipages recommencèrent à se sabrer debout sur les bastingages, et, dans leur haine, chaque homme se jetait sur son adversaire pour lui arracher les armes des mains. Les Anglais, qui avaient cru à une victoire facile, se démoralisent par la résistance qu'on leur oppose : dans la fureur qu'elle leur inspire, ils lancent à la tête des marins du *Renard* des boulets froids, espérant les assommer plus vite, et lorsqu'ils ne trouvent pas de projectiles à leur portée, les sabres et les pistolets volent en l'air et tombent à bord du corsaire. Le conflit est si animé que les morts et les blessés restent entassés pêle-mêle sur le gaillard, sans qu'on songe à porter des secours à ces derniers, qui, du reste, ne les réclament pas.

Cette action meurtrière était loin de se ralentir, puisqu'il fallait pour la terminer l'anéantissement d'un des deux adversaires. Calipet, en encourageant les siens, est frappé à mort, un biscaïen lui a traversé la poitrine; mais il est dignement remplacé par le second lieutenant Herbert accouru au poste qu'il occupait. Quoique les deux navires se fussent abordés, les batteries n'avaient pas cessé leur feu qui était devenu d'autant plus meurtrier qu'elles tiraient à brûle-pourpoint, la volée de chacune des pièces s'engagea au roulis dans le sabord opposé, le pont du *Renard* se trouva souvent couvert de matières inflammables qui éclairaient de leur lugubre clarté le sanglant tableau qu'il offrait. Pierre Denis, novice, a les pieds brûlés; à ses côtés, l'Américain Georges Cook perd les deux jambes et ne profère aucune plainte; près d'eux Bragaja et le courageux volontaire Pierre Menou tombent percés de balles.

Le sang inonde le tillac du corsaire, il le rend si glissant qu'on ne peut plus se tenir que pieds nus; alors l'exaspération est à son comble! « *Plus de refouloirs*, s'écrient nos canonniers, *chargeons à bras, nous irons plus vite* ». Les pièces réchauffées roussissent la peau de leurs bras qui se dépouillent; rien ne les arrête, ils ne s'en aperçoivent pas; le feu de l'ennemi leur brûle la figure, ils ne sentent rien : la mort seule peut arrêter leur courage! A la vue des deux pièces démontées, le nouveau second M. Herbert fait demander des grenades et les jette, assisté de plusieurs marins, à bord de l'ennemi : elles tombent dans toutes les directions, éclatent et y mettent le désordre; des cris confus qui partent de l'*Alphéa* se distinguent fort bien au milieu du canon et de la mousqueterie, et on remarque même que la voix sonore du capitaine a cessé de se faire entendre.

Joseph Da Rocha, ce brave qui avait genopé le pavillon, monté par ordre une seconde fois sur les barres de hune, rapporte que deux fanaux placés de chaque côté du grand panneau éclairaient les nombreux blessés qu'on envoyait dans la cale; le malheureux, en descendant du mât pour revenir à sa caronade, reçut trois coups de lance dont il mourut quelques jours après.

Cependant, malgré ce commencement de succès, Leroux reconnaissait avec douleur l'impossibilité de pénétrer à bord de l'ennemi d'après les pertes qu'il a essuyées lui-même pour y parvenir. Tout à coup, les bosses des grappins cramponnés contre la corvette se rompent, et aussitôt les navires se séparent l'un de l'autre. Mais là ne devait point encore finir cette action si belle pour notre pavillon et dont l'histoire offre peu d'exemples : on reprit donc la canonnade des deux côtés, et, à bord du *Renard*, trois pièces seulement purent être servies activement. Quoiqu'au vent eût succédé un calme plat, la mer était restée houleuse et maîtrisait par son impulsion les deux bâtiments qui ne gouvernaient plus. Une lame monstrueuse vint dans son renflement déposer la corvette sur l'avant du corsaire qui ne pouvait pas manœuvrer ayant ses manœuvres courantes, ses voiles et ses bas funins hachés en morceaux. L'*Alphéa* profite de la position heureuse que le hasard lui a procurée, et enfile à son tour par ses bordées le *Renard* de l'avant à l'arrière, lui brise son beaupré et renverse une partie des hommes qui restaient sur le gaillard d'avant; parmi eux, on remarquait : Roger, maître d'équipage; Orial, Christophe, Rion et Pierre Thomas, mousse, qui rivalisait de courage avec les plus dévoués. Les braves du corsaire acceptent avec stoïcisme l'affreuse situation où ils se trouvent, ils tombaient donc sous les coups d'un ennemi implacable sans pouvoir se venger, puisque leurs canons ne pouvaient plus découvrir la corvette; mais ce moment critique fut heureusement de courte durée, il fit ressortir tout ce qu'il y avait d'héroïsme dans leur résolution de vaincre ou de périr; une vague nouvelle qui se brisa sur les lofs du *Renard* vint à son aide en le faisant abattre sur bâbord, et l'*Alphéa* fut placée de nouveau par son travers à demi portée de pistolet. Nos intrépides canonniers, animés du désir de venger leurs frères gisant près de leurs pièces, recommencèrent à tirer. Dans cet instant, Louis Chardel, volontaire, reçoit dans le bras gauche une balle, il l'arrache des chairs, en charge son fusil et tue un Anglais; quelques minutes après, une nouvelle balle lui fracasse le bras droit et le renverse : Joseph Glare a l'épaule si fortement contusionnée que son bras est frappé d'inertie, mais l'entraînement est si grand que, malgré une vive douleur, il reste à son poste et se bat avec l'autre. Un sang bien précieux devait encore venir se mêler à celui des braves marins du *Renard*, et leur faire acheter plus chèrement le prix de sa victoire : Leroux, le valeureux Leroux, tombe mortellement blessé par un boulet ennemi qui. lui coupe le bras droit à l'articulation de l'épaule. Un cri de désespoir s'échappe de toutes les poitrines; Leroux l'entend, il réunit ses forces pour prononcer ces mots : « *Courage, mes amis, l'ennemi va se rendre!* » Le lieutenant Herbert, qui comprend le malheur survenu, accourt sur le gaillard d'arrière prendre le commandement qui lui revenait, et continue avec honneur une lutte opiniâtre qui durait toujours. Aussitôt le feu redouble, nos canonniers, désespérés de la perte qu'ils venaient de faire, ne mettent plus d'interruption dans le service des trois caronades de tribord, et une pluie de fer couvre l'ennemi; il s'en trouve écrasé, ralentit son feu, et bientôt il ne riposte plus que faiblement au nôtre.

La valeur du chef s'était transmise jusqu'aux plus jeunes défenseurs du *Renard*; Thomas Pelletier, à peine adolescent, perd le bras gauche en servant une pièce près de son capitaine qu'il devait suivre au tombeau; Pierre Monnier, du même âge, prend la place dangereuse de son camarade, et y reçoit une grave blessure.

Si les Anglais se trouvaient réduits à la dernière extrémité, du côté des Français les canonniers brûlés de la tête aux pieds tombaient de fatigue malgré toute leur énergie; il ne restait à peine que ce qu'il fallait pour armer deux pièces : quant à la mousqueterie, elle avait cessé depuis longtemps et les coups de canon tirés de part et d'autre à de longs intervalles annonçaient qu'on reprenait haleine. Le pavillon de l'anglais tomba de sa vergue de pic; aux clameurs qui accompagnèrent sa chute, on crut qu'il avait amené : ce fut un moment d'enthousiasme pour les Français qui crièrent : *Vive l'Empereur!* on reconnut bientôt qu'on s'était trompé, la drisse du pic seule avait été coupée et les couleurs de la Grande-Bretagne reparurent sur la poupe de l'*Alphéa* pour être incessamment ensevelies sous ses ruines!

Afin d'assurer leur drapeau, les Anglais recommencent à canonner le corsaire, qui leur riposte avec vivacité; les Français étaient décidés à en finir pour une dernière fois. Cette réaction nous prive encore de quelques combattants; les plus grièvement atteints sont le chef de pièce Borgstrom, le canonnier Martin et le matelot Brûlon, auquel un boulet enlève un bras; mais cette reprise de combat n'est qu'éphémère de la part de l'ennemi, ses coups deviennent de plus en plus rares, tandis que les nôtres se succèdent avec rapidité sous l'énergique volonté des canonniers : enfin, après deux heures et demie d'engagement, deux coups de caronades partent à la fois contre la corvette, une flamme vive apparaît s'élevant de ses panneaux et une détonation épouvantable se fait entendre : c'était l'anéantissement de l'*Alphéa!*... L'explosion remplit l'air de matières enflammées qui tombent près du corsaire triomphant sans l'atteindre, quoique la mer tout autour de lui soit couverte de débris dont plusieurs brûlent à sa surface. Le profond et imposant silence qui succéda dans cette péripétie au roulement de l'artillerie permit aux Français d'ouïr quelques sons plaintifs que poussaient des malheureux accrochés aux morceaux de bois flottants et qui ne semblaient pas éloignés.

Il était à cet instant trois heures et demie du matin, la lune s'était voilée, l'obscurité avait augmenté sous un ciel brumeux, et les deux embarcations se trouvaient pulvérisées; tout contribuait à mettre les gens du *Renard* dans l'impossibilité de porter secours aux naufragés. Les Français les encourageaient à s'approcher du bord en leur disant qu'ils feraient ce qui dépendrait d'eux pour les secourir, car ces hommes généreux ne regardaient plus comme ennemis leurs adversaires vaincus; à cela ces pauvres infortunés leur répondirent qu'ils étaient brisés et qu'ils n'y voyaient plus... On observait bien parfois du corsaire les reflets du clapotis de quelques petites lames qu'ils formaient en voulant s'avancer, mais au moment d'accoster les flancs du côtre, ces reflets s'éteignaient. Les Français appelèrent encore, ce fut en vain, tout resta silencieux, et il leur fallut malgré eux renoncer au bonheur de sauver un seul de leurs ennemis.

M. Herbert, qui remplaçait le capitaine Leroux étendu sans connaissance sur un matelas, s'occupa de porter des secours aux blessés, que réclamait d'une manière si pressante le triste état où ils étaient abandonnés, ensuite il fit jeter les morts à la mer. Il était secondé avec zèle par l'enseigne Lavergne, le chirurgien Hinnel et par six marins, les seuls qui restassent valides, en ce premier instant, des soixante hommes figurant sur le rôle d'équipage; tous les autres, excepté l'infirmier Jean Yves et deux enfants [1] employés au passage des poudres, avaient été tués, blessés ou brûlés : nos annales maritimes relatent peu de combats plus glorieux et plus acharnés.

1. Jean-Baptiste Leroy et Robberechg, de Saint-Malo.

Au retour de l'aube matinale, le corsaire, qui avait drivé sous l'impulsion du vent fraîchissant à mesure que le soleil approchait l'horizon, s'était éloigné du champ de bataille, en sorte que rien sur les eaux ne vint rappeler l'affreuse catastrophe de l'*Alphéa*. La journée du 10 fut employée à réparer le gréement et à visiter les dehors du corsaire, où plus de deux cents trous de boulets furent comptés dans le seul côté de tribord; on les boucha avec des tapes faites de tronçons d'avirons de galères. A cinq heures du soir, le *Renard* put faire route, les vents étaient passés au S.-S.-O. bonne brise; le capitaine Leroux, auquel la connaissance était revenue après avoir perdu beaucoup de sang, de son lit de mort, voulut encore contribuer au salut de son corsaire; s'étant fait rendre compte du chemin parcouru pendant la journée, il donna la route au S.-E. pour la nuit. A la naissance du crépuscule, le côtre passa à contre-bord d'un brick de guerre qui le laissa continuer son aire sans s'informer de sa nationalité; lorsque le jour fut fait, on eut connaissance de Guernesey à petite distance. Le *Renard* en passa au nord, tandis qu'une frégate reposait paisiblement à l'ancre en rade de Saint-Pierre, chef-lieu de l'île sur la côte S.-E. Ensuite il longea de si près Aurigny qu'il fut hélé du fort; pour réponse, M. Herbert hissa le yacht anglais à la tête du mât, où, trente heures auparavant, le pavillon tricolore victorieux se trouvait arboré : peu de temps après, le corsaire louvoyait sur la rade de la Grande-Anse à la côte de Normandie.

On mit le pavillon en berne, assuré d'un coup de canon, et un pilote se rendit à bord. M. Herbert lui demanda à être conduit à Cherbourg, afin que les blessés pussent recevoir des secours plus prompts et beaucoup mieux entendus que

dans l'endroit de la côte où l'on avait atterré; mais ce pratique ayant déclaré que la marée ne le permettait pas, il fallut y renoncer. Le *Renard* se trouva par là contraint de jeter
l'ancre au port de Diélette. Dans un instant, un grand nombre de bateaux du pays vinrent l'entourer : la douane, ordi-
nairement si gênante, oublia, en faveur des malheureux qu'il
renfermait, les rigoureuses obligations de son service pour
concourir à leur soulagement. Les pêcheurs et les autres
habitants de cette localité rivalisèrent de générosité envers
les marins du *Renard*; chacune de leurs maisons fut offerte
pour servir d'asile aux glorieuses victimes qu'on allait débarquer.

M. Herbert ayant envoyé par précaution M. Lairryne
à terre, celui-ci fit tout disposer à l'avance; immédiatement après son retour le transbordement des blessés sur
les embarcations s'opéra avec le plus grand ordre : ils étaient
encore au nombre de trente et un. Le capitaine Leroux avait
demandé comme faveur de ne quitter le bord que le dernier,
mais comme une chambre avait été retenue pour lui sépa-
rément, et que la gravité de sa blessure exigeait sans retard
une situation meilleure, son successeur ne crut pas devoir
obtempérer à sa généreuse intention, il partit donc un des
premiers pour Diélette. Un exprès fut envoyé en toute hâte
à Cherbourg, vers M. le commissaire principal de la marine, pour l'informer de la détresse du corsaire et de l'état
pitoyable de son équipage, dont les blessés, depuis deux
jours, n'avaient reçu qu'un premier pansement.

Aussitôt son installation terminée, le capitaine Leroux,
malgré les souffrances inouïes qu'il ressentait de sa plaie que
les vers rongeaient déjà, appela au chevet de son lit le lieu-

tenant Herbert, pour lui dicter le rapport succinct de son mémorable combat, qu'il adressait à M. le préfet maritime de Cherbourg, rapport qui se trouve consigné dans les colonnes du *Moniteur*.

Mme la duchesse de Flamanville, dont la résidence se trouvait aux environs, devança l'administration dans l'envoi des objets de première nécessité qui manquaient aux malades : aussi sa mémoire est restée bien chère aux Malouins, pour les secours de tous genres et les attentions empressées qu'elle ne cessa de prodiguer aux malheureux blessés du *Revenant* pendant leur séjour à Diélette.

Le nouveau capitaine Herbert fit réparer le côtre dans les huit jours qui suivirent son entrée au port de relâche. Jeune et actif, dès le 22 septembre, il appareilla pour Saint-Malo, où il jeta l'ancre le lendemain 23 dans l'après-midi. A peine les sémaphores eurent-ils par leurs signaux annoncé son approche, que la population entière courut sur les remparts saluer avec un sentiment d'orgueil national l'héroïque bâtiment qui avait si noblement soutenu la réputation de bravoure des corsaires malouins; mais, à la vue du pavillon amené à mi-mât en signal de deuil, les concitoyens du valeureux Emmanuel Durochette-Leroux comprirent, sous l'émotion d'une bien vive douleur, qu'il avait succombé à ses cruelles blessures et qu'il leur restait à tresser des branches de cyprès autour de la couronne civique qu'ils lui avaient destinée.

M. Herbert reçut la croix d'honneur qu'il avait méritée par sa belle conduite : quant aux autres braves marins qui ramenèrent le côtre, ainsi que les malheureux blessés déposés sur la plage normande qu'ils avaient si vaillamment

défendue, ils furent tous délaissés sans nulle récompense [1]!
La famille du capitaine Leroux elle-même n'obtint pas la
plus mince pension, quoiqu'elle l'eût réclamée [2]; et, à défaut
de l'obole jetée dans le casque du guerrier, aucun mot de
bienveillance ne lui parvint de la part d'un ministre égoïste
et oublieux. Le *Renard*, hors d'état de naviguer, fut désarmé, et on n'offrit à son armateur aucune indemnité, que
Robert Surcouf, dont le cœur était trop haut placé, n'eût
jamais sollicitée; il s'en consola par la gloire que son corsaire avait acquise et par les pertes qu'il avait occasionnées
aux Anglais.

1. Le 12 octobre 1814, le mutilé Brûlon reçut une pension de
18 fr. 50 par mois; les deux mousses, Pierre Thomas et Pierre Monnier, restés infirmes, furent pensionnés à 8 francs par mois!
Le 13 novembre 1815, François Orial obtint aussi une paye comme
invalide : là se borna la munificence du gouvernement!
2. Leroux était en croisière lorsqu'un affreux événement vint
atteindre sa famille. A sa relâche, quelle fut son affliction de voir le
deuil dont étaient enveloppés les siens ! « Comme les aînés, nous voilà
père et mère de famille, dit-il avec spontanéité à sa sœur Émilie, nous
élèverons les autres; toutes mes économies y seront consacrées. »
Un mois après, il mettait à la voile avec le *Renard*, et avant de s'embarquer : « Mon ami, avait-il confié à un autre capitaine de corsaire de
ses intimes, en lui pressant la main, la réussite ou la mort; les pontons seraient une chose trop cruelle pour moi; ma famille déjà pro-
fondément infortunée se priverait du nécessaire pour m'y soutenir. »
Et en parlant ainsi, le brave prophétisait sa glorieuse destinée.

CHAPITRE XIII

ROBERT SURCOUF EN 1814

UN VOYAGE A PARIS

Les désastres éprouvés par nos armées durant les années
1812 et 1813 avaient forcé l'empereur d'abandonner ses
conquêtes, et de venir camper les débris de ses légions sur
la rive gauche du Rhin, où il attendit l'ennemi. Mais, avant
que les soldats de la sainte alliance ne franchissent le fleuve
pour fouler le sol de notre belle France, le gouvernement
impérial dut prendre les mesures nécessaires pour disputer
à l'étranger les provinces qu'il convoitait : en conséquence,
des commissaires extraordinaires furent envoyés dans les
départements, afin d'y organiser des cohortes urbaines. Le
sénateur comte Canclaux s'occupa, dans la treizième division militaire, de l'objet de sa mission, et, dès le 18 janvier
1814, il autorisa le préfet d'Ille-et-Vilaine à mettre en activité de service la colonne urbaine de l'arrondissement de
Saint-Malo, formée des populations des villes de Saint-Malo,
Saint-Servan et banlieue; elle était composée de deux bataillons, et avait pour colonel Robert Surcouf. Les habitants
ayant exprimé le vœu de l'avoir à leur tête, l'autorité s'em-

pressa d'y acquiescer, et il fut placé par elle à ce poste honorable. Le 23 janvier, le sous-préfet du Petit-Thouars [1], en l'informant de l'arrêté du sénateur commissaire, termina ainsi sa lettre : « Je me félicite, Monsieur le colonel, des rapports que cette circonstance me mettra à même d'avoir avec un chef aussi distingué et honoré de la confiance de ses concitoyens. »

Cette milice citoyenne bien organisée sut, en veillant à la sûreté du territoire qui lui était confié, maintenir partout l'ordre et la paix. Mais ailleurs, la défection et la trahison vinrent au secours de la fortune des princes alliés; des revers nouveaux accomplirent les funestes événements de 1814. Le changement de dynastie qui en fut la conséquence mit fin à cette autre guerre punique que nous avait faite l'Angleterre en répandant son or chez les nations de l'Europe dont elle soudoyait les armées.

Aussitôt l'abdication de Napoléon à Fontainebleau, le 11 avril, les hostilités cessèrent par toute la France : Surcouf, que de graves intérêts appelaient à Paris, partit en poste, accompagné de son parent et ami M. François Saulnier-Saint-Jouan aîné; ils portaient avec eux une somme de 80 000 francs en or, que M. Louis Blaize, beau-père de Robert, remettait à un de ses correspondants. Ils étaient arri-

---

1. Père du contre-amiral Petit-Thouars et cousin germain du fameux capitaine de vaisseau Petit-Thouars tué à Aboukir sur le *Tonnant*. Ce citoyen sublime, ayant eu les cuisses emportées et ne voulant survivre à lui-même que pour veiller à l'honneur de son pavillon, se fit placer dans un baril rempli de son, afin d'étancher la fuite du sang. De cet héroïque banc de quart il commande toujours, et, lorsque sa voix va s'éteindre, il fait promettre à ses officiers de ne jamais rendre le vaisseau : ceux-ci le jurent, il expire! et la carcasse du *Tonnant* est jetée au plein.

vés à Houdan sans accident remarquable quand là ils trouvèrent les abords de la capitale obstrués par les cosaques qui jetaient l'effroi parmi les voyageurs. La jeune épouse d'un capitaine de l'ex-garde impériale se désolait de ne pouvoir atteindre Versailles, où elle devait rejoindre son mari, car elle redoutait, en s'aventurant seule, de tomber victime, comme tant d'autres infortunées, de la brutalité de ces hordes indisciplinées du Nord. Surcouf, compatissant à sa douleur, ne balance pas à l'inviter à monter dans sa voiture. Résolu de défendre à outrance contre une soldatesque effrénée la femme qui a imploré son appui, il rafraîchit l'amorce de Badin, fusil à deux coups de la manufacture de'Versailles, qui ne le quittait jamais dans ses voyages, prépare ses autres armes, et fait prendre les mêmes dispositions à son compagnon. Ces apprêts terminés, il s'élance hardiment au travers des escadrons de l'Hetmann Platoff, qui bordaient la route sur uné longue étendue, parvient à Versailles sans accident, et y dépose celle qui le bénissait en le nommant son protecteur.

Surcouf continua sa route, et, à Sèvres, prit le dernier relais. A peine a-t-il franchi les barricades qui inutilement en défendaient encore les avenues, qu'il s'aperçoit que sa voiture avance fort lentement vers Paris, incontinent il s'adresse au postillon et lui en fait de vifs reproches. « Monsieur, vous avez raison, lui dit cet homme avec un accent de tristesse, je voudrais bien aller plus vite si je le pouvais; mes chevaux, mis constamment en réquisition par ces gueux de Russes, tombent de fatigue; cependant il m'a fallu marcher sous peine d'être battu du *knout*; c'est tout de même bien vexant, mais ils sont les maîtres; il faut tout souffrir. — Comment, reprit Surcouf révolté, ils traitent donc les habitants, malgré l'armistice, ainsi que ceux d'un pays conquis? — Hélas! oui, monsieur, continua l'homme aux chevaux, vieux soldat de la garde, que ses blessures avaient fait réformer; depuis quinze jours j'ai six militaires russes chez moi, qui me contraignent de les nourrir, et encore font-ils les difficiles. » Surcouf se mit à déplorer les malheurs de la France sous le joug étranger. Au récit que lui fit son conducteur des vexations dont on l'abreuvait, il s'anima de plus en plus, il s'exalta même, et communiqua à son tour son exaltation à son guide. C'était vraiment curieux de voir ces deux braves s'exciter mutuellement en parlant de leur patrie tombée à la merci des puissances qu'elle avait tant de fois vaincues. Au même instant, on aperçut au loin, venant à contre-bord, un équipage élégant, allant grand train, précédé par un cosaque de taille athlétique, portant l'uniforme rouge de la garde, dont la longue lance brillait aux rayons solaires d'une belle journée de printemps. « Ce qu'il y a d'humiliant, s'écria l'ex-militaire à la vue du Russe, c'est de se déranger chaque fois de sa route pour ces gredins-là, en leur laissant les honneurs du pavé. — Sacrebleu, reprit notre fougueux corsaire, je ne bougerai pas d'un pouce pour des canailles de cette espèce : *s'ils ne laissent point arriver*, aborde-les le bout au corps, c'est-à-dire va droit ton chemin et ne t'inquiète pas du reste; je réponds de tout. — Ainsi soit-il », grommela le postillon en lançant ses bêtes au galop pour la première fois depuis leur départ, résolu de faire face au danger quel qu'il fût, ayant foi en celui qui ordonnait. Surcouf aussitôt apprête son fusil et en met la crosse entre ses jambes, se dis-

posant à faire feu sur le cavalier d'escorte ou sur l'homme
chamarré de croix et de rubans qu'on voyait nonchalam-
ment étendu dans une calèche à moitié découverte. Cependant les équipages s'approchaient et aucun ne se préparait
à céder le pas; l'arrogance du conquérant le donnait à l'un,
tandis qu'un sentiment de dignité nationale portait l'autre
à le garder. Le Malouin, attentif, fixait de ses yeux de lynx
ses adversaires, lorsqu'il vit le cosaque, dont la laide figure
exprimait l'étonnement, saisir sa lance dans sa sauvage énergie et se disposer à s'en servir, quand son coursier, refoulé
sur ceux qu'il escortait, l'entraînant malgré lui en arrière,
arrêta tout court les deux voitures. Il y eut un moment d'hésitation hostile de part et d'autre; chacun toisant son antagoniste n'attendait qu'un geste pour commencer la lutte :
le cosaque bondissait comme une bête fauve; il roidissait
ses membres robustes en jetant sur Surcouf un regard indé-
finissable. Heureusement que sa monture, gênée dans
l'étroite enceinte où elle était acculée, trouvant une issue à
droite de la route, la prit par instinct; les chevaux de poste
qui se mirent à le suivre d'eux-mêmes empêchèrent une
collision qui devenait inévitable si les Moscovites qu'ils
traînaient, et dont les physionomies exprimaient la rancune
dans tout son hideux aspect, fussent restés quelques secondes
de plus face à face avec les Français. Les équipages se séparèrent donc sans effusion de sang, et le vieux soldat-postil-
lon tout radieux, témoignait sa reconnaissance du succès
de la rencontre : « Morbleu, vous êtes un homme solide,
s'écria-t-il à Surcouf dans un accès d'enthousiasme, si
l'Empereur n'eût été entouré que de braves comme vous,
il n'irait pas faire son voyage à l'île d'Elbe. » Une heure

après, Surcouf descendait tranquillement à son hôtel rue Sainte-Anne, sans autre fâcheuse aventure.

Il y avait quelque temps que notre Malouin habitait Paris, lorsque, par un beau jour du mois de mai, très rapproché de celui où Louis XVIII avait fait son entrée dans la capitale, il se rendit chez un des grands personnages du gouvernement déchu; où il avait été invité à dîner; c'était un repas d'apparat; Surcouf se trouva forcé de laisser dans sa chambre une forte canne qui ne le quittait jamais. Il éprouvait dans cette concession à l'étiquette une grande contrariété, car l'usage de sa canne était devenu pour lui une habitude et un besoin; elle lui avait maintes fois servi d'arme défensive.

En sortant de l'hôtel de l'ancien dignitaire de l'Empire, il se rendit au Palais-Royal, où il décida son compagnon de voyage qui ne l'avait pas quitté de la journée à faire l'emplette d'un fort jonc de Malac, et puis l'entraîna finir la soirée dans un des fameux tripots des galeries du palais. Surcouf aimait le jeu; moins pour l'appât du gain que pour les émotions qu'il y ressentait. Il fallait pour ébranler cette âme, si fortement trempée, de brusques et vives impressions : aussi les souffrances permanentes de l'indigence chez son semblable le fixaient peu, tandis qu'un malheur imprévu, un danger imminent le portaient avec spontanéité au secours de celui qui en était atteint ou même menacé. Plutus l'ayant accablé de ses faveurs, il laissa son ami fatigué se retirer et demeura seul à la table du jeu; mais il eut soin de lui demander le numéro de sa canne, afin de pouvoir la réclamer lui-même au bureau de dépôt.

Après plusieurs heures d'une longue séance, Surcouf sorlit exténué, les poches si pleines de pièces d'or et d'argent, qu'elles contribuaient à augmenter son embonpoint naturel. A peine arrivait-il dans les galeries presque désertes par l'heure avancée de la nuit, qu'il vit passer un jeune Français portant le costume des gardes d'honneur, suivi de trois colosses Russes ayant l'uniforme des grenadiers des corps d'élite casernés dans Paris. Aux regards qu'ils échangeaient, aux gestes menaçants qui accompagnaient leur marche rapide, il comprit, par une émotion étrange, que son compatriote courait des dangers; aussitôt, n'écoutant que l'inspiration de son courage et de son dévouement, il s'élance à sa poursuite. Ayant rejoint le garde d'honneur, celui-ci lui raconta le sujet de sa querelle et lui confia qu'il allait se battre contre les trois Moscovites qui s'étaient acharnés après lui. « Serez-vous seul, demanda le Malouin? — Oui, dit le Français, je n'ai rencontré aucun camarade. — Puisque c'est ainsi, je ne vous quitte plus et je vous servirai de second. » Comme ils traversaient la dernière cour qui donne sur la place, dont un des réverbères devait éclairer le duel, Surcouf s'avisant, approche son compagnon, lui fait part de ses réflexions sur les risques qu'ils couraient tous deux, d'après le règlement de police en vigueur, dans la lutte inégale qu'ils allaient soutenir, de quelque façon qu'elle se tournât; puis il ajouta : « En arrivant sur le terrain *j'en démâte un*, faites autant du vôtre, nous mettrons facilement le troisième en fuite et nous nous soustrairons à la police. » Effectivement, ayant choisi le plus robuste des trois adversaires, il le renverse à ses pieds privé de sentiment; le coup de poing du garde d'honneur, quoique bien appliqué, n'eut pas l'effet du coup de bâton du marin, car il n'ébranla que faiblement ce géant du Nord, qui, exaspéré, s'élança le sabre à la main sur le militaire français; le troisième grenadier, dégaînant incontinent, courut furieux sur Surcouf pour le pourfendre de sa longue rapière; mais celui-ci, adroit tireur, parait avec sa canne les bottes que lui portait dans l'ardeur de sa haine son impitoyable jouteur. Par bonheur le cliquetis des armes attira les passants et les cochers des fiacres de la station, qui prévinrent la garde du poste voisin; on parvint à séparer les combattants avant qu'aucune grave blessure ne fût à déplorer. Surcouf, débarrassé, craignant d'être compromis par sa généreuse coopération à la défense d'un compatriote, s'éclipsa au milieu de la foule, et regagna en courant, malgré sa précoce obésité, son hôtel, où il arriva tout haletant et les poches à moitié vides, se promettant bien de ne plus s'aventurer aussi étourdiment à l'avenir dans des affaires de cette nature; serment proféré cent fois et qu'il ne sut jamais tenir. Le lendemain, les feuilles de la capitale parlèrent de la scène nocturne de la place du Palais-Royal; on y lisait que deux Français avaient triomphé de trois grenadiers moscovites qui cherchaient à les dévaliser, et qu'en relevant le militaire russe étendu sur le pavé on avait trouvé, semée autour de lui, une grande quantité de pièces d'or et d'argent, objet de leur convoitise. La vérité du fait, ainsi que le nom du célèbre capitaine de corsaire qui y jouait un si grand rôle, restèrent ignorés.

Le traité de paix de 1814, conclu entre Louis XVIII et les souverains alliés, ayant été signé et ratifié par toutes les parties intéressées, Surcouf laissa Paris pour revenir à Saint-Malo, y armer des bâtiments marchands qui devaient promener sur les mers lointaines notre pacifique pavillon et

favoriser les industries de sa ville natale par les avantages
commerciaux qu'il avait calculé. pouvoir lui procurer. Mais
il revenait le cœur gros; le monarque français avait dit, et
les journaux l'avaient répété, qu'après Dieu, c'était au
prince régent d'Angleterre qu'il devait sa couronne; la
haine du marin contre une nation qu'il avait combattue
avec tant d'ardeur s'en accrut davantage et ce fut dans ces
dispositions qu'il quitta la capitale. Cependant, avant de
rejoindre ses pénates, il se décida à aller visiter sa propriété
de Quetreville, près Coutances, en sorte que sa chaise de
poste prit la route de Normandie. Il venait de quitter Saint-
Lô, lorsqu'il aperçut de loin, dans une berline découverte
allant au pas, quatre officiers anglais qui avaient sur leurs
genoux une grande carte qu'ils consultaient avec l'aspect
des pays environnants. A la vue de ces insulaires paraissant
flairer la France qu'ils étaient venus parcourir en conqué-
rants, Surcouf ne put comprimer l'expression de sa colère :
« Quels sont ces insolents », cria-t-il en interpellant leur postillon et en ordonnant à la fois d'arrêter sa berline. — « Ce
sont des officiers du roi Georges, répondit le conducteur.
— Eh bien! jette-les dans un fossé et casse-leur le cou. »
Puis, continuant sa route, il passe près des étrangers restés
stupéfaits des regards et de l'apostrophe *ab irato* du Malouin.
Après quelques jours de repos à sa campagne, il reprit sa
course vers Saint-Malo, où il arriva pour assister au baptême de son cinquième enfant. Le lendemain, sous l'uniforme de colonel, il passait en revue, dans la grande grève
de Saint-Malo, le premier bataillon de la belle cohorte qu'il
commandait.

CHAPITRE XIV

DERNIÈRES ANNÉES DE LA VIE
DE ROBERT SURCOUF

Surcouf revenu à Saint-Malo se livra à ses spéculations maritimes et arma des navires de commerce; l'*Africain*, la *Marie*, le *Hope*, le *Victor* reçurent des équipages et une destination lointaine. La *Betsy* et l'*Utile* étaient partis depuis quelque temps porter nos produits dans la Méditerranée et prenaient ceux que les ports de la Provence leur livraient en échange.

Cependant il n'en donnait pas moins tous ses soins au service qui était dévolu à la cohorte urbaine qu'il commandait; le gouvernement du roi Louis XVIII avait senti la nécessité de conserver armés ces corps formés de citoyens qui veillaient d'une manière spéciale au maintien de l'ordre et à la police des villes et qui ne coûtaient rien à l'Etat. Son dévouement lui valut le 13 décembre une lettre flatteuse du ministre d'Etat-major, général des gardes nationáles du royaume, le comte Dessoles, sur le zèle qu'il apportait pour la conservation de la discipline et du bon esprit qui régnaient dans sa cohorte.

Tout à coup, au milieu d'une paix profonde, la France

s'émeut, les soldats et les citoyens courent aux armes! On apprenait que Napoléon était débarqué à Cannes depuis le 1er mars, et que son aigle, si longtemps victorieuse, *volant de clocher en clocher*, arrivait en vingt jours du fond du golfe Juan au milieu de Paris, où elle vint planer et s'abattre sur les Tuileries. Dans les premiers instants du retour de l'Empereur, les officiers commandant pour le roi appelaient les gardes nationales à soutenir la cause du monarque qu'ils servaient eux-mêmes : « Mes camarades, disait le baron de Lorcet, maréchal de camp, dans son ordre du jour du 20 mars 1815; rien ne doit être plus glorieux pour vous que de servir votre roi. La brave garde nationale de Saint-Malo vous en donnera l'exemple, elle est commandée par le valeureux Surcouf, connu et redouté des ennemis de son pays. » De son côté, le maire de Saint-Servan, M. Dubois des Corbières, écrit le même jour au sous-préfet : « Je dois me hâter de vous donner la certitude que ce brave officier (Robert Surcouf) jouit à Saint-Servan comme à Saint-Malo de toute la confiance et de la plus haute estime; chacun ici prendrait autant de plaisir à le reconnaître pour chef de légion qu'à servir en ligne avec les Malouins, lorsqu'il s'agira de défendre le roi, la constitution et de repousser les ennemis de la patrie. »

Cette lettre était destinée à calmer les esprits, car les royalistes de l'arrondissement de Saint-Malo voulaient former cinq bataillons et les placer sous le commandement d'un ancien émigré Garnier du Fougeray. Il ne fut donné aucune suite à ce projet de formation militaire.

Robert Surcouf avait été toujours soucieux du bien-être de la France, il fut le serviteur dévoué de la République, puis de l'Empire; les royalistes de Saint-Malo et de ses environs le considéraient comme un *libéral*, c'était le nom que l'on donnait à ceux qui avaient conservé des sympathies pour le gouvernement impérial.

Durant les Cent-Jours, le général désigné par l'Empereur pour commander la division militaire de Rennes fit nommer Surcouf chef de légion; il avait sous ses ordres environ quatre mille hommes des milices nationales.

Robert Surcouf s'empressa de prendre le contact et découvrit un complot formé par quelques royalistes pour livrer aux Anglais le fort de la Conchée. Ce fort, actuellement déclassé, a été bâti par Vauban sur la roche de Quince, à 6 000 mètres environ de la partie septentrionale de Saint-Malo. Les chasseurs royaux y entrèrent par surprise, mais la Conchée fut immédiatement reprise et Surcouf y envoya un nouveau contingent de volontaires et de l'artillerie. En outre, il fit appeler les conjurés royalistes et leur fit donner leur parole de renoncer à leur projet antipatriotique. Le colonel Pingenot qui commandait la place de Saint-Malo voulut obtenir les noms de ces conjurés, Surcouf ne voulut jamais les dénoncer, estimant que leur parole lui suffisait.

Le général Bigarré lui écrivit quelques jours après une lettre dont voici un extrait : « Je vous remercie du soin que vous prenez pour la formation de la garde nationale et encore plus de l'heureuse découverte que vous avez faite relativement au fort de la Conchée. Un bon Français tel que vous étant fait pour donner l'exemple, j'espère toujours que vos compatriotes vous imiteront. »

Les Cent-Jours s'écoulèrent, Waterloo devint l'écueil

contre lequel se brisa à tout jamais le vaisseau du César moderne. Napoléon, vaincu, se livra aux Anglais, comptant sur un sentiment généreux de leur gouvernement. Ennemis impitoyables, trahissant la confiance qu'il leur avait témoignée, ils s'installèrent ses geôliers au nom des princes européens. Louis XVIII était rentré une seconde fois dans la capitale, et de toutes parts les villes nommaient des députations pour le féliciter sur son retour. Saint-Malo s'empressa d'envoyer la sienne, sans y faire figurer un représentant de la garde nationale de l'arrondissement; le corps des officiers du bataillon de Saint-Malo, indigné d'un tel oubli, se réunit spontanément et vota à l'unanimité l'adresse suivante :

«A Monsieur Robert Surcouf, chef de légion des gardes nationales de l'arrondissement de Saint-Malo, membre de la Légion d'honneur.

« Le corps des officiers de la garde nationale de Saint-Malo ayant appris qu'il n'y avait parmi les membres de la députation de la ville de Saint-Malo aucun représentant pour la garde nationale, nous venons vous engager à vouloir bien être l'interprète de nos sentiments auprès de Sa Majesté.

« Veuillez agréer les sentiments d'estime et de dévouement avec lesquels nous avons l'honneur de vous saluer. »

(Suivent les signatures.)

Surcouf refusa le mandat qu'on lui offrait : voici en quels termes il répondit aux officiers-citoyens qui l'avaient élu; ils dépeignent tout à la fois ses sentiments et son patriotisme.

Saint-Malo, 17 juillet 1815.

« Messieurs les officiers de la garde nationale de Saint-Malo,

« Mes occupations m'empêchent d'accepter l'honneur que vous me faites de porter au pied du trône l'expression de vos sentiments pour Sa Majesté et de votre dévouement à la patrie.

« Offrons, messieurs, nos bras au roi pour chasser de la France l'étranger qui, dit-on, se conduit d'une manière horrible. N'oublions pas que nous sommes français et qu'aucun sacrifice ne doit nous coûter pour purger notre sol de ces hordes du Nord.

« J'ai été d'autant moins surpris que le corps municipal n'ait pas nommé un officier de la garde nationale pour faire partie de la députation envoyée au roi, qu'il est des hommes auprès desquels c'est un crime d'être Français.

« Je me félicite, messieurs, de vous avoir eu dans les moments difficiles pour m'aider à maintenir l'ordre dans notre cité et notre arrondissement.

« Agréez, etc.,   R. SURCOUF. »

Peu de jours après, le 28 juillet, le 15ᵉ régiment de ligne ayant quitté la ville pour une nouvelle garnison, Surcouf fit paraître un ordre du jour ainsi conçu :

« Je ne puis que me féliciter du bon esprit que la garde nationale a montré dans les circonstances difficiles où nous nous sommes trouvés, par son zèle et son dévouement à remplir ses devoirs. Je l'invite à continuer de faire exactement son service comme par le passé, ce qui sera pour moi la plus douce récompense des soins que je me suis donnés pour maintenir la tranquillité et le bon ordre dans la ville.

« Je rappelle au bataillon que notre tâche n'est pas encore remplie, et que nous devons mériter la confiance que l'on nous accorde en laissant à nos soins la garde de la ville, droits qui avaient été précédemment accordés à nos ancêtres sous le règne de Louis XIV [1]. »

R. SURCOUF.

Les immunités dont jouissaient les Malouins étaient dues aux sacrifices d'hommes et d'argent à la patrie, aussi y tenaient-ils jalousement.

La présence à Saint-Malo des troupes étrangères qui avaient ramené la royauté en France était détestées, d'autant que les coalisés manifestaient la virulence de leur haine contre la France à tout propos.

Vers la fin de l'année 1817, une douzaine d'officiers prussiens, appartenant au régiment du colonel Wrangel qui devint maréchal, vinrent de Dinan à Saint-Malo où ils se ren-

---

1. Charles V roi de France par son édit du 1er octobre 1374 confirma à la ville de Saint-Malo la prérogative inappréciable qu'elle avait toujours eue de se garder elle-même à cause de sa fidélité envers ses ducs et ses souverains. Quatorze compagnies d'habitants composaient cette milice dont les capitaines étaient élus par eux à la maison de ville pour trois ans. Une seule de ces compagnies montait la garde chaque jour pendant la paix et deux faisaient ce service durant la guerre. Ce ne fut qu'en 1668 que Louis XIV fit occuper le château seulement par des troupes réglées et y nomma le premier lieutenant de roi (M. Sainte-Marie) qui jouissait, ainsi que ses successeurs, en l'absence du gouverneur de Saint-Malo, des mêmes prérogatives que lui. Toutefois, les troupes ne traversaient jamais la ville ; pour prendre leur garnison, elles entraient par la porte Saint-Vincent sans que les tambours battissent.

dirent odieux par leur outrecuidance et leur insolence. Après avoir copieusement déjeuné, ils vinrent échouer dans un café où Robert Surcouf et deux de ses amis, Brisebarre et de Mainville, causaient en paix. Les Allemands agissant comme en pays conquis tinrent, en français, des propos outrageants pour la France.

Robert Surcouf excédé de leur allure et de leur discours répliqua vigoureusement, puis, perdant patience, il saisit un tabouret et le cassa sur la tête d'un officier prussien qui tomba ensanglanté. Les Allemands dégainèrent leurs sabres et se jetèrent sur Robert qui, armé d'une queue de billard, se défendit assez heureusement pour arrêter leur premier élan. Voyant cela, il leur cria : « Vous êtes des lâches de vous servir de vos armes contre des gens désarmés. Je vous défie tous les uns après les autres, et vous rendrai raison si vous n'êtes pas trop capons pour oser me regarder en face. » Les Allemands n'osèrent refuser et on prit rendez-vous immédiatement derrière le Fort-Royal. La rencontre devait avoir lieu au sabre. Robert pria ses amis de ne pas quitter le café et de ne pas faire allusion à cette affaire avant qu'elle ne fût terminée. Seuls Brisebarre, de Mainville et un médecin de marine sortirent avec les combattants.

Le premier adversaire de Robert fut l'officier qui avait reçu le coup de tabouret. Il attaqua avec une véritable fureur, Robert para et d'un coup de manchette lui coupa le poignet. Le second Prussien reçut un terrible coup de banderolle qui lui ouvrit le ventre. Ses intestins s'échappaient par cette plaie béante dont il mourut peu après.

Les témoins de Robert voulurent mettre fin au combat, mais les officiers allemands, surexcités par la défaite de leurs compagnons et du reste fort courageux déclarèrent vouloir continuer. Surcouf reprit le combat et, un instant après, un troisième combattant gisait, la poitrine ouverte, sur le sable de la grève.

Enfin, successivement neuf autres adversaires croisèrent le fer et furent tous plus ou moins grièvement atteints. Lorsque le dernier Allemand, le douzième, se présenta à son tour pour combattre, il avait la face blêmie d'un homme qui se sent perdu, c'était le plus jeune.

Robert écartant le sabre de l'Allemand dit à tous : « En voilà assez, il faut au moins qu'il en reste un pour le raconter aux autres. » Le combat cessa.

Ce duel fut peu connu, car les amis de Surcouf furent discrets. Le colonel Wrangel fit prévenir en sous main la police, mais le colonel Pingenot commandant de place avertit Surcouf qu'il allait être judiciairement poursuivi.

Celui-ci se rendit à Cancale, prit passage sur une goélette commandée par le patron Raguidel, ancien corsaire, et se fit débarquer sur la côte de Normandie, en laissant croire qu'il était à Jersey; puis il gagna Paris où il séjourna quelque temps, jusqu'au moment où ses amis eurent l'assurance qu'il ne serait pas inquiété.

Au milieu de ses occupations, Surcouf apprend que le général Decaen, accusé de haute trahison envers le gouvernement du roi, était détenu à l'Abbaye, d'où il ne devait sortir que pour être jugé par une commission militaire. En présence du péril qui menace ce brave général arrêté par suite des réactions politiques qui désolaient la patrie en arrosant le sol du sang de ses plus généreux enfants, le Malouin oublie ses démêlés avec l'ancien gouverneur de l'Ile-de-

France, et met à sa disposition une somme de 100 000 francs, afin de lui fournir les moyens de se sauver. Cette offre généreuse devait être refusée; le comte Decaen, innocent du crime qu'on lui imputait pendant qu'il commandait à Bordeaux, fut acquitté et rendu à la liberté; après son jugement, il se retira aux environs de Montmorency dans une campagne qu'il avait acquise, où il resta loin des affaires du pays; il y mourut peu de temps après la Révolution de juillet.

Surcouf revint à Saint-Malo s'occupant du service de sa légion à laquelle le repos et la surveillance de l'arrondissement étaient confiés; mais ayant été informé que le gouvernement royal voulait réorganiser sur de nouvelles bases la garde nationale, il envoya vers la fin de septembre sa démission de chef de légion au préfet du département, et remit à M. Lejoliff, premier capitaine de la milice citoyenne, le commandement du bataillon de Saint-Malo.

La paix profonde qui régna après tant de secousses politiques, le ramena tout entier aux occupations de la vie domestique, et lui permit de diriger son génie vers les spéculations du négoce. Le 4 juin 1817, il déclare au bureau des classes renoncer à la navigation, et s'occupe en effet, avec une nouvelle ferveur, de ses nombreux armements; on compte dix-neuf navires armés par lui, car il trouvait un bonheur réel à employer beaucoup de marins et à étendre les relations commerciales de la France.

Les années 1818 et 1819 s'écoulèrent sans amener rien de bien remarquable dans l'existence de Surcouf. Il avait refusé de s'occuper de politique et décliné les mandats que ses concitoyens avaient voulu lui confier. Ses armements absorbaient tout son temps. Cependant, dans les lettres qu'il écrivait à ses capitaines, il intercalait presque toujours les nouvelles d'ordre politique pouvant avoir un intérêt majeur.

La mort de Napoléon à Sainte-Hélène le révolta contre l'inertie du gouvernement de Louis XVIII, qu'il aurait désiré voir agir en Angleterre pour faire modifier le régime auquel Napoléon était soumis. Quand le duc d'Angoulême vint à Saint-Malo et fut reçu par la municipalité, il s'étonna de ne pas voir Robert Surcouf. Devant le regret, l'adjoint de Saint-Malo alla trouver Surcouf pour lui en faire part. Reçu par le corsaire, il lui exprime le vœu du prince et le prie de l'accompagner à Saint-Malo. « Dites à votre maître, répondit celui-ci, que s'il a envie de voir Surcouf il peut bien venir jusqu'à Riancourt. » L'aide de camp du prince s'en vint à Riancourt accompagné de l'adjoint et il pressa Surcouf de céder. « S'il ne veut pas venir saluer Monseigneur, qu'au moins il assiste au banquet qui doit avoir lieu le soir même à l'hôtel de ville. » Puis, pour faire cesser les hésitations de Surcouf, l'aide de camp ajoute : « Je vais peut-être commettre une indiscrétion, mais je sais que M. le duc d'Angoulême est chargé par le Roi de vous remettre en personne les lettres patentes confirmatives de votre titre de Baron. »

« Il est inutile d'insister, Monsieur, répondit Surcouf, quoique je vous sache gré de la démarche que vous faites. Je n'ai nullement besoin de confirmation, car je suis aussi noble que le Roi. »

L'aide de camp et l'adjoint repartirent; le soir, au banquet, un couvert resta vide à la droite du duc d'Angoulême, qui dit : « Messieurs, cette place était destinée au brave Surcouf, il n'a pas pu venir, personne ne l'occupera. »

Surcouf avait connu nombre de grands personnages de l'Empire, mais il n'avait guère conservé de relations intimes qu'avec le baron Corvisart, médecin et confident de l'empereur Napoléon. Aussi, dans ses fréquents voyages à Paris, il ne manquait jamais de visiter cet homme aimable; amateurs tous deux de ces dîners qui révèlent des goûts de gastronomie recherchée et bien entendue, ils se traitaient fréquemment l'un et l'autre en petit comité. Mais si dans les hauts salons de la capitale, il arrivait que notre corsaire stimulé, se laissât entraîner à la narration de ses actions qui parvenaient toujours à éveiller un si vif intérêt, étonné d'avoir captivé son auditoire, il s'arrêtait tout à coup, restait muet, et quelques instances qu'on fît près de lui pour l'engager à continuer son récit, elles étaient inutiles. En rentrant un soir à son hôtel, un ami lui adressa des reproches de s'être arrêté ainsi : « Il était temps que je cessasse de parler, répondit-il franchement; je n'aurais pu soutenir davantage le rôle d'historien au point où je l'avais commencé, mes auditeurs étaient émus, c'était assez! »

Dans son intérieur il était brusque et peu communicatif; c'était encore là un trait de son caractère. Mais sous cette brusquerie se cachait un cœur compatissant; rarement il renvoyait sans secours les malheureux qui s'étaient adressés directement à lui. Accoutumé à commander les hommes à la mer, il avait contracté l'habitude de rendre sa pensée avec énergie et force, ce qui donnait à son abord cet air de rudesse qu'on trouvait en lui. Voici encore un trait qui dépeint bien l'homme dont nous avons entrepris de tracer la vie.

CONVOI MORTUAIRE DE ROBERT SURCOUF

Un soir qu'il se rendait accompagné d'un ami à sa maison de Riancourt près Saint-Servan, en passant devant la porte de son chantier de construction sur le Sillon, il vit un homme qui en sortait, traînant à la faveur de l'obscurité un lourd fardeau qu'il déposa en dehors, ne pouvant le placer seul sur ses épaules; Surcouf étonné s'approche et lui demande ce qu'il fait là? L'individu ne le reconnaissant pas dans l'ombre de la nuit close, lui dit : « Si c'était un effet de votre complaisance, je voudrais bien un coup de main pour charger ce paquet de bois sur mon dos. » — On te l'a sans doute donné, reprit notre marin propriétaire. — Ma foi non, j'aurais attendu trop longtemps. » Surcouf, sans témoigner aucun mécontentement, aide le voleur à charger son bois, et comme celui-ci s'éloignait en le remerciant, il lui adressa cette recommandation : « Je t'engage à ne plus revenir ici, parce que M. Surcouf pourrait bien te faire arrêter. »

Il était grand amateur d'agriculture et donnait une partie de son temps à l'amélioration de ses terres; mais sa passion était la chasse, malgré son obésité qui alourdissait sa marche. Surcouf chargeait toujours à outre mesure son arme qui était d'une confection excellente, il remplissait ses poches de poudre et la mettait à poignée dans les canons de son fusil; aussi lorsqu'il tirait, la détonation du coup qui ressemblait à celle d'une forte escopette indiquait toujours à ses compagnons l'endroit où il se trouvait. Sa physionomie tenait à la fois du lion et de l'aigle; son regard plein d'énergie annonçait ce qu'il était. Il avait l'esprit prompt et le raisonnement juste; pendant le cours de l'année 1803, il parvint, aidé d'un maître, à refaire son éducation fort négligée dans son enfance et à se mettre de niveau sous ce rapport avec les hommes de son rang.

En 1827, au milieu des préoccupations d'armements plus considérables, une indisposition subite lui donne le pressentiment de sa fin prochaine; tout à coup il devient sombre et préoccupé, son courage s'en émeut. Néanmoins il se prépara avec résignation à subir cette mort qu'il avait si souvent bravée. Il se fait porter à Riancourt, sa campagne favorite [1]; là, il consacre ses derniers moments à ses affections de famille, à régler l'avenir de son épouse et celui de ses enfants. Arrivé à ce moment où les forces trahissent l'espérance, Robert Surcouf, ainsi que le fit son illustre parent Duguay-Trouin, se prépare à mourir non seulement avec le stoïcisme d'un grand cœur, mais encore avec la résignation d'un chrétien; il accepte les consolations que lui offre un digne prêtre, ami de la famille, et qu'il affectionnait beaucoup. « Revenez me voir, l'abbé », disait-il au vieillard vénérable qui remplissait dignement son saint ministère près de lui, et l'engagement que prenait le pieux ecclésiastique de revenir était accepté avec reconnaissance. Son agonie est longue, le mal n'augmente que progressivement et, à sa marche lente, il calcule froidement qu'il peut encore vivre quinze jours; « retourne chez toi, dit-il à celui de ses intimes qu'il affectionnait le plus, accouru de 25 lieues aux premières nouvelles de la maladie; donne un coup d'œil à tes

---

1. Non loin de Riancourt et près de la Rance, Duguay-Trouin, au retour de ses expéditions maritimes, habitait une campagne qui lui appartenait et qui porte le nom de la Haute-Flourie. Le petit observatoire, naguère couronné d'un ormeau, s'appelle encore le *berceau* de Duguay-Trouin : là, sous ce feuillage, ce grand amiral se complaisait, en prenant le café avec ses amis, à deviser des circonstances de sa vie.

affaires que tu as laissées en *panne* pour arriver plus vite, mais reviens dans dix jours, car j'aurai besoin de toi ». Cependant l'état du malade, malgré ses prévisions et les soins assidus de la science, empira rapidement et l'excès de ses souffrances devait détruire son existence bien avant l'époque fixée par Surcouf lui-même. Un jour que deux de ses parents se trouvaient près de lui, une crise affreuse et soudaine se manifeste; sous les maux atroces qu'il éprouve, ses cheveux se hérissent sur sa tête, son corps se raidit, il se dresse debout, abandonne le lit et traverse l'appartement dans une agitation difficile à dépeindre; on appelle au secours, et après une lutte longue et fatigante dans laquelle ses forces s'épuisent, les personnes préposées à sa garde parviennent à le coucher; il se calme peu à peu; un sommeil bienfaisant survient, et, lorsqu'il s'éveille, un mieux apparent fait concevoir la fallacieuse espérance de le sauver! « J'ai bien souffert hier, dit-il en souriant à un des témoins de la crise, *le feu était aux poudres.* » Et puis, sa force d'âme reprenant son empire, il s'en voulait à lui-même de la concession qu'il faisait à l'humanité en laissant échapper les plaintes que lui arrachaient les douleurs épouvantables qu'il ressentait durant les combats entre la nature et la cause morbifique. Enfin, le 8 juillet, des crises terribles se succèdent, elles achèvent de briser l'enveloppe mortelle de Surcouf, et il expire! Ses yeux, dans cet instant suprême, restent fixés sur le médecin qui l'assistait, exprimant la résignation et la fermeté qu'il mit à surmonter les dangers de sa vie : enfin, il reste digne, dans sa mort, de cette belle et honorable carrière qu'il avait si bien remplie.

Surcouf ayant exprimé sa volonté d'être enterré dans le

cimetière de Saint-Malo, auprès de ses père et mère, il fallut faire traverser au cercueil le bras de mer qui sépare les deux villes, où les vaisseaux qui s'y trouvaient ancrés avaient mis, en signe de deuil, leurs pavillons à mi-mât. Quatre bateaux occupés par le clergé de Saint-Servan, réuni à celui de Saint-Malo, précédaient l'embarcation tendue de noir, portant les dépouilles mortelles du défunt, qui était remorquée et suivie par plus de cinquante canots où se trouvaient les parents, un détachement de soldats de la garnison et de nombreux amis qui rendaient les derniers devoirs au brave Robert Surcouf. Les quais étaient couverts par une quantité considérable de spectateurs étrangers à la localité, et d'habitants accourus de tous les points de l'arrondissement, à l'annonce du trépas, qui contemplaient dans un religieux et morne recueillement, ce triste et imposant cortège!... Ce fut au milieu de ce concours immense que la bière, renfermant les restes du Malouin, parcourut les lieux mêmes qui furent témoins des essais de sa jeunesse : il était réservé à ce marin fameux de recevoir les honneurs funèbres sur l'élément même qui fut le théâtre de ses glorieux exploits.

Le corps fut porté à sa maison de Saint-Malo; à dix heures, après une courte station sous le vestibule, lieu obligé de son exposition, il fut levé et conduit à la cathédrale, où l'on célébra la messe des morts : c'est ainsi que les circonstances permirent qu'à cinquante-cinq ans d'intervalle, on lui fit les cérémonies des funérailles dans le temple même où les onctions du baptême lui avaient été octroyées, et les cloches qui avaient annoncé sa naissance, tintèrent le glas de son trépas!

Le convoi ayant pris le chemin du cimetière, il le parcourut au milieu d'une double haie que formaient les populations d'alentour, qui étaient venues pour assister aux obsèques. Arrivé au lieu de la sépulture, le cercueil fut descendu dans la fosse; aussitôt les dernières cérémonies religieuses terminées les honneurs militaires furent rendus : la tombe se referma, et la dernière séparation eut lieu.

La France avait perdu dans Surcouf un guerrier distingué; la marine, un de ses plus braves capitaines, et Saint-Malo, sa ville natale, un illustre enfant. Tandis que les larmes des malheureux proclamaient ses bienfaits, ses concitoyens sentaient vivement la perte qu'ils avaient faite; leurs regrets furent un dernier hommage à l'homme dont les entreprises, comme marin, avaient étonné le monde entier, et, comme négociant, favorisé toutes les industries de sa patrie qu'il idolâtrait [1].

Terribiles sunt Britones quando dicunt : TORRE-BEN (Assomme).
Anciens chroniqueurs.

1. NOTICE GÉNÉALOGIQUE SUR LA FAMILLE SURCOUF

L'origine de cette famille, riche d'alliances célèbres a été étudiée par de nombreux auteurs. Elle n'a jamais été éclaircie de façon certaine.

L'Armorial général de Bretagne, de Guérin de la Grasserie, dans son supplément paru à Rennes en 1856, p. 607, porte la mention suivante :

« SURCOUF, et en Irlande, Surcoff, Robert, nommé chevalier de la Légion d'honneur lors de la création de cet ordre. Lettres de noblesse avec titre de Baron en 1809. Autres lettres de noblesse de Louis XVIII qui maintiennent l'anoblissement et le titre de Baron.

« D'argent au chevron de sable, chargé de trois pétoncles d'or;

au chef de sable, chargé d'un lion passant d'or. L'écu timbré d'une couronne de baron. »

Une note marginale de la même page ajoute que Robert Surcouf reçut un sabre d'honneur de Napoléon avant la création de l'ordre de la Légion d'honneur.

Robert Surcouf, ainsi que nous l'établirons plus loin, était de bien plus ancienne noblesse que ses premiers historiens (*vide* Cunat) ne le supposaient.

En effet, les recherches auxquelles nous nous sommes livré à Saint-Malo nous donnent les renseignements généalogiques suivants :

I. *Marin Surcoult*, nommé aussi *Surcoul* dans le même acte, épouse, vers 1640, demoiselle *Catherine Marquant*. D'autres lectures donnent *Lemarcant* et *Mariant*.

Une tradition constante fait remonter à cette époque une alliance entre la famille Surcouf et la famille irlandaise *Mac Ryan*.

Il est hautement probable que ce nom de Mariant et celui de Mac Ryan n'en forment qu'un. Les exemples sont infiniment nombreux de ces transpositions.

Or, les familles Mac Ryan, O'Rorke et plusieurs autres, venues en ce moment même d'Irlande avec le roi détrôné Jacques II et établies dans le pays n'y contractèrent guère des mariages qu'entre elles. Les Mac Ryan, il y a soixante-dix ans, rappelaient cette union de leur parenté avec un Surcouf.

Nous avons signalé la présence dans la région de Saint-Servan de la famille O'Rorke. Anciennement son nom s'écrivait O'Ruarke. Antérieurement, à la conquête de l'Irlande par les Anglais, cette Maison possédait la principauté de Breffny et de vastes possessions dans la Province de Connaught. Cette prospérité, la liberté même de sa patrie devaient s'éclipser par suite de l'infidélité d'une femme, la trop légère Dearborgil (nous apprend Guérin de la Grasserie), fille du roi Meath et femme de O'Ruarke. L'enlèvement de cette nouvelle Hélène, en 1153, par Dermot Mac Murchod, roi du Leinster, amena la guerre entre celui-ci et la famille outragée, soutenue par Roderick O'Connor ; mais

O'Ruarke, trop faible pour résister, se réfugia en Angleterre et obtint, pour la perte de l'Irlande, l'appui du roi Henri II.

La querelle des Murchod et des O'Ruarke avait une acuité que seul le sang versé pouvait émousser. En effet, dans une rencontre qui ne tarda pas à se produire, Mac Murchod allait être victorieux de son adversaire; la venue de six cents lances anglaises sur le champ de bataille changea la victoire de camp, mais un combat singulier s'étant engagé, leurs partisans s'arrêtèrent pour attendre le jugement de Dieu. Il ne tarda pas; atteint gravement, O'Ruarke tomba, son ennemi lui trancha la tête tout vif, la saisit de ses mains, la considéra, puis d'un coup de dents lui ayant arraché le nez, il la rejeta mutilée vers les Anglais, remonta à cheval et s'enfuit sans être inquiété. Les deux familles, plus tard réconciliées, vinrent en France dans la même émigration.

Le capitaine de vaisseau Eugène-Marie-Désiré Surcouf, mon grand-oncle, décédé de ses blessures à Tahiti, en 1846, affirmait savoir de bonne source que le nom de Surcouf si fréquemment modifié était une transformation du nom de Murchod ou Murchad.

Quoi qu'il en soit, que ce soit vérité, ou légende, saluons la mémoire de ce Dermot Mac Murchod qui tira l'épée pour la défense de sa patrie et l'intégrité de son sol.

Les archives de Bretagne associent au nom de Surcouf, dès 1650, ceux des Houitte, des Mac Namara, des Mac-Mahon venus aussi d'Irlande.

Mon oncle Robert Surcouf signale à ce sujet, dans son excellent ouvrage sur mon bisaïeul, deux faits notables :

1° Un des ancêtres de Surcouf était en relations avec Monck, lors de la Restauration de Charles II. Méry y fait allusion dans un de ses ouvrages ;

2° Un Mac-Mahon figure comme parent dans un contrat de mariage en 1725.

Je ne suis plus d'accord avec mon oncle lorsqu'il pense que les Surcouf obtinrent droit de cité à Saint-Malo vers l'an 1647, car le deuxième fils de Marin Surcoult y naquit en 1645, il faut donc remonter au plus tard à 1642 environ.

Les armoriaux de Bretagne commettent une erreur en indiquant 1688 comme date d'arrivée de la famille Surcouf.

Quoi qu'il en soit, du mariage de Marin Surcoult et de Catherine Mac Ryan naquirent trois fils.

II. *Robert Surcou*, l'aîné, auquel nous reviendrons ;
André Soucour, né à Saint-Malo (1645-1731) ;
Guillaume Surcou, né à Saint-Malo (22 octobre 1655-1728).

Nous ignorons tout de ces deux derniers ; leur frère Robert épousa à Saint-Malo, en 1669, demoiselle Hélène Jan de la Hamelinaye (1647, 30 octobre 1727). Il mourut à Saint-Malo avant 1697.

(Une branche de la famille Surcouf s'allia à la famille Sévoy que nous verrons plus loin, et l'un d'eux, Charles-Mathurin Sévoy, épousa Marie-Céleste Jan de la Hamelinaye en 1779. Elle mourut sans héritiers.)

Robert Surcou eut de son mariage un fils.

III. *Robert Surcoult*, sieur de Maisonneuve, né à Saint-Malo le 4 janvier 1671 ; il épousa à Saint-Malo, le 19 novembre 1697, demoiselle Bertranne Mallet, née le 15 avril 1673, décédée à Saint-Malo le 23 novembre 1761 ; elle était la fille d'André Mallet de Maisonneuve et de Bertranne Bernard.

Robert Surcoult fut capitaine de navire et corsaire.

Nous possédons quelques papiers inédits de lui ; si, par hasard, je puis y joindre d'autres documents, je les publierai.

L'union de Robert et de Bertranne Mallet fut heureuse, il naquit un fils et trois filles.

IV. *Robert-Charles Surcouf de la Maisonneuve* naquit à Saint-Malo le 5 juin 1702 et mourut le 21 septembre 1760 ;
2° Laurence-Angélique-Pélagie, décédée le 22 août 1743 ;
3° Hélène-Bertranne ;
4° Félicité.

La filiation de cette dernière est problématique, quoique nous trouvions trace du mariage de Félicité Surcouf et de Mac Lovie ; elle mourut le 16 juillet 1766.

Robert-Charles Surcouf, profitant des efforts et des croisières de son père, devint un riche armateur et épousa à Saint-Malo, le 6 février 1725, demoiselle Françoise-Charlotte-Marguerite Pitot de la Baujardière, née le 6 février 1709, décédée le 30 avril 1759. Fille de maître Charles Pitot sieur de la Baujardière, notaire royal apostolique, à Saint-Malo, originaire de Tinchebray (Orne), et de demoiselle Marguerite Patard de la Charbonnière. Cette union fut fertile et donna dix enfants.

V. *Robert-Charles Bertrand S. de Maisonneuve*, dit Surcouf l'aîné (1733-1783);

Charles-Joseph-Ange S. de Boisgris (12 août 1739-   );

Bertrand-Malo S. de Saint-Aubin.

Françoise-Bertranne S.

Marguerite-Marie S.

Hélène-Charlotte.

Thérèse-Catherine S. (1741-1783);

Laurence-Bertranne S.

Marie-Julienne-Olive S.

Bertranne.

Il a été souvent dit et écrit dans les biographies de Robert Surcouf que sa famille était dénuée de ressources, c'est tout à fait inexact. En effet, nous avons eu sous les yeux un document appartenant à M. le Maréchal, à Saint-Servan, ayant trait au compte de Mlle Julienne Surcouf.

Ce compte est le partage, fait le 23 avril 1760 entre les héritiers de feus sieur et dame Surcouf, d'une somme de 477757 livres 59.

Signent et approuvent ce compte :

1er Surcouf, l'aîné;

2e Surcouf Gaillard;

3e Charles Surcouf de Boisgris;

4e Bertrand Surcouf de Saint-Aubin;

5e Thérèse Surcouf;

6e Laurence Surcouf;

7e Nicolas Gaillard;

8e Pitot, fils, comme curateur de trois des mineurs.

Signé : A. Garnier, et par procuration pour demoiselle Hélène

Surcouf, ma belle-sœur. En outre, un compte spécial est établi pour chaque héritier, et signé comme suit :

Le 1er Surcouf, l'aîné ;

Le 2e Charles Surcouf de Boisgris ;

Le 3e Bertrand Surcouf de Saint-Aubin ;

Le 4e Surcouf Gaillard et Nicolas Gaillard ;

Le 5e Garnier François, mari de demoiselle Marguerite-Marie Surcouf ;

Le 6e, le même, comme porteur d'ordre de Hélène-Charlotte Surcouf ;

Le 7e Thérèse Surcouf ; Ch. Pitot, curateur ;

Le 8e Laurence Surcouf ; Ch. Pitot, curateur ;

Le 9e Ch. Pitot, porteur d'ordre de demoiselle Julienne Surcouf ;

Le 10e le même, porteur d'ordre de demoiselle Bertranne Surcouf.

Le fils aîné de cette nombreuse lignée fut un voyageur et un marin ; il mourut dans son château de la Vallée en Saint-Enogat, à l'âge de cinquante ans, en 1783.

Les registres de la paroisse de Saint-Ydeuc le citent comme un bienfaiteur ; il avait, en effet, fait don à cette église d'un « morceau de la vraie Croix, en 1776 ».

Il semble être mort sans postérité. Son frère cadet, Charles-Joseph-Ange Surcouf sieur de Boisgris, épousa, le 1er août 1764, demoiselle Rose-Jeanne-Julienne Truchot de la Chesnais, née le 28 août 1746, arrière-petite-nièce du célèbre Régulus Malouin, Porcon de La Barbinais.

Elle était fille de Noble homme Nicolas-Joseph Truchot de La Chesnais, capitaine des vaisseaux du roi et de Guillaumette de Porcon de La Barbinais.

« Signèrent au mariage : Vve Truchot, Garnier de Moriel, Nicolas Gaillard, Surcouf de Saint-Aubin, de La Barbinais, de Porcon, Yves Le Clerc. »

Les mariés possédaient le domaine de la Drouainière, situé en Terlabouët, près de Cancale.

Nous ne pouvons aller plus loin sans rappeler l'héroïsme du Régulus Malouin.

On sait que sous Louis XIV, les corsaires barbaresques ravageaient la Méditerranée, débarquaient sur les côtes, pillaient les habitations et enlevaient les malheureux qu'ils rencontraient. Le bagne d'Alger, où on les conduisait d'abord, était situé sur le terrain de Bab-el-Oued (la porte de la rivière) à la limite de la commune actuelle de Saint-Eugène. Les captifs n'y étaient pas molestés, mais ils étaient répartis, parfois, sur les navires des Barbaresques; d'autres, plus heureux, étaient chargés de fonctions de choix : architectes, orfèvres, ouvriers d'art, et parfois, servaient de gré ou de force dans la marine ou dans l'artillerie du Dey. Les janissaires qui les surveillaient étaient d'origine turque et constituaient des corps d'élite que le Dey employait pour sa garde personnelle et quelquefois aussi pour faire rentrer les impôts. Pour cela, ils allaient camper aux portes des villes qui tardaient à satisfaire le Trésor et commençaient une occupation inquiétante au début, puis qui s'aggravait de vexations.

Pierre Porçon de La Barbinais naquit le 31 octobre 1659, à Saint-Malo; il avait été chargé par le Roi de France d'armer des navires de guerre, pour courir sus aux Barbaresques. Il s'acquitta avec ardeur de sa tâche, mais une tempête démâta ses vaisseaux ; attaqué par les corsaires d'Alger, il fut emmené dans cette ville.

Le Dey, sachant le rôle que Porçon jouait à la Cour, le fit venir et l'envoya en France pour y traiter d'un échange de prisonniers; mais voulant s'assurer de son captif, il lui fit donner sa parole de revenir à Alger s'il échouait dans sa mission, en lui annonçant qu'il périrait s'il ne réussissait pas. Porçon revint en Bretagne, mit ordre à ses affaires de famille, prit congé des siens, alla se présenter à la Cour et renseigna le Roi sur l'importance des corsaires Barbaresques que nous tenions en prison. Puis, sans faire connaître la mission dont il était chargé, craignant que le Roi ne lui donnât l'ordre de rester en France, il s'embarqua pour aller se constituer prisonnier à Alger.

Le Dey le reçut en grande pompe, le félicita devant sa cour, le cita en admirable exemple de fidélité à la parole donnée et lui fit trancher la tête, ainsi qu'il l'avait dit.

Vers la même époque, un de nos parents, Fichet, termina ses jours à ce même bagne d'Alger.

Nous retraçons, en quelques lignes, la généalogie des Porcon.

Olivier Porcon épousa en 1589 Jacqueline Maugier de la Maugerie (famille de Normandie) ; ils eurent un fils, Jean, uni à Roberde Saulnier (1639). De cette union naquirent : 1° Pierre Porcon de La Barbinais (mort à Alger en 1684), et que l'Histoire nomme le Régulus malouin ; 2° Guillaume qui n'eut pas d'enfants ; 3° Jean (1644) qui se maria (1674) à Jeanne Binot de La Haute Maison. Le ménage eut deux enfants : Laurent, marié à Rose Portier (1674), et Guillaume, célibataire ; une fille naquit : Guillaumette (1708) qui devint la femme de Nicolas Truchot de La Chesnais ; leur fille Rose-Jeanne-Julienne épousa Charles Surcouf.

Bertrand-Malo Surcouf de Saint-Aubin épousa (1770) Françoise Bécard, fille de Luc Bécard, sieur des Aubrais, et de dame Lefer de la Saudre.

Françoise Bertranne Surcouf (1727) épousa, le 10 juin 1749, Nicolas Gaillard de la Cour.

Marguerite-Marie Surcouf (1729) épousa (1753) noble maître François-Garnier Keruault, sieur de Kérigant, avocat au Parlement, fils de François et de Marie-Anne Rouault.

Thérèse-Catherine Surcouf (1741-1783) épousa (1760) Yves-Marie-Paul Le Clerc, Ecuyer ; leur fille Marie-Anne (1765) s'unit à messire Nicolas-Louis Le Fer (puiné), Ecuyer, seigneur de la Gervinais.

Laurence-Bertranne Surcouf (1735) contracta mariage (1763) avec Michel Laurent des Vaux.

Marie-Julienne-Olive Surcouf, sœur jumelle de la précédente, épousa (1757) messire Charles-Maurice Guillotton, inspecteur pour le Roi, des Manufactures de Bretagne.

Bertranne Surcouf (1746) se maria (1764) avec Thomas-Marie Potier de la Houssaye.

L'union de Charles-Joseph-Ange Surcouf de Boisgris et de l'arrière-petite-nièce de Porcon de La Barbinais fut féconde, il leur naquit huit enfants :

1° Charles-Robert (1765);
2° Nicolas-Auguste (1770);
3° Yves-Nicolas (1772);
4° *Robert-Charles* (1773);
5° Joseph-Marie (1776);
6° Luc-Marie (1777);
7° Noël-Nicolas (1786);
8° Rose (1780);

Charles-Robert Surcouf de Maisonneuve, né à Saint-Malo, le 10 juin 1765, épousa demoiselle Renée Perrée, fille de Jacques Pérée, sieur de Couldroy, et de Madeleine Collet de la Villecollet.

Navigateur, il commandait un navire de son père, lorsque, jeté par les courants sur la côte d'Afrique, il fut fait captif par les indigènes anthropophages qui le dévorèrent.

Il laissa une fille, Lise; elle se maria avec Danel, notaire royal de Saint-Malo, et mourut sans héritier.

Nicolas-Auguste Surcouf (1770-1848) épousa Joséphine Dupuy-Fromy, fille de Joseph-Allain Fromy-Dupuy et de Suzanne-Julienne-Louise Meslé. Ils eurent sept enfants, dont un fils mort sans descendance et six filles. Nicolas-Auguste fut le lieutenant de son frère Robert, le grand corsaire. Il le seconda dans beaucoup de ses voyages.

Yves-Nicolas Surcouf, né à Saint-Malo en 1772, mourut en nourrice à Saint-Méloir-des-Ondes, le 12 février 1773.

XVI. *Robert-Charles Surcouf* de Maisonneuve et de Boisgris, né à Saint-Malo, le 12 décembre 1773, épousa, le 21 mars 1801, Marie-Catherine Blaize de Maisonneuve; il mourut dans sa propriété de Riancourt à Saint-Servan, le 8 juillet 1827 et fut inhumé à Saint-Malo.

Cinq enfants naquirent de son mariage.

Joseph-Marie Surcouf, né à Cancale, le 23 août 1776, mourut enfant.

Luc-Marie Surcouf de Saint-Aubin, né à Cancale, le 15 août 1777; épousa demoiselle Amable-Sophie Potier de la Houssaye. De cette union naquit une fille, Joséphine; elle se maria en 1823, à Gus-

tave-Adolphe Potier de la Houssaye, son cousin. Il était fils de
Robert-Thomas Potier, Ecuyer, sieur de la Houssaye, né à Saint-
Malo, le 27 septembre 1762, capitaine de frégate (mort en 1840),
et de Marie-Rose-Dominique Corbun, née à Cayenne en 1778.

Emmanuel-Noël-Nicolas Surcouf, né à Saint-Malo, le 27 décembre 1786; il épousa Jeanne-Caroline Pingenot, fille de Eugène-
Marie Pingenot et de M. de Vieille (famille d'Alsace).

Jeanne-Caroline était la sœur du colonel Pingenot, colonel
d'artillerie de la Garde Impériale, chevalier de Saint-Louis, officier de la Légion d'honneur, chevalier de la Toison d'honneur.
Etant commandant de la place de Saint-Malo, il eut à table
d'hôte une vive altercation avec un malotru qui lui avait offert à
boire d'une façon qu'il jugea grossière. Un duel s'ensuivit et le
colonel Pingenot fut tué raide dans le fossé de la citadelle.

La veuve d'Emmanuel-Noël-Nicolas se remaria à M. Héron;
de sa première union, elle eut quatre enfants:

Rose Surcouf, né à Saint-Malo, le 26 octobre 1780, semble être
décédée sans postérité.

Voici donc, aussi sommairement exposée que possible, l'ascen-
dance de mon arrière-grand-père *Robert Surcouf*.

Nous avons indiqué simplement cette généalogie et noté les
chefs de famille qui en naquirent.

Du fait de la disparition de son frère Charles, du fils de Nicolas,
et de la mort en bas-âge de Yves-Nicolas, Robert devint le chef de
nom et d'armes de la famille à la mort de Nicolas ; il apporta une
illustration nouvelle à sa famille.

Nous ne voulons pas clore ces pages sans tracer en quelques
lignes, l'histoire de la descendance de Robert Surcouf et de Marie-
Catherine Blaize de Maisonneuve. Ils eurent cinq enfants :

1º Le *Baron Auguste Surcouf*, né à Saint-Malo, le 14 août 1806,
décédé à Caen, le 7 mai 1867. Il épousa, le 27 novembre 1811,
demoiselle Adélaïde-Marie Sévoy, fille de Louis-Antoine et de
Lyda Plancher de Laubé.

Naquit de cette union un seul fils, mon père (1835-1922), qui épousa en secondes noces sa cousine issue de germaine Blanche Surcouf, fille de Auguste-Charles-Noël Surcouf, neveu de Robert Surcouf, et de demoiselle Jeuny Le Bon.

2° *Adolphe-Eugène Surcouf*, époux de demoiselle de Freslon de Saint-Aubin, sans postérité.

3° *Caroline-Marie Surcouf*, née en 1802, à Saint-Malo; épousa Auguste-Jean-Marie, comte Foucher de Careil, d'où postérité.

4° *Pauline Surcouf*, épousa Achille Guibourg de la Rougerais; leur descendance fut de trois filles ; l'aînée, Louise, épousa le baron de La Plante ; des deux enfants, l'un, Paul, devint le mari de demoiselle Baudry d'Asson ; la fille épousa le comte d'Evry. C'est le descendant de celui-ci qui habite et possède Riancourt.

Un récent incendie y a détruit la plus grande partie des papiers de bord de Robert Surcouf.

5° *Eléonore Surcouf* épousa Pierre-Claude-Florian Sevoy, préfet de la Corse, démissionnaire en 1830, d'où descendance.

JACQUES SURCOUF.

Imprimerie de J. DUMOULIN, à Paris. — 671.5.1925   TUNIS·FRANCE